宛如梦幻

第三部

江户烟岚

赤军 著

厦门大学出版社
XIAMEN UNIVERSITY PRESS
国家一级出版社
全国百佳图书出版单位

图书在版编目(CIP)数据

宛如梦幻.江户烟岚/赤军著.—厦门:厦门大学出版社,2017.9
("宛如梦幻"三部曲)
ISBN 978-7-5615-6482-0

Ⅰ.①宛… Ⅱ.①赤… Ⅲ.①日本-历史-通俗读物 Ⅳ.①K313.09

中国版本图书馆 CIP 数据核字(2017)第 205064 号

出 版 人	蒋东明
责任编辑	牛跃天 冀 钦
封面设计	李夏凌
版式设计	蒋卓群
技术编辑	朱 楷

出版发行 厦门大学出版社
社　　址 厦门市软件园二期望海路 39 号
邮政编码 361008
总 编 办 0592-2182177 0592-2181406(传真)
营销中心 0592-2184458 0592-2181365
网　　址 http://www.xmupress.com
邮　　箱 xmup@xmupress.com
印　　刷 厦门市金凯龙印刷有限公司

开本 720mm×1000mm 1/16
印张 20.5
插页 1
字数 215 千字
版次 2017 年 9 月第 1 版
印次 2017 年 9 月第 1 次印刷
定价 50.00 元

本书如有印装质量问题请直接寄承印厂调换

厦门大学出版社
微信二维码

厦门大学出版社
微博二维码

# 序

在本书第三版的序言中,我曾经写过"第一稿是从1997年左右开始写的,由我和驰骋两人合作"的话,其实是我记错了。

《宛如梦幻》的第一稿,我经过仔细检索,最终在一本名叫《电玩通信》的杂志上找到了,连载的首期在1999年的3月号上,也就是说,开始动笔的日期不会早于1998年。本意是要写一部完整的日本古代史通俗读物,但因为我们两人工作、生活的变更而被迫中断,大概也就连载到了南北朝时代吧。

然后我就把驰骋给踢开了……原因是当时我们两人的写作方式是一人一篇,各自的笔法大相径庭,很难统合成一部完整的书稿。很多朋友都劝我完成这项工作,我被迫删去了驰骋所写的大部分篇章,从头梳理日本两千余年的漫长古代史。

2005年8月,陕西师范大学出版社推出了一本《宛如梦幻——日本战国乱世中的"菊与刀"》,虽然冠着《宛如梦幻》之名,其实只是节选了战国时代的部分内容——这可以算是此书的第二个版本。

第三个版本是2008年7月由现代出版社推出的两卷本《宛如梦幻——日本人的历史》,这是一部完整的作品(封面上就标注着"最新完全版"),但实话说,我对这个版本并不是很满意,因为书中超过一半的篇幅描写了战国织丰时代短短一百五十年的历史,就好像一个大肚腩,

头小、脚轻，比例太过失衡。所以此书出版后不久，我就开始了再次修订。

但在修订版完成之前，2014年4月又出了第四个版本，可以称之为《宛如梦幻》十五周年的纪念版。驰骋提出建议，把我们最初的版本连缀成篇，加上大量的图片，印制了三百本在淘宝上售卖。初版自然极其粗糙，错误也比比皆是，但是根据驰骋的想法，除了太过明显的硬伤外，书稿基本上不作改动，这个版本完全卖的是情怀，卖的是记忆。

当然啦，初稿只写到南北朝，后面的篇章都是我截取最新修订版的内容添上的。

所以这回推出的可以算是《宛如梦幻》第五个版本，也基本上可以确定为最后一个版本。与第三版的区别，主要是大大扩充了头部，也就是传说时代、飞鸟时代、奈良时代、平安时代，以及镰仓、室町这两个幕府时代的内容；也大大扩充了脚部，也就是江户幕府时代和明治维新时期的内容，战国和织丰期虽然仍是重头戏，篇幅所占比例却被稀释到了三分之一强。

作为一本总览日本古代史的通俗读物，我觉得这就足够啦。从与驰骋联合创作初稿开始，至今已将近二十个年头了，这部书可以就此画上句号了。我也不可能总躺在一部书上，活到老，改到老……

创作《宛如梦幻》的初衷，没有什么伟大情怀，说白了就是两个字："喜欢"。首先是因为大量日本古代史题材或背景的游戏、动漫、影视作品流入国内，我们这一代人，也包括下一代年轻人，很多都是浸润在这种文化氛围中成长起来的。其次呢，日本历史和传统文化本身确实也存在着相当吸引中国人的特质。

日本文化属于东亚文化圈，但是游离于占主导地位的中华文化圈之外，既深受大陆文化的影响，又保留着很多岛国独有的特质。尤其日本历史是多段跳跃式的，每一个阶段都保留着上一个阶段大量的遗存，无论从中国文明的角度还是从西洋文明的角度来看，都是一头四不像。但即便四不像也不是什么神力随意捏成的，自有其本身合理的流变过程，而就在这似与不似之间，才最能吸引改革开放以后放眼异国的中国年轻人们。

只是，我终究不是什么专业的历史研究人员，我只是一个日本历史文化的爱好者而已，想要梳理日本古代史，创作一部通俗读物以飨同好，自然不可能对某一段历史进行太过深入的解剖和阐述，对于史学界最前沿的发现也大多无从取舍，只能暂且遵从传统观点，所以切莫把我这部小书当作教材。我相信一般的爱好者，读过这部小书，有一个基本的概念，那便足矣，有志于深入研究的，可以把它当作垫脚石，再去进行专业的学习。

令我欣慰的是，当初因为喜欢日本历史文化而在网络上召聚同好，创建了一个名为"新·战国联盟"的网站联合体，吸引了不少年轻人的加入，而其中多有从此走上专业历史研究道路的。从某种意义上来说，被后人踩在脚下并不难受，相反还非常快乐呐！

赤军

2017年4月

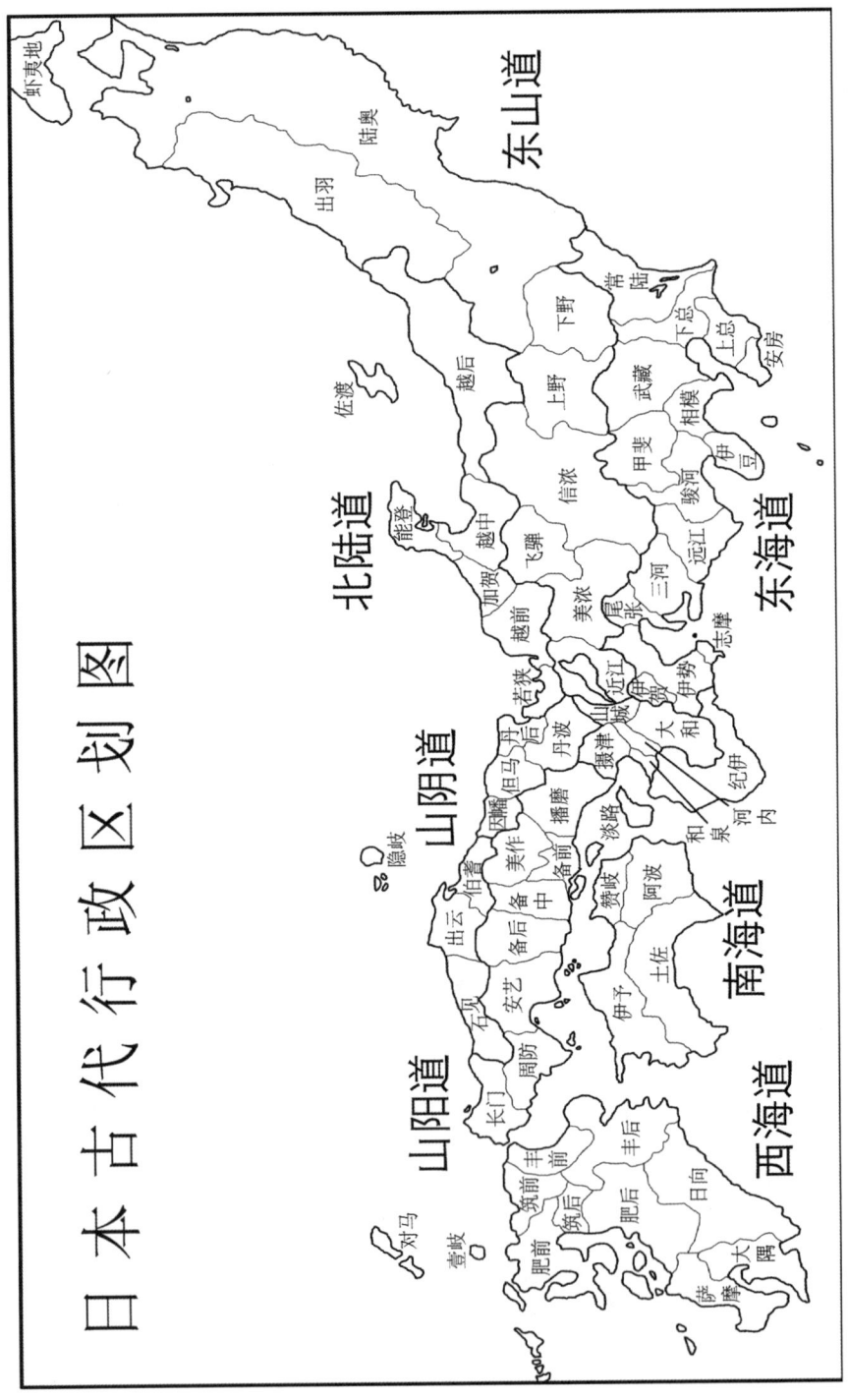

人間五十年
下天のうちを比ぶれば
夢幻の如くなり
一度生を享け
滅せぬもののあるべきか

总目录

苇原露华

- 传说时代　日本的起源
- 古代　飞鸟时代·奈良时代·平安时代
- 中世　镰仓幕府与室町幕府的两度兴衰

战国风雨

- 中世终末的战国时代
- 近世开端的织丰时代

江户烟岚

- 近世的开端　江户幕府之创建
- 近世　江户幕府初期和前期
- 近世　江户幕府中期和后期
- 近代　明治初期

本册目录

近世的开端　江户幕府之创建

- 初章　决战关原　03
- 次章　天下与家族的二分　45

近世　江户幕府初期和前期

- 三章　元和偃武　75
- 四章　葵之三代　105

近世　江户幕府中期和后期

- 五章　江户两百年　143
- 六章　攘夷和开国　183
- 七章　维新之岚　209

近代　明治初期

- 八章　戊辰战争　245
- 末章　迈向罪恶的军国时代　281

近世的开端 江户幕府之创建

初章 决战关原

- 文治与武断
- 穷鸟入怀
- 《直江状》
- 小山评定
- 优劣分明的布阵
- 九时之前
- 宰相殿的空便当
- 松尾山下的炮声
- 柿乃痰之毒

次章 天下与家族的二分

- 从丹后到加贺
- 上田城下
- 长谷堂合战
- 上杉最后的奋斗
- 老军师横扫九州
- 大移封

初章　决战关原

> 广义的战国时代由一场大战为其发端，亦以一场大战为其终结，即从"应仁"始，而至"关原"终。所不同的是，"应仁之乱"打了整整十年的时间，而"关原合战"，即便加上其发端的"会津出阵"，也不过短短四个月而已……

文治与武断

后阳成天皇庆长三年（公元1598年）八月十八日凌晨，"天下人"丰臣秀吉于伏见城本丸内薨逝。其子秀赖年仅六岁，还无法理事，于是便将国政皆托付于"五大老"执掌。

"五大老"的正式名称为"御奉行众"，相当于重臣联席会议的常务，按照排位分别是：领地二百五十六万石的江户内府（内大臣）德川家康，领地八十三万石的加贺大纳言前田利家，领地五十七万石的备前中纳言宇喜多秀家，领地一百二十万石的会津中纳言上杉景胜，以及领地一百二十万石的安艺中纳言毛利辉元。

此五人，执丰臣政权各路诸侯之牛耳。

尤其德川家康，他的领地最为广袤，为全日本第一人，就连丰臣政权的藏入地（直辖领）亦只有二百二十二万石，要稍逊于他。这是因为，秀吉并不专以土地为念，他依仗的是坚城大坂、大坂城中所藏无数珍宝和黄金，中央直辖的各地金银矿山，以及京都、伏见、堺、博多等重要都市和国内外贸易。这种策略本没有错，然而有些超前，全日本还并没有真正稳定下来，土地，以及由土地而生的粮食，由粮食而生的士兵，仍是第一重要的资源。

当然，倘若加上出身丰臣氏家臣团的那些新大名们的领地，将近日本之半，是无人可以撼动的。只是秀吉白手起家，他和家臣们还并没有形成世代主从、牢不可破的关系，家臣们效忠的对象只是秀吉一人，而非暴发户丰臣氏，当秀吉去世以后，主从之间很可能产生裂痕。这与德川家康不同，以三河武士为主的德川氏家臣团内部同样矛盾重重，但他们同时都牢牢团结在松平·德川氏这个主家周围，离心倾向并不严重。

不过当时的形势终究和战国时代大相径庭了，有了一个真正具有实力的天下共主，任何战争都会引发天下之战，把周边所有诸侯都席卷进去——就如同室町幕府末期的"应仁·文明之乱"那样。所以德川家康虽然拥有最多的土地、最强的兵源，却并不敢轻举妄动，同时秀吉亦着力笼络家康，任命他为"五大老"的首席，临终前命其签下血书，竭诚效忠于自己的遗子秀赖。此外，秀吉还特意从朝廷处求来内大臣的高官赐给家康，商定了秀赖与家康孙女千姬的婚事，让家康担任秀赖的"后见"，规定在秀赖成年之前，一切政务皆由家康处断。

秀吉之意——我让你德川家以外戚之尊，便如同当年镰仓幕府的执权北条氏那样，成为丰臣政权下的第一家族，世代重臣，你年事亦高，为子孙计，这不是一条光辉大路吗？不会再有啥不满了吧。当然，秀吉没有想到，自己尸骨未寒，德川家康便搞起了一系列的小动作。

首先，秀吉在去世前不久规定，此后各诸侯之间不得相互联姻，想以此来避免大名们拉帮结派，形成尾大不掉的势力。可是他才咽气，家康即用军师本多正信之谋，在很短的时间内便与多家大名商定了婚事，包括：

为六男松平忠辉迎娶伊达政宗的长女五郎八姬；将异父兄弟松平康元之女满天姬嫁与福岛正则的养子福岛正之；认重外孙女、小笠原秀政之女万姬为养女，嫁与蜂须贺正胜之孙蜂须贺至镇；将叔父水野忠重之女嫁与加藤清正；认妻侄女、保科正直之女荣姬为养女，嫁与黑田孝高之子黑田长政。

同时，家康还多次亲自前往大名细川忠兴、岛津义弘和增田长盛的宅邸访问——无疑，如同秀吉担心的那样，他开始大肆拉帮结派了。

其实丰臣家中早有相对立的派别，俗称"文治派"和"武断派"，而德川家康的一系列举措，很明显想将武断派拉入己方阵营。且说这两个派别，最早是基于出身地域的不同而分化的：秀吉跟随信长从尾张崛起，最初只领俸禄，没有封地，故此麾下蜂须贺正胜、浅野长政、加藤清正、福岛正则等浓尾武士专一唯力为视，只知打仗，不知其他；其后秀吉受封近江长滨，加封播磨姬路，所收取的江州、播州和其他畿内、西国武士日益增多，代表性人物如石田三成、小西行长、增田长盛等等，多为内政人才。这两个地域集团因家臣团内部的利益瓜分不均而逐渐对立，同时也逐渐膨胀，最终变成了俗谓的文治、武断两大派别。

在武断派臣僚看来，提枪上阵、破敌建功才是武士的本分，后勤生产不是不重要，但躲在后方的吏僚永远不该与前线将士平起平坐。而在文治派臣僚看来，天下已然平定，乱世须用武人，和平时代则该重视内政，那些武夫大老粗还是趁早退役回封地上吃安生饭去吧，不必插手今后的政治。就秀吉本人来说，他无疑是支持后者的。

丰臣氏具备很浓厚的文官色彩。其实把专管打仗的侍大将和专管内政的奉行严格区分开来的做法，始自织田信长，善于不战而屈人之兵的秀吉则将这一传统发扬光大。加上丰臣氏名义上是直接从属于天皇朝廷的公家政权（首脑是贵族的关白而非武家的将军），因此文官在这一体系中的作用便愈发突出。不过天下仅止粗定而已，仍有很多外样大名雄踞一方，虎视眈眈，秀吉很清楚这一点，因此对于家中两派的争斗，他只能睁一只眼，闭一只眼，而并未彻底削弱武断派的力量。

没等矛盾彻底解决，秀吉便撒手西去了，留下了好大一个烂摊子。侵朝战争的时候，大批武断派将领在朝鲜半岛上饿着肚子浴血奋战，而文治派吏僚大坂和名护屋两头跑，为了筹措军粮搞得焦头烂额，日子也不好过。人们从来都只会看到自家的难处，很少顾及他人，这些日本武士也是如此：武断派认为自己被文官们出卖了，战争打不赢全是后勤跟不上所造成的；而文治派则认为武将们作战不力，才使李舜臣的水军纵横驰骋，我们好不容易筹划的军粮全被半道劫走或烧尽。再加上本属文治派的小西行长欺上瞒下，石田三成等奉行在论功行赏时又偏袒行长，双方的矛盾日益尖锐。

德川家康虽然始终坐镇后方，麾下关东兵马基本都未曾远征朝鲜——因为距离太远，故此只担负兵粮筹集和运输之责——表面上却似乎天然地同情武断派。他在秀吉去世后的一系列举措，使得文治派领袖、"五奉行"（年寄共）之一的石田三成深感不安。在经过深思熟虑之后，三成便前往拜见"五大老"的次席前田利家……

穷鸟入怀

丰臣秀吉遗命，传位给年幼的儿子秀赖，待等秀赖成年之后，即可就任关白，统御全日本，因此秀赖及其母淀姬便成为丰臣政权新一代的核心人物。淀姬本是浅井长政和织田氏市姬之女，出身近江，因此与近江系的石田三成等人关系密切。秀吉老年得子本就是很不寻常的事情，因此后世有谣传说，其实秀赖是淀姬和三成私通所生——虽是无稽之谈，但空穴来风，不为无因。

而秀吉的正室北政所（浅野祢祢）则出家隐居去了，并且后来还把她在大坂西之丸的宅邸让给了德川家康——后世因此又有北政所和家康曾经相好的谣言产生，不过考虑两人的年龄，那比说淀姬和三成有一腿更不靠谱。

事实上，"五大老"掌控大政，"五奉行"执行庶务，三成等文治派官僚本就居于丰臣政权的核心地位，秀赖年幼，诸事都由其母淀姬决断，三成因此和淀姬来往密切，本是理所当然之事。文治派希望天下安定，则他们可以压制武断派，长居政权中枢，所以牢固地团结在幼主秀赖以及秀赖的监护人淀姬身边。后世或者诬三成为野心家，或者捧其为旷古忠义之士，其实不管个人的道德品质究竟如何，他都是无法违逆集团利益而单独行事的。

而在北政所看来，丈夫已经去世了，那个居住在大坂城本丸里的幼儿和他母亲，其实和自己毫无关系，她更担心的反倒是从小如同己出般养育长大的加藤清正、福岛正则等人，会不会在政治斗争中遭到文治派的迫害。北政所认为有足够实力制约三成等吏僚的只有德川家康，因此她向家康示好，同时也指示加藤、福岛等人唯家康马首是瞻。

就这样，文治、武断两派的斗争，逐渐演化为三成和家康两人间的斗争。家康惯于后发制人，他首先挑起事端，要敌人自己送上门来——破坏诸侯间不得联姻的政策，正是试探的第一步。

石田三成对此种行为自然怒不可遏，但他自知实力单薄，无法与家康正面相抗，于是扛出了身居"五大老"次席的前田利家，请利家派遣使者前往质问家康。

其实家康本以为他真正的敌人是利家而非三成。对于那些并不懂得打仗，在政治上也说不上老练的文治派吏僚们，家康一直是看不上眼的，他最担心的是与自己同列"五大老"的几名大诸侯。"五大老"中，毛利辉元是智谋有限的二世祖，宇喜多秀家更不过是一个孩子而已，上杉景胜远在东北，只有老将前田利家堪与自己一搏。

庆长四年（公元1599年）正月，在丰臣秀吉去世四个月后，丰臣秀赖母子从伏见移居大坂，随即前田利家、毛利辉元、上杉景胜、宇喜多秀家等联署书状，谴责德川家康的专断妄行。家康口头表示歉意，说往事无法更改，日后必将按规定而行。本来这是很难让人相信的托词，然而利家终究年纪老迈，自知不久于人世，并不想临终前还赶上一场全日本的大动乱，于是在细川忠兴等大名的调解下，二月二十九日，他抱病前往面会德川家康，双方交换了誓书。

风波暂时平息下去了。到了当年的闰三月，前田利家终于与世长辞，享年六十二岁。利家出身尾张，与丰臣秀吉交情甚笃，因此在福岛正成、加藤清正等秀吉小姓出身的大名，以及细川忠兴、浅野幸长（浅野长政之子）、黑田长政等秀吉部下的第二代大名看来，那是如同叔父一般的尊贵存在。利家在世的时候，以其威信和与浓尾系诸侯的亲密关系压制着武断派，不让他们闹事，而当利家一死，这些武夫们立刻便跳将出来，据说加藤清正、福岛正则、黑田长政、藤堂高虎、加藤嘉明、浅野幸长和细川忠兴等七将冲入伏见城，扬言要杀掉擅权误国的石田三成——当时三成正在伏见前田邸中参加利家的葬礼。

这简直是让家康欲哭无泪的事情。他的目标不是铲除三成，而是颠覆丰臣氏，自己掌握天下，而只要三成这个靶子还在，他就有机会分裂丰臣氏家臣团，把武断派牢牢笼络在自己手中。倘若三成真的被杀了，那些武断派诸侯还有可能听命于自己吗？

石田三成似乎也看清了这一点，他聪明地逃到了伏见城家康的宅邸中。家康当然不能杀死三成，更不能把三成交给闻风而来的福岛、加藤等人，他亲自出面，讲了一段"穷鸟入怀"的大道理，好不容易才把那些武夫们给劝了回去。

随即，家康便以私斗为名，勒令回归本据佐和山的石田三成隐居，自己入主大坂西之丸，开始掌控全日本。其首要的目标，仍然是加贺大名前田氏。

且说前田利家既死，其子前田利长便接任为"五大老"之一，随即在家康的劝说下，于当年八月离开职守，回归领国加贺。九月九日，家康率领群臣前往觐见丰臣秀赖，恭贺重阳佳节，据说就在这一天，"五奉行"中的增田长盛、长束正家二人前来密报家康，说前田利长、浅野长政、大野治长、土方雄久四人有刺杀家康的图谋。

当然，这是诬告，然而诬告的起因却众说纷纭，一般认为是石田三成离间家康和利长的关系，想要引起两雄相争，从而削弱外样大名的势力。不过从结果来看，这个假消息也很可能是家康本人放出去的。

家康勒令浅野、大野和土方三人隐居，然后召集留守大坂城的各方大名，下令讨伐前田利长，先锋择定为加贺小松藩主丹羽长重（丹羽长秀之子）。年轻气盛的利长闻报怒不可遏，立刻整兵备战，誓要与家康一决高下。

眼看大战一触即发，黑田长政却在此时居间调停，最终把双方都按回了谈判桌前。与其他武断派大名不同，长政似乎从秀吉去世的那天开始，便认定了天下大势必将归于家康一方，因此他所有的举动都对家康有利，甚至很可能是直接为家康所授意的——挑起对加贺藩的战争其实是不明智的举动，开战的理由颇为牵强，而毛利辉元、上杉景胜等大老也不会跟随家康的脚步，很可能作壁上观，甚至转而相助前田氏。此战若开，胜负实在很难预料。

于是，在黑田长政的劝说下，前田利长派重臣横山长知、有贺直政前往大坂城，向家康提出申述，表明自己绝无与家康为敌之意。于是家康解散了讨伐军，但同时命令利长把自己的母亲送往江户去做人质。

讨伐前田利长是打着维护丰臣氏天下安泰的旗号，然而作为处罚手段的人质交送，目的地却不是丰臣政权的统治中心大坂，而是家康自己的主城江户，这是为了混淆"天下人"秀赖与秀赖最高辅佐者家康之间的主从关系。对于前田家来说，倘若答应这一要求，无疑是从德川家的同僚降格为德川氏的从属，如果断然拒绝，则战事仍将无可避免。

传说前田利家的正室，也是利长的生母芳春院，乃是豪勇不让须眉的奇女子，她主动向身为一门总领的儿子提出，愿意接受家康的无礼要求，只身前往江户。战国时代的女子没有主家的概念，她们的父兄、丈夫、儿孙才是自己的主家，为了保住父兄、丈夫、儿孙的性命以及他们所在家族的安泰，芳春院并不在意以年近六旬之身去做别家的人质。因为芳春院很清楚，年轻识浅的儿子利长，怎么也不会是老狐狸家康的对手。

就这样，加贺百万石臣服在了德川家康的麾下。于是家康转移视线，开始寻找第二个必须干掉的强劲对手，最终挑中了"五大老"的第三席（利家去世后，利长退居第五）、陆奥会津大名上杉景胜。

《直江状》

上杉景胜乃是越后国战国大名上杉谦信的养子和继承人。当他通过"御馆之乱"夺得了一门总领位置的时候，上杉氏四面皆敌，局势风雨飘摇，岌岌可危——东南方向，已与小田原北条氏结下深仇；西方，柴田胜家猛攻鱼津城，随时可能杀入越后国；南方，森长可与胜家呼应，威胁越后；东方，因为赏罚不公而导致扬北豪族新发田重家掀起叛乱。

在此先来说说这场"新发田之乱"。新发田氏本为越后国蒲原郡新发田城的领主，家督新发田长敦、五十公野治长兄弟在"御馆之乱"中站在景胜一方，艰苦鏖战，功勋卓著。然而在战后，作为景胜侧近的狩野秀治、樋口兼续、山崎秀仙等人主持善后事宜，却大肆封赏景胜出身地的上田之臣，将外样豪族视如无物。新发田长敦因此愤懑而终，五十公野治长复归本宗继任家督之位，改名新发田重家，遂在伊达、芦名等势力的煽动下，于天正九年（公元1581年）正式树起反旗。

新发田重家聚集了"御馆之乱"中党同上杉景虎，因而遭到改易或流放的越后武士，以及佐渡的水匪，很快便控制住了重要港口新潟，修筑新潟城，对上杉景胜造成了沉重的压力。然而景胜直到翌年"本能寺之变"爆发，织田军全面后撤，东、南两个方向的危机暂时解除以后，才敢亲率大军，讨伐新发田氏。新发田重家向芦名家求取了援军，顽强抵抗，上杉军不支而退。

这也是在"天正壬午之乱"中，上杉势力止步于川中岛地区，即与德川氏达成和议，并且随即景胜便接受了丰臣（羽柴）秀吉拉拢的重要原因。天正十一年（公元1583年）八月，景胜再伐新潟，然而大军在暴雨之中陷足泥泞，遭到新发田军的突击，景胜几乎罹难，全军大溃——是为"放生桥合战"。此后，新发田重家又与越中大名佐佐成政联络，商议东西夹击上杉势。

然而新发田重家的盟友不过拥有越中一国而已，上杉景胜的盟友却瞬间掌控住了整个畿内，进而觊觎全日本的统治权，两相比较，胜负之势已然分明了。天正十四年（公元1586年），上杉景胜上洛觐见丰臣秀吉，在得到秀吉的支持以后，再次率领大军攻打新潟。翌年年底，新发田重家终于战败自杀，"新发田之乱"落下帷幕，前后长达七年之久。

就此，上杉家失去了最后争雄乱世的机会，从此拜伏于丰臣政权之下。在平定叛乱之后，上杉景胜又进取了佐渡国，其领地包括越后、佐渡两国，奥信浓四郡、出羽庄内地区三郡，总计约九十万石。

文禄四年（公元1595年），陆奥会津的九十二万石大名蒲生氏乡（赋秀）去世，嫡子秀行继位，家中产生动乱，因此被减封为下野宇都宫十八万石。丰臣秀吉初将蒲生氏封在会津，是为了监视东北诸侯，尤其是"独眼龙"伊达政宗，如今蒲生氏衰败，经过长期的考虑，他终于在三年以后，将上杉景胜移封了过去，领地也加增到一百二十万石。就这样，上杉氏从世代居住的越后国，迁往陌生的奥州之地。

因为新受领地，诸事未备，故此景胜在庆长四年（公元1599年）归国以后，便大规模招募工匠，开始修筑城池，整备道路。这本是很平常的事情，然而德川家康却斥其有谋反之图，要景胜前来大坂城分说明白。

据说是由新封的越后大名堀秀治向家康告的黑状，不过秀治很可能只是被家康当成枪使罢了。且说上杉景胜得到家康要他前往大坂的书信，大感不悦，便授意重臣直江兼续写信回复——这就是著名的《直江状》。

直江兼续原来的苗字是樋口，少年时代便担任景胜的侧近（一说还曾担任上杉谦信的小姓）。"御馆之乱"以后，因为赏罚不公引发家中动荡，天正九年（公元1581年），部将毛利秀广突然袭击景胜侧近山崎秀仙，将其杀死，重臣直江信纲时亦在座，受到波及，竟然也倒在了血泊之中。直江信纲本为谦信时代的老臣直江景纲（实纲）之婿养子，他死以后，直江家断嗣，于是景胜便授意兼续迎娶信纲的未亡人，同时也是景纲之女船姬，继承了直江的苗字和家业。

直江兼续初与狩野秀治共同执政，其后秀治过世，他遂成为家中第一重臣，人皆称为"公子"而不名之，仿佛他是景胜的同族兄弟一般。兼续文武两道皆长，尤其擅长内政、外交，据说就连丰臣秀吉都对他大加赞赏，曾经请求景胜将兼续让与自己为臣，但被兼续婉言谢绝了。上杉家移封陆奥会津以后，直江兼续受封出羽国二十四万五千石，占主家领地的五分之一，虽为陪臣，实力却强过了许多大名，乃与伊达家臣片仓景纲并称为"天下之二大陪臣"。

据说直江兼续与石田三成交好，曾与三石达成密约，要共同制约德川家康的肆意妄行。如今家康既然挑上了上杉家，直江兼续便老实不客气地回信驳斥。那份《直江状》与其说是一份申辩状，不如说是一篇挑战书，文中不但逐条批驳了家康的指责，而且皮里阳秋，语多讥讽，似乎故意想要激怒家康一般。诸如以下言辞充斥其中——"要景胜签下别无异心的誓文恐怕无益,因自去年以来,(汝之)数份誓文都付空言。""景胜素以仁义著称,非(汝等)朝暮变化之人也。""对谗言不加辨明,对流言不加调查,不似素以英明正直为标榜的内府所为。"——不过,据近代学者的考证,现存《直江状》很可能不是原文,而是后人伪造的。

家康恐怕并不想真的对会津用兵,他或许以为像对待前田家一样,用外交手段威压一下,上杉氏也会乖乖就犯的,然而如意算盘打错了,景胜早已做好了应战的准备。

家康得到《直江状》后勃然大怒,或者不如说他必须做出大怒之态,否则便有损自己的威信。于是庆长五年(公元1600年)五月,家康以首席大老的名义要求各方大名出阵会津,讨伐悖逆谋反的上杉氏。

二分天下的大战即将爆发。

小山评定

庆长五年(公元1600年)六月,出兵讨伐上杉景胜的德川家康从伏见出发,七月进入江户城。家康行动迟缓,等待各地大名的消息,显然,他相信上杉景胜定有其呼应者,故此不忙着出动自己的关东军主力,而要让奥、羽、越和北关东的大名们去打头阵,以牵制上杉军。

果然,七月十一日,石田三成、大谷吉继、增田长盛、安国寺惠琼等人在佐和山城密议,次日"五奉行"即连署书状,细数德川家康十三项大罪，推毛利辉元为主，请他入居大坂，号召天下诸侯统合在辉元的旗帜下讨伐家康。很快，大军便聚集起来，首先进攻伏见城，杀死了家康的留守重臣鸟居元忠。

这时候，德川家康正在下野小山城大会诸侯，得到鸟居元忠的急报，立刻统率主力南归江户。且说这位元忠，大过家康两岁，自小侍奉家康，受封下总矢作四万石的领地。据说家康挥师东进之时，已经料到三成等人将会举兵攻打伏见，于是和驻守伏见城的元忠做了最后的诀别。

七月十五日，响应"五奉行"号召的备前大名宇喜多秀家亲率四万大军包围了伏见城，而鸟居元忠麾下只有一千八百人。众寡如此悬殊，虽然伏见是丰臣秀吉亲自规划的难攻不落之坚城，城中物资储备又很丰富，也是很难守住的。八月一日，在身为甲贺水口城主的奉行长束正家的联络下，伏见城中的甲贺众打开了城门，大军汹涌杀入，鸟居元忠切腹而死。

石田三成所以敢于举兵讨伐德川家康，除了家康率领武断派大名们远征上杉氏，畿内空虚外，更主要的原因乃是三成终于说服了"五大老"中的两位——毛利辉元和宇喜多秀家——和自己站在同一阵营。同时他还派兄长石田正澄等人在尾张爱智川阻拦陆续赶往东国的各地大名，截留下许多兵马。就这样，以毛利辉元为名义上的领袖，以石田三成为实际核心的多达十万人的强大军势编组完成，史称"西军"。

与此同时，陆续赶到下野小山城集结的诸侯部队则受到德川家康的笼络。据说家康貌似很宽厚地说道："各位的妻女都在大坂城中做人质，恐怕现在已经落到了叛贼三成手中。我决定要不顾生死讨伐叛逆，你们是去是留，完全自主决定。"诸将乍闻此讯，不禁面面相觑，无所适从。沉默中，最为痛恨石田三成的武断派领袖福岛正则突然起身发言，表示愿意拥戴和协助家康，随即山内一丰也站了起来，竟然声称要将自己的居城挂川拱手相送。

山内一丰本是岩仓织田家的重臣之子，岩仓灭亡后跟随了织田信长，转而出仕丰臣秀吉，他可以说是尾张系大名中资格最老的人物。一丰见风转舵，毫不犹豫地献出主城，这已经不算是服从家康了，而分明是表态要臣服于德川氏。于是，在福岛、山内二人的鼓动下，除了信浓上田城主真田昌幸和美浓岩村城主田丸忠昌两人外，诸将全都留了下来。

家康下令征讨上杉氏，匆匆忙忙赶来巴结和相助，速度最快，没在爱智川被截住的，大多是丰臣系武断派大名，他们不一定看好家康，但一致地痛恨三成。就这样，组成了以德川家康为领袖，以武断派大名为主力的十余万大军，陆续转头向西进发，史称"东军"。

战争初始，西军在战略上占有主导权，石田三成说服美浓岐阜城主织田秀信（即信长之孙三法师）站到自己一边，关闭了东山道的大门，他分兵镇压畿内和近畿各城，打算在广阔的浓尾平原上与东军展开决战。

而东军方面则兵分两路，南线走东海道，以福岛正则为先锋，家康居后策应，中线走东山道，由家康的继承人德川秀忠率领德川军主力三万八千人向西挺进，意图合攻美浓。

就在这种情势下，西军一着棋错，几乎满盘皆输。且说西军主力的进攻方向乃是伊势国，意图彻底平定伊势，解除后顾之忧后即突入尾张，与美浓岐阜城南北呼应。八月五日，毛利秀元、吉川广家统率三万大军进攻伊势国的中心城池安浓津，激战中，城主富田信高之妻身批黑红色的铠甲，手持片镰枪冲杀出来，竟然刺死了毛利秀元麾下大将中川清左卫门。因为守军如此英勇敢战，攻方长时间无法得手，最终靠着高野山的木食上人居间调停，富田信高才开城退去。

在安浓津城下耽搁了太长时间，西军就此失去了主动权。八月十四日，福岛正则回归主城尾张清州，武断派大名陆续来合，兵力达到数万。据说清州城中贮藏有军粮三十万石，正则全部拿出来以充军资，东军凭此横扫尾张境内倾向于西军的大小诸侯，然后北上进入美浓国。美浓国内诸侯林立，以织田秀信为首，将近九成都倾向于西军。东军很快便攻破了福束、高须等城池，直插岐阜城。年轻气盛的秀信否决了重臣们笼城固守的建议，亲率三千余人迎敌于木曾川畔的米野地方。

北上美浓的东军分为两队，一队以福岛正则为先锋，率细川忠兴、藤堂高虎、黑田长政等将西进攻打竹之鼻城，另一队以池田辉政为先锋，率浅野幸长、山内一丰、堀尾忠氏等将北上布阵于木曾川畔。本来两队约定，等福岛队攻克竹之鼻归来后再一起渡河进攻岐阜，然而池田辉政为了抢功，于八月二十二日悍然北渡木曾川——"米野合战"就此打响。

东军兵力为一万八千，池田、浅野、山内等人都是能征惯战的宿将，面对强敌，织田秀信体现出与其实际年龄不符的顽强与坚韧，数次扰乱东军阵营，只是众寡实在太过悬殊了，激战数小时后，织田军被迫后撤，秀信遁回岐阜。

竹之鼻城方面，守将杉浦重盛在作了顽强的抵抗后切腹而死，福岛正则凯旋。然而才走到半路，正则就听说池田辉政抢先渡河的消息，怒不可遏，差点就要杀过去与辉政火并。辉政知道自己理亏，只好把正面进攻岐阜城的机会让了出来，自己转向西侧。福岛队很快便将岐阜城包围得如同铁桶一般。八月二十三日晨，总攻开始，不到一天的时间，这座曾做过织田信长本据的名城便陷落了，织田秀信被迫隐居，并于五年后去世——织田氏嫡派之血至此断绝。

其实石田三成所部就驻扎在岐阜城西南方二十多公里外的大垣城中，他本拟东进与织田军会合，但急性子的秀信不等援军来到就开城出战，导致惨败。得到"米野合战"失利的消息后，三成急派重臣前野兵库领兵前往救援岐阜，就在岐阜落城的当日与东军黑田长政、田中吉政、藤堂高虎等部遭遇，苦战而败。三成知道岐阜已不可救，于是约束各部退回大垣。

就这样，东西两军将美浓国一分为二，遥遥相望，开始了长达半个月的对峙。

优劣分明的布阵

福岛正则等将在浓尾平原奋战的时候，德川家康却一直窝在江户城中不动，他一方面多次派出使者激励前线将士，另一方面给各处写信，想从内部分化瓦解西军。一直等到"米野合战"的胜利喜讯传至江户，他才终于挥师西进，于九月十四日赶到大垣城西北方的赤坂地方，树起了代表源氏的白旗。

看见家康来到前线，东军各部士气高昂，而固守大垣城的西军阵营则开始动摇。为了振作士气，石田三成麾下大将岛左近、蒲生乡舍等率领五百兵马出城，渡过杭濑川向东军挑衅。东军中村、有马等部冲前迎敌，中了埋伏，连武士带杂兵被斩杀近两百人——是为"杭濑川合战"，虽是小规模战斗，西军却罕见地取得大胜，振奋了人心，鼓舞了士气。

德川家康想要等儿子秀忠所率的本部兵马到来后再进攻大垣城——因为传说家康是野战的高手，攻城战却非其所长——然而自东山道进军的德川秀忠却被真田昌幸拦阻在信浓上田城下，迟迟不能赶至美浓。家康无奈之下，打算放弃无意义的对峙，率师突入近江，直薄石田三成的本据佐和山。

然而东军尚未开拔进发，西军倒先动了，主力离开大垣，后退到接近近江边境的关原地方。关原是从美浓进入近江的重要门户，南北皆为高山，中山道横亘其中，此外，它还北接北国街道，南接伊势街道，乃是战略要冲和兵家必争之地。

战争迁延日久，因为德川家康的威望天下无双，又擅长耍弄阴谋诡计，故此石田三成发现越来越多的西军将领与家康暗通款曲。毫无疑问，倘若继续拖延下去，那些家伙可能会陆续投向东军阵营，导致敌我之势由平分秋色转为对比悬殊。因此三成退出大垣，占据关原要冲，吸引东军前来主力决战，他希望经此一仗打胜，可以改变人心向背，进而改变全日本的大势。

西军在关原地区的基本配置如下——

驻扎在东山道略微往北的名为"南天满山"的台地上，作为西军阵列核心的乃是备前大名、"五大老"之一的宇喜多秀家，所部一万七千强。驻在宇喜多军侧后方，担任保护和辅佐作用的有大谷吉继所部四千人，户田重政、平塚为广共一千五百人。

宇喜多军往北是小西行长四千人和岛津入道惟新斋（义弘）一千六百人。石田三成与丰臣氏部分直属家臣驻扎在更北面的小关村笹尾山，共约七千之众。

位于中山道南方的有赤座直保、小川祐忠、朽木元纲、胁坂安治四位小大名的部队，由西北向东南方向一字排开，总兵力为四千余。更往南方的松尾山上还屯扎着筑前大名小早川秀秋的一万五千人。

就西军的主要部署来看，是以中山道为中心，以笹尾山和松尾山为两翼，中间略往后收缩，左右毫无顾忌地展开，如同一只展翅高飞的大鸟——是为鹤翼之阵。西军所部大多驻扎在山上，在其阵前也就是正东方，有一片相对平缓的开阔地，中山道在此连接北国街道和伊势街道，就好像一个巨大的十字路口。按照石田三成的规划，这个十字路口便是东军葬身之处。

西军全体部署到位是在九月十五日的凌晨四时左右，而实际上东军先锋在两个小时以前便已经陆续迈入战场了。抢了一个大早的当然就是猛将福岛正则，他在一片名叫"关之明神"的小树林中扎下所部六千兵马，正当宇喜多秀家统率的西军中央本队。随后跟进的是田中吉政、黑田长政、细川忠兴、加藤嘉明、筒井定次等部近两万人，排列在福岛军的北侧，朝向石田三成所部，以及京极高知、寺泽广高、藤堂高虎三部近八千人，排列在福岛军南面，以保障侧翼安全。

上述为东军的第一队阵列，第二队则包括古田重胜、织田有乐斋（长益）、金森长近、生驹一正等四千余人，排在北侧阵列之后。此外，还有本多忠胜五百人，井伊直政和松平忠吉共六千六百人，分别安插在南北阵列之中——这都是德川家康的直属部下，忠吉更直接是家康的儿子，他们的作用其实等同于监军。

前军开入十字路口，作为主将的德川家康自然不能不紧紧跟上——在通信条件并不发达的当时，主将距离前军太远则必然造成消息闭塞和传令滞后。于是家康选择了距离福岛军不到两公里的桃配山扎下三万主力。桃配山紧贴着中山道，位于道南，选择此处作为本阵，可见家康的野战经验非常丰富，见识极为卓绝。

然而，可怕的事情就在此时发生了。德川家康哪怕有通天彻地之能，有个因素却很可能毁掉他全盘战略部署，那就是——这本为对方的主场！西军早就在关原附近地区驻扎下了兵马，整体布局已经过数日的反复研究和检讨，而相对地，东军的部署则相对仓促，具有很大的随意性。桃配山只是一个小小的山包，在其东南有一座高峰，名叫南宫山，来自伊势的大队西军其实早在八天前便已经进驻南宫山东麓了，本意是策应固守大垣城的石田三成所部，而既然三成说要在关原与东军一较短长，那么这些部队也就乐得不挪窝，依旧在中山道南面的山坡上严阵以待。

这些部队实力非弱，包括吉川广家（吉川元春的三男）的三千人、毛利家外交僧安国寺惠琼的一千八百人、"五奉行"之一长束正家的一千五百人、土佐大名长宗我部盛亲的六千六百人，最南面还驻扎着毛利氏前线总大将毛利秀元（辉元族弟）的一万余众。

这才是鹤翼阵的真正右翅！

西军总大将毛利辉元其时正居留在大坂城内，他本来想劝说淀姬抱着丰臣秀赖前往石田三成的本据佐和山，然后即可在关原前线树立起丰臣氏的黄金瓢箪马标。东、西两军皆以维护丰臣氏的一统天下，讨伐叛逆为号召，倘若秀吉的马标可以出现在西军阵列之后，则西军所拥有的大义名分便理所当然地彻底压倒了东军，可以预见，福岛正则等丰臣氏家臣起家的大名将收束铠甲武器，转身撤离战场——无论如何，他们都是不敢与主家正面对抗的，否则必将声名扫地，万劫不复。

然而淀姬却以秀赖年龄太小，又是丰臣氏一门总领、"天下人"，不能擅离大坂为名，打碎了毛利辉元的如意算盘。辉元只好留在大坂城中继续劝说，无法赶到关原战场，本部兵马便都交给了族弟秀元指挥。

为了防备这支驻扎在南宫山麓，以毛利军为主力的三万大军，德川家康被迫派有马丰氏九百人、山内一丰两千人、浅野幸长六千五百人，以及池田辉政四千五百人，延中山道从西向东一字排开，面朝南方，以保障本阵的侧翼——东军的前线兵力因此而显得极为薄弱。

据说近三百年后的明治时代,日本陆军聘请德国军事专家米切尔少校担当顾问,这位少校在看到了关原布阵的形势图以后,当即毫不犹豫地说道:"此战,西军必胜!"无论古代还是近现代的战争,占领制高点即可掌握战争的主动权,这是不会改变的基本法则,此时中山道附近的制高点基本上全都落在西军手中,东军主力则局促在平原缓坡之上,西、南两面都是敌方大军,处于被半包围的态势。如此优劣分明的布阵,任何有军事常识的人都会第一时间便得出与米切尔相同的判断来的吧。

"西军必胜!"在战斗打响的前一刻,料想石田三成心中应该也回响着同样的话语。

九时之前

庆长五年(公元1600年)九月十四日晚七时,石田三成统率西军主力撤出大垣城,退守关原,并于翌日凌晨一时基本完成调动。德川家康很快便得到了西军后退的情报,于是指挥全军进迫关原,十五日凌晨二时,福岛正则部率先进入战场。四时,西军布阵完成,晨光熹微,大雾突然笼罩了整个关原地区。

六时左右,东军布阵完毕,大战一触即发。

浓雾在接近八时的时候逐渐散去,东军先锋福岛正则趁机稳步前进,直取当面之敌——宇喜多秀家的备前、美作兵。然而就在这个时候,原本作为监军驻扎在福岛军阵后的井伊直政部突然冲前,开始以火炮与宇喜多军展开对射。

"这是两分天下的大战,第一炮一定要由我德川军来打响。"据说井伊直政领会到了德川家康的这一意图,故此保护着主家公子松平忠吉率先前突。他的意愿最终实现了,却把福岛正则气得三尸神暴跳:"我是先锋,为何井伊队要越过我去,率先与敌相斗?!"正则一边派使者前去找家康告状,一边挥师猛进,很快便与宇喜多军展开了正面对攻。

就这样,战斗在上午八时左右正式打响。

井伊部和宇喜多军稍一接触便即转向,把敌人让给身后的福岛军,随后并合松平部、本多部,指向排列在宇喜多军北面的岛津军。岛津军主将乃是一门总领入道惟新斋义弘,此公本来是倾向于东军的。

且说岛津贵久时代曾有一位庶流家老名叫伊集院忠朗,忠朗传子忠仓,忠仓传子忠栋,一直都是岛津氏的笔头重臣。然而在庆长四年(公元1599年),伊集院忠栋在伏见城拜见岛津惟新斋的继承人忠恒时态度傲慢,当场被忠恒斩杀,因此忠栋之子伊集院忠真怒而掀起反旗,是为"庄内之乱"。经过这次动乱,西南豪强岛津氏实力大损,动乱最终在德川家康的调解下得以平息,因此岛津惟新斋对家康是心怀感激的。

当宇喜多军包围了伏见城,攻击鸟居元忠的时候,岛津惟新斋便以报答家康之恩为名,要求入城协助守护,然而元忠不知对方心意的真假,坚决不肯开门。此举激怒了惟新斋,转而投向西军阵营。

然而当西军固守大垣城的时候,惟新斋眼看岛左近和蒲生乡舍打赢了"杭濑川合战",不禁手痒,就请令率领本部兵马夜袭家康本阵,遭到石田三成的一口回绝。惟新斋又羞又气，从此心中存下了疙瘩，临到关原大战的时候也便出工不出力。井伊等部进攻岛津军阵列，惟新斋命令侄子丰久（岛津家久之子）统率一半兵马严密防御，自己则端坐阵后不动，静观成败。

正当福岛军与宇喜多军展开激战的时候，东军右翼的黑田长政、田中吉政、细川忠兴、加藤嘉明、筒井定次等部也大步向前，突击笹尾山的石田三成所部。三成急派重臣岛左近和蒲生乡舍各率一千兵马前往迎战。

岛左近大号为清兴或者胜猛，家世不详，曾为大和大名筒井顺庆麾下名将，与松仓重信并称，是为岛左近和松仓右近。筒井顺庆去世后，养子定次继承家督之位，左近与定次不合，脱藩出走，先后侍奉过关白丰臣秀次和其弟丰臣秀保（同时也是丰臣秀长的婿养子和继承人）。据说石田三成获领佐和山城四万石的时候，曾毫不吝惜地拿出一万五千石来延聘左近。三成是内政达人，领兵作战却非其所长，故此亟须招募能战之士协助自己整顿军备，左近便这样来到了石田家中。时人都说，治部少辅（三成）大人有两件宝物，一是牢固的佐和山城，二是英勇善战的岛左近。

蒲生乡舍本名横山喜内，是会津九十二万石大名蒲生氏乡的家臣，受赐苗字和偏讳，改名蒲生乡舍。氏乡去世后，丰臣秀吉将其子秀行转封为宇都宫十八万石，因此经济拮据，无法养活众多家臣，乡舍被迫成为浪人。此时石田三成的领地已上升为十九万石，便再次拿出一万五千石的高禄来延揽乡舍，与岛左近并列为自己的左膀右臂。

且说石田军兵力薄弱，虽有岛左近与蒲生乡舍两员猛将舞刀奋战，也很快便落在了下风。素与三成交好的小西行长挥师来救，东军织田有乐斋、古田重胜所部急忙冲上来策应友军，双方混战在了一处。

战斗进行了一个小时左右，西军大谷吉继部为了保护宇喜多军的侧翼也杀向前方，被东军藤堂高虎、京极高知、寺泽广高等部所阻。吉继乃是连丰臣秀吉都赞叹不已的智将，藤堂、京极等人却均不以武勋见长，故而虽然以寡击众，大谷军却兀自占据上风。

大谷刑部吉继（又名吉隆）本是近江豪族出身，侍奉丰臣秀吉，在政战两道都立过大功，受到秀吉多次嘉奖。然而正当他风光得意之时，却感染上了癞病（一种皮肤病），据说皮肤多处溃烂，原本俊秀的相貌变得如同修罗恶鬼一般。吉继为此深居简出，凡见人的时候都以白布裹住口鼻，只露出一对锐利的双眼。

据说某次秀吉举办茶会，诸将大多在坐，饮茶的时候，吉继不慎把鼻涕滴入碗中，诸将都怕被传染，纷纷装模作样地比画一下，便把茶汤原封不动推给下座，只有石田三成端起碗来，毫不犹豫地一饮而尽。吉继感激莫名，从此便与三成结为莫逆之交。

传说未免太离谱了，吉继就算得了癞病，也不会鼻涕口水横流，否则根本无法正常理事，况且若非极度骄傲或者阴暗的性格，也不会任由自己的鼻涕滴入茶碗而不吭一声，等着看同饮者究竟持何态度。日本茶道的大茶会，往往多人同饮一碗茶汤，只是各人在饮后用手指轻拭碗边，擦去口唇痕迹而已,众人都怕沾染上吉继的唾液,从而感染癞病,这倒是情理中事,原不必加上鼻涕,说得那么恶心。

总之,大谷吉继从此便与石田三成来往密切。据说他为人老成持重,很少参与派系间的斗争,更以排难解纷、维持固有局面作为秀吉去世后自己最重要的使命。吉继与德川家康关系也很要好,原本并不赞同三成举兵与家康对战,他向三成分析说,无论从天时还是人和来考虑,你都不可能是家康的对手。然而三成一意孤行(身处其位,也无法不那么做),还把自己的亲生儿子送到大谷军中作为人质,以向吉继表明自己的决心和诚意。吉继大受感动,于是便在前往会津讨伐上杉氏的途中突然转向,投向了西军的怀抱。

明知其不可为而为之,其实从迈上关原战场的那一刻起,大谷吉继就已经抱定了必死的决心了吧,正因如此,大谷军战斗得异常勇猛,东军以两倍兵力来攻,却完全占不着便宜。

自然,战况最激烈的场所还是在中路、中山道附近。一方是福岛正则,乃是"贱岳七本枪"出身的名将,此时正当盛年,勇猛善战,所部也皆为熟悉地理的尾张兵;另外一方则是宇喜多秀家,宇喜多军是中部中国地区的劲旅。

秀家是阴谋家宇喜多直家之子,直家原本相助毛利方与织田讨伐军对战,其后在讨伐军统帅羽柴(丰臣)秀吉的努力下,阵前倒戈,给毛利方造成了沉重打击。直家去世前,将年幼的儿子八郎托付给秀吉,秀吉即收八郎为犹子(不改苗字,但身份等同养子),赐以偏讳,定名为宇喜多秀家。因此秀家年纪虽轻，仗着他和秀吉的异姓父子关系，也仗着宇喜多氏在中国地区的庞大势力，才得以跃升为"五大老"之一，官拜中纳言。

石田三成自知威望不足以服众，故此扛出"五大老"之一的毛利辉元来当西军领袖，在关原战场上，则奉宇喜多秀家为统帅。宇喜多氏在西军中兵力也仅次于毛利氏，又正当中路，负有调动全局之责，故而秀家担任统帅也是实至名归的。

福岛正则看不起宇喜多秀家，认为那不过是一个胎毛未退的孺子而已。秀家此前并没有什么显赫的战功，即便担当统帅出兵朝鲜，也并没有创下任何骄人的战绩，但不能因此便忽视其在军事指挥上的才能。年轻人往往经验不够老到，并无统观全局之能，但要论起冲锋陷阵，局部作战，年轻人靠着一股锐气，未必就会输给了宿将。这一仗，福岛正则打得相当艰苦，全军几度濒临崩溃。

宰相殿的空便当

关原合战在当日八时打响，在激战的第一个小时，即九时之前，西军仍基本握有战场的主导权：中路宇喜多、小西、大谷、平塚等部共两万七千人，对战福岛、井伊、织田、京极等部两万两千人，无论兵力上还是士气上都占有绝对的优势；北路石田三成所部近七千人对战黑田、细川、田中、加藤等军共一万九千人，在岛左近和蒲生乡舍等将的勇战下，竟然也少呈败象。就在东军猛攻鹤翼阵的中央和左翅的时候，这只巨鸟的右翅还丝毫未损，只须小早川秀秋冲下松尾山，或者毛利秀元杀下南宫山，突袭东军的侧翼，相信就连德川家康的旗本三万大军也是无法抵挡的，东军必将全线崩溃。

然而奇怪的是，小早川秀秋等部却一直驻扎在山上，纹丝不动，受其影响，右翅根部的赤座直保、小川祐忠等人也冷眼旁观就在身边展开的激斗，而根本不肯向前一步去配合友军，攻击敌人。就在这种情况下，九时半左右，岛左近被黑田军的铁炮击中，身负重伤，石田军阵列开始动摇，几无作战经验的石田三成被迫亲自披挂上阵，这才勉强止住了败退之势。

三成屡次遣使前往岛津本阵，请求惟新斋出兵相助，但惟新斋只是命令丰久固守，丝毫不为所动。甚至最后三成亲自前来相请，惟新斋仍态度强硬地回答说："今日胜败虽属未知之数，岛津却自有岛津的进退。"

——且不论惟新斋心中的疙瘩，西海强藩岛津氏距离战场实在太过遥远，此次不过派来一千六百人而已，贸然投入战场无异于投羊饲虎，惟心斋才不会做这种傻事。

而另一方面，德川家康看到西军左翼完全不动，本方中路却有崩溃之虞，于是在十时过后便大胆地离开桃配山，向前移动本阵到关原驿附近。看到家康的马标出现在阵后，东军士气普遍为之一振。

受此影响，西军中首先后退的是小西军。小西行长所部四千人，遭到寺泽广高等部的突击，损失惨重，几乎崩溃。关原战场上，可以说西军接战各部中打得最难看的便是素享盛名的行长了,原因也很简单,小西军的精锐早已抛掷在朝鲜半岛上,尸骨都难以返乡了……

小西军朝后退却,宇喜多军的左翼暴露了出来,攻势为之一挫,福岛正则趁机稳住了阵脚。从开战至此,已经过了将近三个小时的时间,前线各部均已疲惫,决定最终输赢的最大砝码便是东西两方尚未参战的预备队了。于是十一时前后,石田三成燃起狼烟,以通知松尾山、南宫山上驻扎的各部:"可以进攻了,一举将敌人击溃吧!"

其实开战后不久,安国寺惠琼等人便前往毛利秀元的本阵,要求秀元下令进攻,然而秀元却说:"我年轻识浅,必须听取广家的意见,广家认为何时参战为好,我自会跟进的。"于是惠琼等人便又去求告吉川广家。吉川广家根本不为所动,稳扎南宫山麓,不但自己不肯进兵,还无形中阻住了毛利本阵北进之路。

吉川广家早就和德川家康暗通款曲,打算卖主求荣。究其根由,恐怕不是出于对石田三成的憎恶——传说秀吉曾打算封给广家九州一国,但在三成等人的劝说下,改割毛利氏辖下出云国内十四万两千石给了广家——而是对主家毛利氏的不满。当年毛利元就开创了"两川体制",以吉川元春和小早川隆景两大分家拱卫本家,形成犄角并立,不可动摇之势,就此还留下了"三矢之誓"的传说。然而战国乱世,人心混乱晦暗,真正秉持忠义之心,毫不计较个人得失,为了主家的存续不遗余力之人,实在是凤毛麟角,毛利氏也不例外。由于元春和隆景这对亲兄弟的性格、能力之不同,在汹涌而来的时代大潮前,一个冲上浪尖,一个却沉入水底，就此引发出重重矛盾，并且这矛盾到他们各自的继承人时代终于结出了苦果。

当年水淹高松城，清水宗治切腹，毛利、羽柴两军和谈之后，毛利方突然得到了"本能寺之变"的消息。吉川元春闻报大喜，主张立刻进兵追击匆忙赶回畿内的羽柴军，却遭到了小早川隆景的阻拦。因为当时兄弟二人分道指挥作战，备中高松属山阳道，乃是隆景的主场，故此元春虽然万分不情愿，最终也只得跟着兄弟黯然退兵了。

此后，小早川隆景跟随天下大势，劝说一门总领毛利辉元降伏在羽柴（丰臣）秀吉的军门之前，隆景因此得以与辉元并列，成为丰臣政权"五大老"之一。此外，秀吉还将筑前和伊予的大片领土赏赐给隆景，年贡高达六十五万石。隆景的兄弟兼养子秀包（毛利元就的九男）也受封十三万石领地，秀吉后来又把自己的一名妻侄过继给隆景做继承人，那便是关原之战中驻扎在松尾山上的小早川秀秋。

对比飞黄腾达的小早川氏，毛利两川的另一巨头吉川氏则要黯淡得多，吉川广家等人封地都不广大，并且都是直接割取主家毛利氏的领地封予的，就原则上来说，他们其实不算是丰臣政权下的一方大名，而只是大名毛利氏的陪臣而已。既然如此，那么在家族中的发言权，吉川氏也便远远落在了小早川氏的后面，处处受到打压，个个愤懑不平。

吉川广家大概是这样想的：就算打赢了这一仗，我又有何所得？功劳不是主家的秀元的，便是那个外来的小早川家的秀秋的。既然如此，我又何必要为了主家的荣耀去浪掷自己家臣的性命呢？

吉川广家按兵不动，毛利秀元也便乐得作壁上观。安国寺惠琼、长束正家、长宗我部盛亲等人想要下山参战，又怕广家暗通德川家康，随时可能攻击自己的后背，到时候遭受前后夹击，难免全军覆没的噩运。他们急得干瞪眼，却谁都不敢冒险下山，只得反复去央告秀元。秀元托词说："我已决定参战，但先要饱餐战饭才好打仗。"下令部下速取盒饭来。然而这顿饭却总也吃不完，就此延误了战机。

毛利秀元当时的官位为参议，唐名为"宰相"，就此留下了一个典故，叫"宰相殿的空便当"，形容临机不断，犹豫不决。

松尾山下的炮声

庆长五年（公元1600年）九月十五日，在美浓国关原地方爆发的两分天下的大战，最终以西军彻底崩溃而告终。一般认为西军总兵力为八万余，而东军为七万余，略逊一筹，然而文献所载数字多有出入，还有认为西军到达战场的总兵力为八万四千，而东军则为八万八千，是东军略占优势的。

不管哪个数字正确，双方兵力相差不大却是事实。然而虽然西军在地理上占有绝对优势，却有几乎半数的部队一直按兵不动，在这种情况下，失败也是情理中事吧。

在关原战场上，战斗打了整整一个上午，参战各部均已疲惫，西军就算战败，应该不难勒束败兵，缓缓退去，寻机再起。只是这种梦想被一个人彻底击破了，那便是驻扎在松尾山上的中纳言小早川秀秋。

小早川秀秋本出尾张国杉原氏，他的姑母很小的时候便过继给浅野家当养女，成年后嫁给织田信长麾下一名低级武士木下藤吉郎——也就是后来的太阁丰臣秀吉，而这位姑母便是秀吉的正室北政所。因为秀吉的发达，杉原氏也跟着沾光，后来还受赐改苗字为木下，秀秋是北政所的兄弟木下家定的第五个儿子，还在襁褓中的时候便被北政所领去当了养子，冠上了羽柴的苗字。

虽然和自己并没有血缘关系，但好歹是妻侄，又是从小抱养的孩子，因此没有亲生儿子的秀吉便把秀秋列入了继承人的考量范围。一直等到确定丰臣秀次为继承人以后，秀吉才把秀秋送出去过继给小早川隆景，并在隆景退隐后让秀秋接管了筑前国三十五万七千石的庞大领地。

正因为秀秋曾是丰臣政权的第二顺位继承人，故此石田三成对其期望颇深，关原战前就曾承诺说，只要打败了德川家康，就让秀秋担任关白，做丰臣秀赖的监护人，在秀赖十六岁成年以前，秀秋可以一直以第一朝臣的身份号令天下。这一承诺相当具有诱惑力，然而奇怪的是，秀秋却在战前秘密而又主动地向家康呈交了效忠书，表示愿为内应。

关原战场上，小早川秀秋一直驻扎在松尾山上观望，石田三成在笹尾山点燃狼烟，还多次派遣快马传信，催促他速速下山，他却丝毫不为所动。不仅如此，当时家康的使者奥平贞治和黑田长政的使者大久保猪之助也在松尾山上，数次以战前密约来提醒秀秋，秀秋却仍稳坐钓鱼台。

东西两军战至近午，东军攻势再度受挫，德川军猛将本多忠胜的坐骑被岛津军铁炮击伤，忠胜坠下马来，险些丧了性命。家康一直在询问参谋们："松尾山上情况如何？"在得知小早川秀秋仍未按照约定下山参战后，他烦躁地咬着指甲："难道我被那个小贼欺骗了吗？"可以说，在南宫山毛利等军已成死子以后，西军唯一能够挽回败局的便只有小早川秀秋所部了，而东军要想彻底打赢这一仗，也必须仰赖秀秋的参战。一时间，各方目光都凝聚到了松尾山上。

据说暴怒烦躁之下，家康走了一着险棋，他派出一队铁炮手行至松尾山下，突然向山上展开齐射。铁炮的轰隆声响彻整个山头，小早川秀秋惊慌失措，立刻下令全军下山——"目标，是大谷队！"就这样，小早川一万多人马倒戈加入了东军阵营，从侧翼攻击西军，最终决定了战局的走向。

因为阵前反叛，并且还是非主动地反叛，似乎是被德川军齐声鸣响的铁炮吓破了胆才匆促参战的，后世对小早川秀秋的评价一直都很恶劣。传统认为，秀秋首鼠两端，想要先看清战局的发展再决定加入哪一方，攫取胜利果实，结果家康的鲁莽策略却吓坏了他——"怎么？德川军还有余力向我发动进攻？他们快要赢了吗？"这才最终下定决心。

不过，还可以从另一个角度来考虑问题。首先，小早川秀秋究竟为什么要和家康暗通款曲呢？秀秋是北政所的侄子，被这位姑母兼养母一手拉扯大，因为北政所是倾向于家康的，故此秀秋也就在战前向家康示好——这是传统的看法。然而除此以外，秀秋对石田三成又抱持着怎样的态度呢？他会为了空洞的关白许诺就迟迟不肯协助家康，而要犹豫不决，坐观成败吗？

三成还则罢了，三成背后的淀姬和丰臣秀赖，相信秀秋对他们是不会抱有好感的。倘若秀赖没有出生，则在秀次被杀后，秀秋将是丰臣政权名正言顺的继承人，结果这个继承人地位被一个尚在襁褓中的婴儿抢走了。不仅如此，这个婴儿直接促成了丰臣秀次的被杀，如果当时的关白不是秀次而是自己的话，那自己也一定会落个同样的悲剧收场吧——相信秀秋每当想到这点，都难免会后背冷汗涔涔。

基于这一考量，秀秋完全不可能靠拢三成，加入西军只是形势所迫，所以他才会在战前主动向家康呈交效忠书，这也是理所当然之事。而至于松尾山下的炮声，很可能是他和家康事先约定的信号，此乃军事机密，双方战前战后都守口如瓶，遂被误认为是临时起意，这也在情理之中。

不管哪种猜测才是正确的，总之历史事实就是，正午时分，当前线作战各部都已疲惫到难以为继的时候，生力军小早川部参战了，首先突击大谷吉继所部，大谷军瞬间崩溃。

据说大谷吉继看松尾山上迟迟没有动静，已经预料到小早川秀秋可能反叛，于是将阵列向南方展开，以防备可能出现的变局。然而即便如此，兵力小弱而又已经疲惫不堪的大谷军，也完全不是小早川生力军的对手，很快便被压制得抬不起头来。

小早川秀秋的倒戈引发了连锁反应，一直待在松尾山下不动的赤座直保、小川佑忠、朽木元纲、胁坂安治四将一齐反叛，攻击大谷军的侧翼。在这种情况下，大谷吉继哪怕是天神下凡也难以为继了，将近午后一时的时候，吉继被迫于阵中切腹，随即全军覆没。

大谷军溃灭以后，小早川、赤座等部继续北上，进攻宇喜多、小西的阵列。午后一时半，小西行长看到形势危急，传令撤退，随后受到重创的宇喜多军也撤出战场。中路溃灭，唯一还在抵抗的便只有岛津军和石田军了。二时左右，石田军遭到多路敌军的合围，蒲生乡舍高呼奋战，作最后绝死的突击，杀入了织田有乐斋阵中。据说有乐斋曾与蒲生乡舍是旧识（他与乡舍旧主蒲生氏乡并为千利休的高足，都是当时有名的大茶人），临阵见到，招手高呼："何不降我？"乡舍大怒，直冲向有乐斋的马前，却被织田军团团围住，砍翻在地，取下了首级。

岛左近重伤，蒲生乡舍战死，至此石田军已无能战之将，于是全线溃败。

柿乃痰之毒

"关原合战"打了仅仅半天的时间，到了午后二时左右，大局已定，西军全面崩溃，整个战场上便只剩岛津惟新斋所部还在孤军奋战。到了这个时候，就算惟新斋再怎么后悔应该及早投入兵力协助友军，也已经来不及了。

东军对岛津队形成了合围之势，惟新斋愤而上马，招呼侄子丰久前来，对他说："身后是伊吹山地，倘若败逃，很容易被敌人追上，全军覆没。左右是死，不如向前突击，杀点德川旗本来扬我岛津氏之威，如何？"

丰久苦劝，表示愿意拼死断后，使惟新斋得以逃出生天。惟新斋却说："后退肯定是死，前进或有生路。咱们往前吧，杀开一条血路回国去！"

于是千余岛津军以惟新斋为核心围成一个圆阵，冒死向前突进，从田中、井伊等部的缝隙中直穿而东，楔入正缓缓朝前推进的德川家康本队。德川军前锋酒井家次见敌军突然杀到，急忙收缩队列以保护家康本阵，惟新斋趁机突然转向，从德川军阵前斜切向东南方。东军各部这才知道岛津军的目的不是决死突阵，而是逃亡，匆忙纷纷合围上来。然而萨摩兵的战斗力之强出乎人们意料之外，很快便突散福岛军，践踏筒井军，越过关原，进至一个叫乌头坂的地方。

岛津丰久就在乌头坂战死了，传说他为了掩护主将逃跑而穿上了惟新斋的铠甲，结果被紧追不舍的本多忠胜部下武士斩下了首级。本多、松平、井伊等德川军各部为了争功，也为了洗刷主家阵前被岛津军横穿而过的耻辱，拼命猛追，在乌头坂东南约三公里处终于赶上了岛津军。岛津方大将阿多盛淳悍战断后，虽然最终壮烈牺牲，却也击伤了松平忠吉和井伊直政，使得惟新斋终于安全脱离战场。

被称为"德川四天王"之一的井伊直政，所部多为甲州名将山县昌景的遗臣，也号"赤备"，乃是德川军中第一王牌，结果在此仗中，直政肩膀中了铁炮，回去后即伤势恶化（可能是铅中毒），辗转病榻一年多，终于辞世了。

岛津军一千六百多人，最后突出重围的不过八十骑，保护着惟新斋从海路离开近畿，历经千难万险，终于回到了故乡萨摩。就这样，经过整整八个小时的厮杀，以西军的彻底失败而拉下了关原大战的终幕。

合战之后，德川家康在大谷吉继原本布阵的藤川台检视首级，随即命令小早川秀秋、田中吉政、福岛正则等将快速突入近江，进攻石田三成的本据佐和山。次日，家康又派细川忠兴、黑田长政、堀尾忠氏等部陆续跟进。

石田三成并没能逃回佐和山城，据说他身负重伤，逃亡途中因为淋雨又罹患了感冒，被迫躲藏在伊吹山中。留守佐和山城的乃是三成的父亲正继和兄长正澄，所部两千余人。面对汹涌而来的敌军，石田父子作了英勇的抵抗，一直坚守到十八日清晨，终于被田中吉政所部攻入城中。石田一门尽数自杀，没有一个人肯俯首归降。

攻克佐和山城以后，德川家康命令田中吉政四处搜捕石田三成。吉政本是丰臣秀次的家老，秀次被杀后被迫流亡，后来多亏三成看在同为近江人的份上在秀吉面前进言，才得以领受三河冈崎十万石的封地。在田中所部的搜索下，终于在二十日找到了三成，绑到吉政面前，吉政好生款待了三成以后，将其押至大津，交给德川家康发落。

据说，三成被迫跪坐在大津城门前示众，东军将领们经此入城的时候，看到三成，每个人心头都泛起五味杂陈的不同情感。对于德川系诸侯来说，三成仅仅是敌人而已，无所谓善恶，也无所谓爱憎，而对于丰臣系诸侯来说，除了福岛正则等武断派核心外，却多少都难免带有一些兔死狐悲的落寞感伤。

家康下令在京都处决西军首脑人物，除石田三成外，还包括小西行长（那也是武断派的眼中钉）、安国寺惠琼和长束正家。小西行长与三成相同，也是在伊吹山中被捕的，安国寺惠琼则遭厄于京都，长束正家其实早就切腹自尽了，在前述三人被斩首后，正家的首级也被送了过来，一起摆在六条河原示众。

安国寺惠琼本是安艺守护武田信重的遗子，武田氏灭亡后被迫出家。据说这名和尚与毛利辉元的父亲隆元交好，因此受到辉元信任，成为御用的外交僧。虽说惠琼一力促成了西军的举兵，不过他并非毛利家中说一不二的权臣，顶多只是一个联络员而已，砍下他的脑袋，其实只是为了震慑毛利氏。可怜的惠琼，就这样变成了毛利辉元的替罪羊。

据说石田三成在临刑前，因为口渴而想要喝口米汤，押送的士卒们仓促间无法准备，就摘了几枚柿子给他，然而三成却说："柿乃痰之毒。"摇头拒绝了。士卒们嘲笑他："眼看就要人头落地了，还这么讲究养生之道吗？"三成回答道："怀抱宏图壮志的人，即便下一刻就人头落地，也应当关注自己的生命。"

此话成为名言，而未结果的柿子花日后也便成了"壮志未酬"的代名词。"关原合战"本是诸侯们争权夺利的战争，但因为三成这个人物的存在，后世往往给西军涂抹上浓重的"义"的色彩，即便在德川氏统治的江户幕府时期，还是有很多人为三成说好话，讲他并无私心，只是性格忌刻、水清无鱼，才导致了最终的失败。

而作为关原合战西军前线总大将的宇喜多秀家，这个年轻人的命运也相当凄惨。他在战败后四处流亡，曾一度向老婆的娘家前田氏求助，但前田家正因为利政倾向西军，利长又未能赶到关原战场而受到德川家康的责备，故此不愿相保，怂恿秀家逃亡萨摩。然而面对气势汹汹杀来的德川氏问罪之师，岛津惟新斋也只好服软，乖乖地把窝藏了一段时间的秀家押往骏河久能山。最终的决定是，饶过秀家一命，剥夺其领地，把他流放到江户南面一个名叫八丈的小岛上去。"五大老"之一的宇喜多秀家就这样在八丈岛上度过了他的余生，不过他也算是高寿了，享年竟达八十四岁。

番外篇

幛子画和狩野永德

安土·桃山时代在日本艺术发展史上是一个黄金时代，除了茶道的大成以外，建筑、绘画、戏剧等艺术形式也都存在着划时代的进步。其中绘画方面最值得一提的乃是幛子画。

幛子画来源于传自中国的壁画和屏风画，所谓"幛子"，是指日式房屋多用竹木建构，用可活动的纸扇来把大屋分隔为很多小间，这些纸扇，也包括纸门和纸窗，就统称为"幛子"。在幛子上作画始于奈良时代，同样源自唐风。

安土·桃山时代出现了幛子画的千古大家，那就是狩野画派的第三代——狩野永德。永德本名州信，通称源四郎，祖父元信和父亲直信（松荣）都是室町幕府的御用画师。永德从九岁起开始跟随父亲学习幛子画，二十六岁时为大德寺聚光院（三好义继的佛堂）创作了十六面花鸟图和八面琴棋书画图，开始脱离传统的风格，转而描绘社会生活，受到时人的好评。

天正二年（公元1574年），织田信长委托永德创作一幅描绘京都风貌的屏风画，用以相赠上杉谦信。永德大胆地采用金色作为背景，施以浓墨重彩，着力刻画了节日期间各行各业的喜庆场面，这就是著名的《洛中洛外图屏风》。

因为这幅屏风画而受到信长嘉奖的永德，随即就接受了新造安土城的内部装饰工作。他率领弟子们辛勤工作，所用技巧范围广泛，题材多种多样，尤其首次在宽大壁面上粘贴金叶以代表地面和云彩，使得安土城内金碧辉煌，气魄宏伟。其后，丰臣秀吉修建大坂城和京都聚乐第的时候，也都聘请永德前来作画，他的画风逐渐成为时代的代表，其锐意进取的精神，富丽堂皇的气派，正是安土·桃山时代的完美写照。

这一时代享有盛名的画家，除了狩野永德之外，还有长谷川等伯。传说等伯曾师从永德，但随即吸收了中国的宋元画风，开创了自己独有的风格，构图简洁明快，气魄雄壮爽朗，受到千利休等人的赞誉。在利休的推荐下，等伯也得到了丰臣秀吉交付的大量官方装饰工程，打破了狩野派独占幛子画画坛的局面。不过狩野派和长谷川等伯的绘画艺术虽然存在着很大差别，有一点却是相同的，那就是绘画日益摆脱平安以来重佛的氛围，转而崇尚儒教思想，这也为其后江户时代的儒风盛行打下了牢固的基础。

伽拉莎之死

乱世中的女性，往往演绎着比男子更为悲壮的故事。提起战国末年两分天下的关原大战，总会令人想起在战前横死的细川伽拉莎。

伽拉莎又写作葛拉西亚或者伽罗奢，本是日文假名的音译，这个名字一望而可知不是日本名，它本是一位贵妇人皈依天主教后所起的教名。这位贵妇人本名明智玉子，是明智光秀的次女，天正六年（公元1578年），在织田信长的指示下，明智光秀和细川藤孝结为姻亲，把玉子嫁给了藤孝的嫡长子忠兴。从此以后，玉子就冠上了夫家的苗字，称细川玉子。

明智光秀发动本能寺之变以后，凭借姻亲关系，派使者去游说细川父子与自己共同进退。然而细川藤孝不肯背负逆贼的骂名，坚决不允，还让儿子杀死玉子，以表示和光秀划清界限。因为玉子连续为忠兴生下三个嫡子，即长男忠隆、次男兴秋和三男忠利，所以忠兴不忍相害，把她送往丹后国的味土野（三户野山）幽禁起来。

就这样，玉子在孤寂中度过了整整两个春秋，直到天正十二年（公元1584年）才获得丰臣秀吉的赦令，由忠兴将其接回本城田边。夫妻团聚并没过多久，玉子就被作为人质移居到大坂城下，天正十五年（公元1587年），她在侍女的怂恿下皈依天主教，取教名伽拉莎，意为神的恩宠。

据说忠兴和玉子原本感情很好，但经过味土野的两年幽禁，这段感情已经逐渐变质了，因此玉子才会在内心的无比苦闷中接受了一种外来的宗教。就在同一年，丰臣秀吉下令严禁日本人信奉天主教，忠兴勒逼伽拉莎改变信仰，遭到严词拒绝，从而引发了夫妇间更严重的感情冲突。

关原合战之前，石田三成命令把居住在大坂城下町的东军各大名眷属都集中起来，以作要挟，然而伽拉莎却以接到丈夫的严令不得入城而拒绝了。七月十七日，西军五百名士兵突然团团包围了细川邸宅。为了不落到敌人手中，伽拉莎决意一死。

由于天主教禁止自杀，伽拉莎就在做过祷告以后，命令家臣小笠原少斋用长刀刺入她的胸膛，然后用绢帛包裹其遗体，放火烧为灰烬——终年三十八岁。

伽拉莎拒绝成为西军的人质而自尽了，同时黑田长政、黑田如水、加藤清正的妻子和水谷胜俊的儿子也都成功逃离大坂，这使得石田三成的人质捕拿行动彻底失败。对于关原合战的最终结果来说，这也是一个非常重要的因素——东军将领从而再无后顾之忧，怀着对三成的切齿痛恨从上野小山城汹涌杀来……

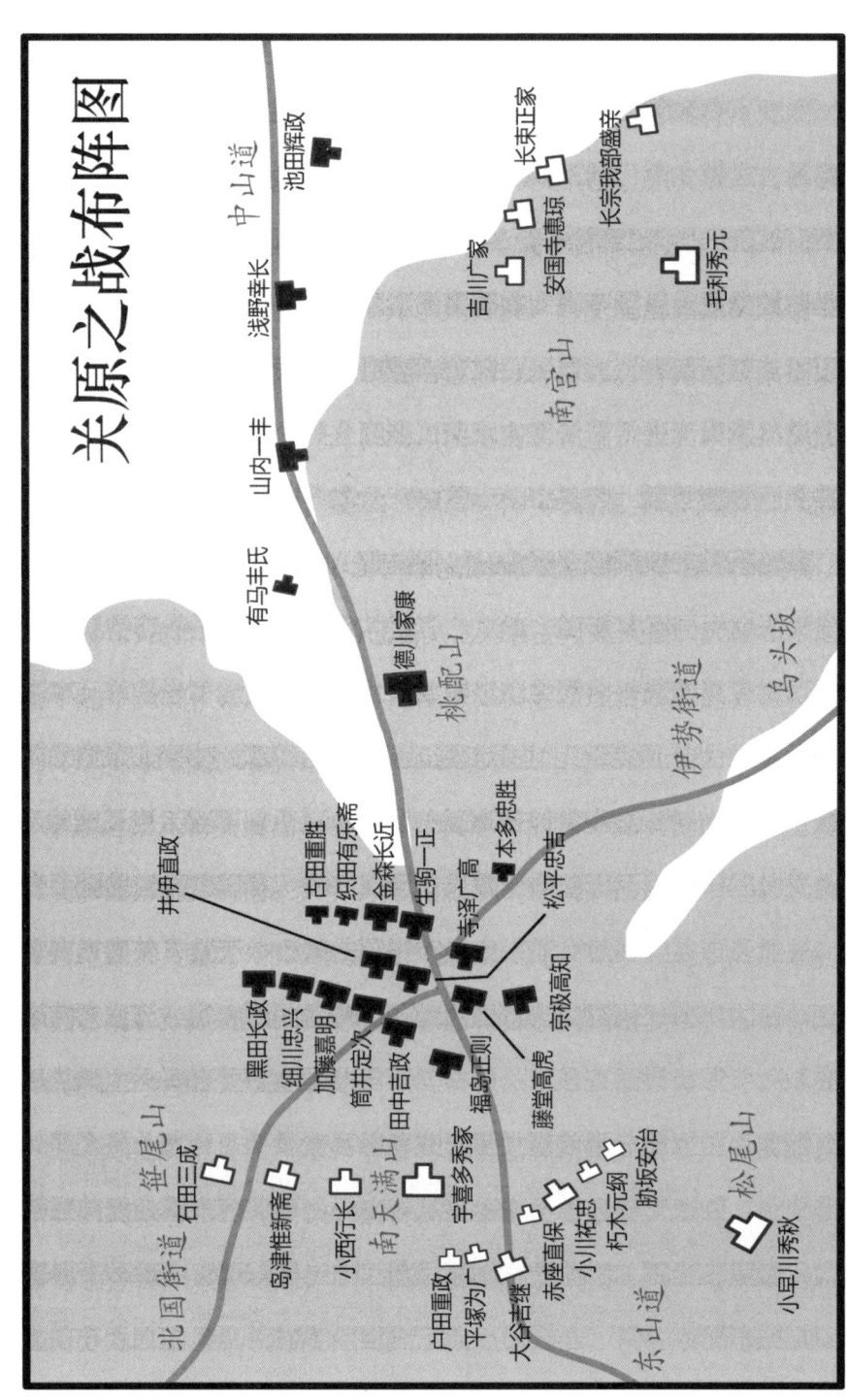

次章　天下与家族的二分

"关原合战"在主战场上，仅仅厮杀了不到半天的时间，大局便已底定。然而就丰臣氏之败落和德川家的崛起这一历史事件而言，所卷起的巨浪却几乎涵盖了整个日本——从北陆到东海，从奥羽到九州，无数家族在时代的漩涡中苦苦挣扎。

从丹后到加贺

后土御门天皇应仁元年（公元1467年），畠山义就攻入京都上御灵社，击败并驱逐畠山政长，是为"上御灵社合战"，宣告了"应仁·文明之乱"与战国乱世正式拉开帷幕。"应仁·文明之乱"中，以细川胜元为首的"东军"和以山名宗全为首的"西军"，各十余万，在京都及周边地区鏖战不休——一百三十三年以后，日本再度二分，又有新的东西两军会战于近畿地区的关原。历史总是惊人地相似啊。

然而，与"应仁·文明之乱"不同，新的天下二分并没有持续太长时间，也并没有引发新一代乱世，不到一个白天，"西军"便全线崩溃，数日之间，"东军"横扫畿内，进而控制住了全日本的局面。

究其缘由，是因为战争的模式已经改变了。"应仁·文明之乱"中，东西两军各号十数万，其实大多是缺乏训练，组织度亦极低下的农兵，易聚更易散，易败也易整，往往敌军一冲便瞬间崩溃，但真正的死伤数并不甚多，稍加整顿便又可上阵，导致低烈度的战事延绵日久，迟迟不决。然而经过百年乱世，到了"关原合战"的时候，各势力所部军队的组织力、训练度，均非昔日守护大名可比，因而战争烈度也极大增强。由此导致战死者众多，战败的势力在短时间内无法完全恢复，故此一日之战即可底定大局。

"应仁·文明之乱"的主战场是在洛中，各地同时存在着相当多的分战场，无数家族因公仇更因私怨而厮杀在了一起，就此才会揭开战国乱世的序幕。"桃山时代"末期的这场大战同样如此，关原只是主战场，别处尚有分战场，各自拥护德川或石田·毛利，在全国范围内都掀起了巨大的风浪。

首先是丹后田边城，此地乃是东军主力大名细川忠兴的领地。石田三成举兵后不久，即分兵攻打田边，此时忠兴跟随德川家康出兵会津，无可救援，田边城中唯有其父细川藤孝、兄弟细川幸隆、从兄弟三渊光行等五百余人。

细川藤孝出身于室町幕府最显赫的细川家族，其父晴员，过继给将军侧近三渊晴恒为养子，藤孝又过继给其伯父细川元常，得以重获细川苗字。藤孝少年时代即侍奉将军足利义藤（后改名义辉），其名中的"藤"字正是将军下赐的。

永禄八年（公元1565年），松永久秀弑杀义辉将军，细川藤孝与其兄三渊藤英乃救出义辉之弟一乘院觉庆，逃亡近江。其后觉庆还俗，便是为织田信长拥戴继位的末代室町将军足利义昭。义昭与信长矛盾激化，最终被放逐之时，藤孝转归信长阵营，受封山城国长冈地方，故此也被称为"长冈藤孝"。

细川忠兴为藤孝的嫡男，由信长指定，让他迎娶了重臣明智光秀之女玉姬，细川父子也因此成为光秀的与力，转战丹波、丹后，受封丹后南半国，主城在宫津。"本能寺之变"后，细川父子拒绝了明智光秀的招诱，藤孝还以哀悼故主信长为名出家，法号幽斋玄旨，前往田边城隐居，将一门总领之位传给了忠兴。

细川幽斋为当时著名的文化人，博览群书，见识渊博，而其子忠兴号为"三斋"，则是茶道大师千宗易的高足。

且说西军攻城之军，由小野木重次、前田茂胜、织田信包等将统率，总兵力达到一万五千。以五百对一万五千，即便细川藤孝是古今无双的智将，即便田边城再如何坚固，这仗也是很难打的。然而藤孝自有他人所不具备的智谋和才能所在，他写信给八条宫智仁亲王说："我今天死在这里，别无所憾，然而'古今传授'就此断绝，实在可悲。我希望可以把秘法传给亲王殿下，那便死也无憾了。"

藤孝通晓历代掌故和典章制度，擅长和歌、连歌、茶道，曾著有个人和歌集《众妙集》，但他最受人推崇之处，还是传至三条西实枝的"古今传授"。所谓"古今传授"，是指日本古代诗歌集《古今和歌集》的秘传注解，据说当时全日本只有藤孝一人掌握。

为了怕"古今传授"就此断绝，智仁亲王立刻通知攻城部队暂缓进攻，同时派使者前往田边城，请藤孝传授秘法要义。这位智仁亲王本是后阳成天皇的亲兄弟，是秀吉的犹子，秀吉在世时曾一力扶持想让他登上天皇宝座，故而对于他的旨意，西军诸将皆不敢不从。就这样，在后阳成天皇与智仁亲王的插手下，最终田边城和平地打开了城门，藤孝带着家臣、眷属，毫发无伤地安然离开了。

由丹后向东，经若狭、越前，即可抵达加贺国。得知石田三成举兵的消息以后，加贺大名前田利长立刻宣布加入东军阵营，随即于七月二十六日亲率一万五千大军杀向丹羽长秀之子长重的居城小松。丹羽长重曾在德川家康扬言讨伐前田利长的时候受命担任先锋，因此两人原本友好的关系就此破裂，据说长重本来并不倾向于石田三成，而是在利长的竭力进逼下，才不得不加入西军阵营，以与前田军相对抗。

因为丹羽军固守小松城不肯出战，前田军被迫绕城南下，八月三日攻克了大圣寺城，随即南指越前国北之庄。然而就在这个时候，担任西军北陆地区总司令的大谷吉继施以巧计，伪作搜集船只打算从海路奇袭前田氏本据加贺金泽的态势，迫使前田利长匆忙回援。退兵的路上，殿后的长连龙所部在浅井畷遭遇丹羽军的埋伏，恶战一场，若非援军陆续赶到，几乎便要全军覆没。

八月十三日，前田利长回归金泽，稍加整顿后打算再度出兵，结果遭到兄弟利政的阻挠。利政倾向于西军，想要把一门总领绊在主城，不使其从北部向石田三成等人施加压力。一直等到九月八日，家康来信催促，利长才终于下定决心，三日后再度进攻丹羽领。丹羽长重自知力不能敌，于是协议开城投降，九月十八日，前田利长进入小松城——这是"关原合战"结束后第三天的事情。

上田城下

五畿东南是伊势国，伊势东南还有小小的志摩国。志摩国主本为著名的"海贼大名"九鬼嘉隆，但在"关原合战"的时候，嘉隆已然退位了，其子守隆继任为一门总领。

据说，因为在九鬼氏和伊势岩手城主稻叶道通产生纠纷之时，德川家康袒护道通，使得嘉隆极为不满。石田三成听闻此事，便许以伊贺、伊势、纪伊三国，邀请嘉隆加入西军。于是嘉隆不顾儿子守隆正跟随家康出征会津，悍然接管了主城鸟羽，随即便进攻稻叶氏的本据岩手城。

久鬼守隆闻讯，匆忙从下野小山城赶回志摩与父亲对战，期间还在九月七日大破西军桑名城主氏家行广的船队，得到家康赐予感状。等到嘉隆被儿子打败，隐居在和具地方以后，守隆便利用这张感状，通过福岛正则、池田辉政等人向家康求情，恳请赦免父亲的罪过。

好不容易家康答应了九鬼守隆所请，然而当守隆派遣使者快马赶回志摩国的时候，却已经迟了一步，九鬼嘉隆已于十月十五日在答志岛切腹自杀了，享年五十九岁。

传说是守隆的家老以家族存续为名逼迫嘉隆切腹的，然而自己一死即可换来家族的安泰，这种道理难道嘉隆自己会不清楚吗？他又岂是会受臣下逼迫之人？况且，在决定天下局势的"关原合战"中，很多家族都一分为二，老子、儿子各站不同的阵营，为的是无论哪一方取胜，家族都能够延续下去，也并非只有九鬼父子会耍这种鬼花招。

其实最有名的脚踩两条船的家族并非志摩九鬼氏，而是信浓真田氏，当主即为那位被称为"表里比兴者"的真田昌幸。"桃山时代",真田昌幸通过联姻来巩固自己的势力,与很多实权人物都扯上了关系:首先,他迎娶石田三成的岳父宇田赖忠之女为侧室,还把女儿嫁给了赖忠之子赖重;其次,他为长子信幸迎娶了德川氏重臣本多忠胜的女儿、家康的养女小松姬;第三,次子信繁做了大谷吉继的女婿。

七月二十一日,真田父子领兵跟随德川家康出征会津,来到了下野一个叫犬伏的地方,石田三成恰在此时派来密使,请求昌幸加入西军阵营。由于不同的姻亲关系,父子三人就此分道扬镳,昌幸带着信繁回归上野沼田,而信幸则统率本部兵马前往小山觐见德川家康。

消息很快便传回沼田城中,小松姬立刻下令关闭城门,自己披甲着胄、手持薙刀站在城楼上,拒绝公公和小叔入城。传说昌幸恳求说:"我只是想见孙子一面。"小松姬就把儿子抱上城头,让公公远远望了一眼。昌幸无奈,只得退至信州上田城,秣马厉兵,以防备可能遭遇到的进攻。

八月二十四日,德川秀忠率领本多正信、榊原康政等重臣及三万八千关东大军,经中山道浩浩荡荡杀往美浓。在途经信浓国小诸城的时候,他派遣真田信幸与本多忠政(本多忠胜之子、信幸妻弟)前往劝说昌幸投降。昌幸砌词敷衍,故意拖延时间,直到数日后才给出明确答复:"我已做好守城的万全准备,请来攻打吧。"

德川秀忠闻言勃然大怒,而其麾下兵将也纷纷请战,势要一举踏平上田城。且说十五年前,在"天正壬午之乱"中,德川氏亦曾发兵攻打过上田,结果被真田昌幸迭施诡谋,杀得大败,旧恨尚未泯灭,不趁此际报仇，更待何时呢？

于是德川秀忠率军离开小诸，前往上田城东面的染谷台扎下本阵，准备发起全面进攻，同时他还派遣真田信幸率军攻打上田的支城户石。此时守备户石城的，乃是信幸的同胞兄弟信繁（民间讹传其名为真田幸村），诸将因而劝谏秀忠："他兄弟岂肯相争？不当派信幸前往。"然而秀忠却以考验信幸忠诚为由，不肯收回成命。

结果，真田信繁一听说来攻的敌将为自家兄长，当即主动放弃城池，领兵退回上田，信幸顺利地接收了户石城。一般认为，真田昌幸、信繁父子考虑到，因为自己的缘故，信幸在东军中当必然遭人怀疑甚至是嫉恨，倘若不能顺利攻下户石，很可能会受到德川秀忠的严惩，甚至人头落地，故此才主动退兵。而这么做直接的结果就是，信幸入驻户石，此后即以守城为借口，不肯参与对上田城的进攻，真田一门避免了同族相残的厄运。

再说德川秀忠，随即就指挥大军猛攻上田城。真田昌幸的用意是将关东大军牢牢牵制在上田领内，使其赶不上与西军主力的对决，故而才先虚与委蛇，尽量拖延时间。与此针锋相对，秀忠则计划用最短的时间便攻克上田城，惩罚真田父子，然后即可大踏步向畿内迈进。于是秀忠使出了"苅田战法"，即派遣部将牧野康成率人抢割附近农田中的稻谷，以逼迫真田军出城来战。

倘若被敌军顺利收割了稻谷，则真田领内必将残破，从而粮秣不继、人心涣散，那即便打赢了这一仗，又有何益呢？此正昌幸不得不应之胜负手也。九月八日，真田军数百人潜出城外，攻击割谷的牧野队，早便埋伏在附近的本多忠政率军猛击，真田军大败，退归上田城。酒井、牧野、本多等部从后追击，一口气便攻至上田城大手门（正门）前。

虽说牧野割谷本为诱敌之计，但真田败走又焉知不是将计就计呢？且说德川各部才到城前，正打算重整队列，开始攻打城门，城门却突然主动打开了，早就准备好的真田武士铁炮齐发，弹如雨下，使得因为追赶败兵而阵列不整的德川军大乱。随即真田昌幸率部杀出，德川军竟然全线崩溃。

但这还并非昌幸的全部计谋，他早在前一日便遣次子信繁率领二百精锐潜出城外，埋伏在染谷台东北方向的密林中。当前线败报传来的时候，德川本阵亦一时气沮，德川秀忠正打算加派兵马前往救援，趁着这混乱之机，真田信繁突然冲杀出来，直取秀忠本阵。秀忠仓皇之下，跳上家臣的坐骑落荒而走，一口气便逃回了小诸城内。真田信繁见无法取得敌方大将的首级，便立刻展开连环计的第三步，下令掘开附近神川上游的堤防，于是霎时间滔滔浊流奔涌而下，将染谷台周边地区彻底淹没。

这就是"第二次上田城之战"，真田军以少胜多，大破德川秀忠。秀忠在逃入小诸城以后，正欲重整军势报此一箭之仇，突然从西方驰来快马，递上父亲家康的书信。当然，以当时的通信条件，家康并不清楚儿子率军走到了何处，只是在书信中下令道："九月九日，必须开至美浓国的赤坂地方。"

德川秀忠览信大惊，这还有不到一天了呀，怎么赶得及呢？然而军令如山,他只得暂且咽下胸中恶气,重整兵马,绕过上田城匆匆向西方赶去。可是附近多被水淹,道路泥泞,加上天公也不作美,随即降下数日暴雨,导致德川大军迟至九月十九日才抵达赤坂——"关原合战"都已经结束整整四天了。

秀忠听闻家康已经离开关原,前往大津城,于是匆忙前往谒见请罪,于二十日进入大津。然而家康怒不可遏,坚决不肯见儿子的面。其后群臣反复相劝,说秀忠率军西进,本就有镇压中山道之意,既然真田顽抗,岂可贸然越过而不加讨伐?况且,家康的使者因为遭逢利根川暴涨,被迫绕路而行,耽搁了传令的时间,八日指令才到秀忠军中,怎么可能要求秀忠九日即到呢?好不容易,家康才算勉强原谅了儿子。

长谷堂合战

关原合战的导火索是会津征伐,且说德川家康在"小山评定(会议)"后即折返江户,留下次子结城秀康监视上杉军的动静。家康共生有十一子,嫡长子信康于天正七年(公元1579年)被织田信长下令处死,次子秀康因是庶出,过继给下总大名结城氏,三子为德川秀忠,四子便是"关原合战"中立过大功的松平忠吉,此外还有信吉、忠辉、义直、赖宣和赖房。

结城秀康坐镇下野,号召奥州伊达氏、羽州最上氏和越后堀氏等围攻会津。七月二十二日,伊达政宗听闻上杉方的白石城主甘粕清长侵入自己领地，便派重臣片仓景纲前往抵拒，双方小小接触了一仗，随即和谈，各自退兵。

倘若德川家康亲率大军在前，则奥、羽诸侯必然蜂拥而起，围攻上杉，然而家康已然折返江户，光留下一名庶子坐镇，而且并无直取上杉领的意思，则诸侯们谁肯为他火中取栗？终究上杉为一百二十万石的大诸侯，兵马强壮，非一两家并进所可败之也。因而奥、羽各大名纷纷致信上杉氏，请求罢兵言和，上杉景胜多从所请，唯独拒绝了最上义光的和睦请求。九月八日，他派重臣直江兼续统领两万四千大军进攻最上氏的主城山形——著名的"长谷堂合战"就此拉开序幕。

其实若欲与石田三成东西呼应，上杉应当大军南下，攻击结城秀康，进而威胁德川的关东领地，而非转攻最上。上杉这么做的理由可能有两个：其一，欲击破最上，威吓奥、羽诸侯，使之归从西军阵营，然后再与德川氏决一胜负。

其二，最上曾经攻打过出羽庄内的大宝寺氏，大宝寺家督义兴本为上杉大将本庄繁长之子，因而向亲生父亲求救，本庄繁长出阵庄内，于"十五里原合战"中大败最上军，从此大宝寺即归从上杉，成为附庸。等到上杉氏移镇陆奥会津，越后、佐渡、奥信浓的领地都被转封他人，唯有庄内领仍然保留，而最上正好横在会津与庄内之间，将上杉的辖地一分为二。故此上杉景胜才想一举击破最上，将领地联结为一，使己方再无后顾之忧。

且说直江兼续从本领出羽米泽出发，统率二万五千大军，分道而进，直取最上氏主城山形。估计最上总兵力不足一万，其中山形城内四千，余皆分散于各支城之中。九月十二日，兼续包围了最上的重要支城畑谷，城兵仅有五百，虽然最上义光下令弃守撤退，然而城将江口光清却拒绝此令，做好了战死的准备。经过激烈交锋，翌日城落，城兵全都战死，但据说也给上杉方造成了千余人的杀伤。

九月十七日，上杉军别动队四千人在筱井康信、横田旨俊的率领下走挂入石仲中山口，攻打上山城。守将里见民部率五百兵顽强抵抗，并暗遣与力草刈志摩率部潜出城外，前后夹击，杀得上杉军大败，斩首四百余级。挂入石仲中山口这一路的战事就此停顿，筱井等部未能赶上最后的决战。

其余几路则进展顺利，先后攻克寒河江、白岩、谷地、山野边等城寨。呼应上杉氏的进军，横手大名小野寺义道也出兵包围了最上方属城汤泽，悍将楯冈满茂苦苦支撑，勉强保得城池不落。

兼续本队在攻陷畑谷城后，即杀向长谷堂城，在附近的菅泽山设下本阵，将城寨团团包围起来。其实这个时候，决定天下大势的"关原合战"已经结束了，但基于当时落后的通讯水平，消息还并未能够传至奥羽。

长谷堂城位于山形盆地的西南端，距离山形城仅仅八公里，倘若此城陷落，则上杉军转眼便可杀至山形城下。最上义光闻听长谷堂被围，不禁大惊失色，他并不清楚危机即将解除，被迫以其子义康为质向宿敌伊达政宗求救。十六日，伊达政宗派遣叔父留守政景率军救援长谷堂。

长谷堂守将为最上氏重臣志村光安，所部千人，而此时除挂入石仲中山口方向分队被阻外,各路上杉军陆续来合,总兵力已达一万八千。双方兵力如此悬殊,直江兼续乃放心大胆地挥师强攻。志村光安在顽强抵抗了一个白天以后,亲率二百人组成敢死队,夜袭上杉方大将春日元忠的阵营,黑暗之中敌我难辨,导致上杉军自相践踏,乱成一团。敢死队趁机转攻直江兼续的本阵,竟然斩获了二百五十多枚首级。

上杉军因而气沮,再加上城寨周边多为水田,泥泞难行,此后数日一直难以组织起足够强力的攻势来。兼续被迫焚烧城下町、割取田中谷物,以向城兵挑衅,但志村光安丝毫不为所动,只是安排职守,将长谷堂守备得如同金城汤池一般。

战至二十四日,留守政景所率三千伊达军终于赶到了,二十五日,最上义光亦挥师来援,两军呈犄角之势,与上杉军遥遥相峙。二十九日,兼续再度猛攻长谷堂,却又一次铩羽而归,勇将上泉泰纲战殁。

上泉泰纲乃是战国时代著名兵法家(当时的兵法为武术之意,而非指军事)、"新阴流"开创者,人称"剑圣"的上泉伊势守信纲之孙,武艺超群,受直江兼续亲自延请,聘为家臣。然而此时已非徒逞个人武勇的平安时代,在大军团作战中,即便剑法、枪法再如何无敌,一支冷箭或一枚弹丸就可能取了大将性命。

二十九日,"关原合战"的败报终于送到了直江兼续手上。兼续悲愤之下,几欲自杀,被部将前田利益劝止。前田利益通称前田庆次郎,乃是前加贺金泽大名前田利家长兄利久的养子。当年织田信长宠爱利家,竟命利久退隐,由四弟利家继为一门总领,因而利益与利家素来不睦,约在天正年间离家出奔，后为直江兼续所延聘。利益最为后世称道的共有三事，一是武艺出众，二是精通诗歌、文艺，三是"倾奇"，也即喜着奇装异服并且特立独行。

且说直江兼续打消了自尽的念头以后，不敢继续攻打长谷堂城，下令连夜撤退。然而翌日，伊达、最上联军也得到了"关原合战"的消息，当即挥师从后猛追。直江兼续亲自殿后，几乎不免，幸亏部将水原亲宪率领铁炮队从侧翼射击，击中了最上义光的头盔，才迫使联军后退。十月四日，上杉败兵逃归米泽——至此，奥、羽形势瞬间改变，各路诸侯纷起，从四面八方向会津压来……

上杉最后的奋斗

"长谷堂合战"中最后的撤退、追击战，根据最上方的史料记载："己方战死者六百二十三人，敌方战死者一千五百八十人。"似乎上杉军的损失非常惨重。然而上杉方的记载则是："敌军战死者二千一百余。"似乎虽败犹荣。

古代战争往往如此，各方都竭力减少己方的损失，夸大敌军的受创，以此来鼓舞士气，同时也自欺欺人。真正明确的伤亡数字，恐怕会是永远的谜团吧。

上杉终究为全日本有数的大大名，即便真的损失了一千五百人，也未必伤筋动骨，最上若有两千死伤，则必然一蹶不振。然而最上军于战后却展开了全面反攻，不但收复了寒河江、谷地等丢失的城寨，抑且杀入庄内，十一日攻破其中心城池尾浦。到翌年三月间，已然彻底控制了整个庄内地区。

与此相反，上杉方则全面收缩，改攻势为守势。这是因为四方诸侯见风转向，纷纷撕毁协议，发兵攻打上杉领，以向德川献媚，其为首者便是"独眼龙"伊达政宗。

政宗亲自率军攻入刈田郡，首先破陷了白石城，随即以此城为前进基地，派遣片仓景纲、茂庭纲元、屋代景赖等将攻打上杉方的要隘福岛城。福岛城守将乃是威名素著的本庄越前守繁长，他遣其子大宝寺义胜出城与敌交锋，结果在宫代、濑上间战败，只得笼城固守。

本庄繁长本为越后国内的"扬北众"——这里的"扬"是指扬川，又名阿贺野川，川北各路豪族悍勇敢战，并且独立倾向较强，后来掀起七年变乱的新发田重家，即同为"扬北众"的一员。繁长最初与上杉谦信对立，后来臣服，成为谦信麾下大将，但亦曾多次谋叛。天正末年，奥羽各地一揆蜂起，以反抗丰臣秀吉的统治，其中庄内的藤岛亦名列其中，本庄繁长、大宝寺义胜父子被怀疑为幕后煽动者，遂遭改易，并流放大和国。"文禄之役"时，二人恳请参阵，因功得到赦免，被允许复归上杉家中。

且说伊达大军团团包围住了福岛城，本庄繁长顽强抵抗，鏖战经日。当晚，附近的梁川城代须田长义率军袭击了伊达家的运输队，这才勉强解了福岛之围。

十月二十日，上杉家中召开了军事会议，商讨如何应对危局，据说偏重文事的直江兼续坚持继续抵抗，向来武勇的本庄繁长却主张讲和。最终上杉景胜采纳了繁长的建议，下令留守伏见宅邸的老臣千坂景亲与德川氏接触，表示愿意降伏，只求结束这场战争。

但是这场被称为"庆长出羽合战"，或者"东方关原"的战争并未就此拉下帷幕。上杉与德川的交涉迟迟得不到结果，伊达政宗倒又卷土重来了。

且说翌年三月，伊达政宗集合多路诸侯，再赴白石城，二十八日杀至福岛城下。本庄繁长亲自领兵出迎，以劣势兵力酣战终日，始终不落下风。政宗眼见此城难攻，于是改变攻击目标，转道杀往梁川城。须田长义暗设伏兵，大败敌军前阵，政宗被迫返回白石城休整，然后于四月下旬发起了第三次进攻。

二十五日，数万大军抵达福岛附近的松川。本庄繁长趁敌半渡之机发动奇袭，给伊达军造成了极大杀伤。然而终究众寡太过悬殊，激战数刻后，上杉军再度被迫退守福岛。

福岛、梁川互成掎角之势，福岛既危，须田长义按照惯例赶来救援，渡过阿武隈川，突袭了伊达军的本阵，本庄繁长也同时开城杀出。据说须田家臣斋野道二挥刀砍破了伊达政宗身披的大红色阵羽织，本庄家臣青木新五兵卫挺枪刺落了政宗头盔上的金色新月前立。惊惶万状的政宗拨马便走，伊达军瞬间崩溃，被上杉军焚尽了随军物资，就连世传宝物"九曜纹阵幕"和"绀地黄丝法华二十八品的阵幕"都落到了上杉武士手中——是为"松川合战"。

上杉军确为天下劲旅，自上杉谦信以来，攻城或有不克，野战则几乎从无败绩。但谦信时代领国一元化改革成果不彰，家中凝聚力较弱；景胜则在渡过"御馆之乱"、"新发田之乱"等危机后，以上田众为核心，进行大刀阔府的改革，将原本桀骜不驯的各路豪族逐一降服，尤其在移镇会津以后，这些豪族与世代领地相剥离，从而被迫牢固地团结在上杉宗家周围，上杉的势力不退反进。加之本庄繁长又是上杉家中排名第一的宿将，故而能够多次以寡凌众，突破危局，给伊达军造成沉重打击。

伊达政宗逃归本领，就此胆寒，被迫向上杉提出和睦的请求。奥、羽各路诸侯除最上义光外，亦全都收束兵马，不敢再触上杉氏的虎威。时隔不久，上杉与德川的和睦协议终于达成了，德川家康以削减封地为条件，下令终结会津之战，允许上杉家继续存活下去。

家康大概是在听闻"松山合战"的消息以后，知道仅凭伊达是无法彻底击垮上杉的，要平上杉，除非自己亲自出马，再兴大兵。然而强敌才灭，局面还不稳固，倘若贸然再次发动大战，就怕横生枝节——罢了，上杉所在偏远，亦无法独立摇撼大势，那就暂且放他们一马吧。

老军师横扫九州

"关原合战"的几乎同时，东北方有著名的"长谷堂合战"爆发，而在西日本，亦有一场大战不得不提——这场战役的主角便是大名鼎鼎的黑田如水。

黑田家原为近江土豪，黑田重隆时代迁往播磨，出仕播磨守护赤松晴政的重臣、御着城主小寺则职、政职父子。小寺政职颇为器重黑田重隆，将自己的养女嫁与重隆之子，引为一门，还赐以偏讳，定名为小寺职隆，命其坐镇要隘姬路城。

天文十五年（公元1546年），小寺职隆生下嫡男，小名叫万吉。这个孩子性好读书，喜爱文学，元服后取名为小寺官兵卫祐隆，后改为孝隆。天正三年（公元1575年）爆发了"长筱合战"，织田信长大破武田胜赖，小寺孝隆听说此事后，深感信长统一之势不可阻挡，于是劝谏家主小寺政职向织田家表示臣从。当年七月，通过羽柴秀吉的引见，小寺政职前往岐阜拜见了信长，受赐名刀"压切长谷部"。

翌年爆发了"英贺合战"，毛利势侵入播磨，小早川隆景的水军部将浦宗胜在英贺登陆，与当地豪族三木通秋联兵五千，结果被小寺孝隆率五百人击败。官兵卫孝隆之名就此鹊起，战后，他料到毛利军还会卷土重来，为了寻求稳固的靠山，便越过主家，将嫡子松寿丸送往织田家中做了人质，请求增援。

织田信长正欲进兵中国地区，对战毛利氏，于是便利用这一机会，派遣羽柴秀吉率军进入播磨。小寺孝隆干脆把自己的居城姬路让给秀吉，退居父亲职隆隐居的国府山城，从此，他便成为了羽柴秀吉播磨攻略，进而中国攻略的左膀右臂。

据说，羽柴秀吉平生聘请过两位军师，对之言听计从，一位是传闻中曾以十七人轻取名城稻叶山的美浓豪族竹中半兵卫重治，另一位便是这个小寺官兵卫孝隆了。然而，这都是后世之言，在战国时代，所谓"军师"，不过是军阴阳师的变种，负责观风望气、占卜休咎，虽然亦可能进入军政核心，地位却绝不会高。

天正六年（公元1578年）三月，播磨国内形势突变，豪族别所长治等掀起反旗；十月，摄津的荒木村重亦笼城造反，切断了羽柴军的后路。因为小寺孝隆与荒木村重有旧，遂请令前往有冈城劝说村重归降，却不料一言不合，竟然被村重囚禁起来。几乎同时，孝隆的主君小寺政职亦起兵呼应村重，故此到处传言，都说小寺孝隆已然归附叛贼了。织田信长闻讯勃然大怒，当即命令羽柴秀吉处死人质——孝隆之子松寿丸。

据说还是竹中重治一力作保，才说动秀吉将松寿丸藏匿起来，却对信长诡称已将其处决。翌年年底，有冈城破，小寺孝隆才终于逃出生天，但因为遭到长期囚禁，导致一足微跛，变成了一个残疾人。

然而此君驰骋乱世，靠的不是膂力，而是智谋，身体的残疾亦无法阻碍他名将之路——便如同"雷神"立花道雪那般。这时候主家小寺亦已灭绝，于是孝隆干脆恢复旧日的苗字黑田，改名为黑田官兵卫孝高，后来出家入道，法号如水轩圆清，通称黑田如水。不久后，其子松寿丸也元服成为羽柴军中大将，大号为黑田长政。

鸟取、高松、山崎、贱岳，乃至四国攻略、九州征伐，此后黑田父子参与了丰臣秀吉统一全日本的大多数战役。九州平定后，黑田如水受封丰前国六郡之地，主城定在中津，知行十二万石（据说表高为十七万石）。

后世普遍认为，以黑田如水的战绩，十余万石的领地实在太少，无以酬奖其功，丰臣秀吉之所以功高赏低，是忌惮如水的才能，害怕那家伙若有百万领地，即可能威胁甚至动摇自家的统治吧。如水倒也深明时势，对此毫无怨言，天正十七年（公元1589年），他将家督和城主之位传于嫡子长政，自己则移居大坂和伏见，侍奉在秀吉身边——这下子，你总该彻底放心了吧。

"会津征伐"前不久，黑田长政迎娶了德川家康的养女荣姬为正室，就此被绑上了德川的战车，随同东向。黑田如水则在得知东西两军即将开战的消息以后，立刻快马驰回中津，代替出征在外的儿子守城。

如水所面临的局面与细川幽斋差相仿佛，但九州之地并无西军主力，大名们各自为战。如水趁机掏出城中所有储金，招募了三千五百人，同时胁迫周边倾向东军的大名们与自己共同进退。在他看来，德川和石田在近畿的对决非百日无法分出胜负，而有百日之期，足够自己横扫整个九州甚至杀入中国地区，此后，日本不管谁属，都无法阻止黑田氏四分天下而有其一了。

就在这个时候，在毛利辉元的指示下，大友吉统于丰后复国，率军包围了细川氏的飞地——丰后杵筑城。

大友吉统原名义统，乃是大友宗麟的继承人，因为在侵朝战争中临阵脱逃而被丰臣秀吉剥夺了领地，被迫四处流浪。为了打击在九州的东军势力，毛利辉元遂将大友吉统送回丰后，命其招聚旧部，在立石城举旗再兴。随即吉统即挥师攻打杵筑城。

杵筑城本为大友一族木付氏的领地，故此又名木付城。当年大友吉统遭到改易，木付氏受到连累，当主木付统直自尽，家族绝灭。其后，丰臣秀吉先后将此城封与前田玄以、宫部继润、杉原长房等亲信，最终落到了细川忠兴手中，忠兴遣重臣松井康之镇守。"关原合战"前不久，毛利辉元与宇喜多秀家联署公文，要求松井康之将城让与大友吉统，但被康之严词拒绝了。

好吧，既然你不肯给，那我便自取之。九月十日，大友吉统派遣吉弘统幸等将率军前往攻打杵筑，然而虽有内应打开城门，最终却还是失败了。只是松井康之侥幸得胜之后，心中亦不免惶然，急忙遣使向素来交好的黑田家求救。

黑田如水亲自出阵，率领大军直趋杵筑，大友军被迫后退，收缩回本据立石。黑田军首先横扫丰后国的国东半岛（在今天大分县东北部），十三日，前军并合杵筑的细川军，逼近立石城，分别在角殿山和实相寺山布阵，与设营石垣原的大友军展开激战。战局三起三落，双方都遭受重创，名将陆续战殁。但对于黑田军来说，这是可以承受的损失，而对大友方来说，复兴的本钱几乎一朝而空。

十四日，黑田如水终于率领主力赶到战场，当即向大友吉统送去了劝降的文书。吉统无奈之下，只得于九月十五日，也即"关原合战"的当日，通过母里友信的居中联络，以剃发出家为条件，保全了麾下将兵的性命——母里友信通称太兵卫，与后藤基次、井上之房等并称为"黑田八虎"，其妻为大友宗麟之女，也就是说，他是大友吉统的妹夫。

其后，黑田如水在加藤清正的配合下，一举突入筑前，攻取久留米、柳川等城，接着又入日向、丰前，长驱直入，望风披靡。然而就在这个时候，不但"关原合战"的消息已然传至九州，并且藤堂高虎受命向如水递交了德川家康签发的感状——上天并没有给足老军师百日的时间。

然而黑田如水仍然不肯罢休，继续挺进，最终甚至一度迫近岛津氏的根据地萨摩。十一月十二日，家康正式下令，命令黑田军停止对岛津的进攻，如水这才被迫彻底放弃了梦想，黯然地凯旋本据中津。战争结束后，家康以在关原奋战之功，加封黑田长政三十余万石，然而对于黑田如水几乎统一九州的功绩，却再也不加置评——或许家康对如水的忌惮，与丰臣秀吉也并无二致吧。

其后老军师黑田如水又活了四个年头，直到五十九岁的时候才安然辞世。

大移封

"关原合战"确定了天下大局，德川家康随即着手重新分配诸侯们的领地。首先是对西军诸将的处罚：宇喜多秀家、长宗我部盛亲、安国寺惠琼、前田利政等人的领地都被没收，不用说了；西军总大将毛利辉元的领地由一百二十一万石削减为可怜巴巴的三十七万石；上杉景胜转封出羽米泽，领地从一百二十万石减至三十万石；还有一个佐竹义宣，没收了他常陆水户的五十四万石领地，转封出羽久保田二十万石；倒是岛津氏的领地基本没有变动，算是一个异数，大概家康领教了萨摩武士的英勇顽强，不敢逼之太甚吧。

被没收武将的领地当中，宇喜多氏五十七万石、长宗我部氏二十二万石、前田利政二十一万石，加上青木一矩、宫部长熙、毛利秀包、丹羽长重等将，总共三十一名，总数将近三百五十万石（丹羽长重、立花宗茂等六人后来法外施恩，各给了几万石土地养老）！就算是首鼠两端甚至临阵倒戈的武将，很多也并没有好下场——赤座直保、小川祐忠领地被没收，吉川广家被转封，领地从十四万石降为三万石。再加上毛利等三家被削减的两百多万石，这近六百万石无主之地，家康便用来赏赐东军有功之臣了。

东军各将及小早川秀秋等内应分子俱有封赏，其中得利最高的有：结城秀康（加增五十七万）、松平忠吉（加增四十二万）、蒲生秀行（加增三十八万）、池田辉政（加增三十七万）、加藤清正（加增三十四万）、黑田长政（加增三十四万）、最上义光（加增三十三万）、福岛正则（加增二十五万）、田中吉政（加增二十二万）、细川忠兴（加增二十二万）、浅野幸长（加增二十一万）、小早川秀秋（加增十六万）等等。前田利长也加增了三十四万石的领地，不过大半都是兄弟利政被没收的产业。

其实开销要比收入高，不过家康凭借丰臣氏执政大老的名头，把很多丰臣氏直属领地也都顺手送了人，利用这个机会大肆削减了丰臣本家的实力。因为儿子德川秀忠所部未能及时赶到关原战场，丰臣系武断派大名抢占了主要功劳，家康被迫把大片土地赏赐给他们，而对于自己的直属家臣，除松平忠吉、结城秀康等寥寥数人外，基本没能得到多大好处。家康虽然为了此事大感恼火，但他耍尽手腕，终于借着赏赐好地的名义，把那些武断派大名都赶到偏远地区去了。比如池田辉政原在三河吉田，被赶去播磨姬路，再比如福岛正则也被从尾张清州赶去了安艺广岛，细川忠兴被从丹后田边赶去了丰前中津等等。

原本的分封格局是有利于丰臣氏的，即以大坂、伏见两城为中心，亲信大名大多安排在近江、越前、尾张、三河等周边地区；而新的分封格局则是有利于德川氏的，即以江户城为中心，家康在关东地区和东海道骏、远、三等老家安插了很多"亲藩"（同族）和"谱代"，而把福岛正则之类"外样"赶往远方。可以说，通过"关原合战"，更主要是通过战后的大改易、大移封，整体改变了全日本的格局，历史就此从"桃山时代"迈入了"江户幕府时代"。

事实上，"关原合战"后的大改易和大移封，并非一蹴而就，而是延续了整整两年的时光，家康经过周密策划、详细安排，才终于完成了这一确定德川氏对全日本统治的大工程。一直到庆长七年（公元1602年）四月，岛津氏所领安堵，五月，最后把佐竹义宣贬至出羽，其在常陆的中心封地转手给东北大名秋田实季，同时改易陆奥岩城贞隆、相马义胤两家诸侯，"关原合战"后的处分才算最终得以完成。当年十二月，岛津氏新主岛津忠恒亲自前往江户城谒见德川家康，标志着全日本诸侯都已拜倒在德川家康脚下。

于是翌年，也即"关原合战"近三年以后的二月十二日，德川家康终于如愿以偿，受天皇朝廷下赐征夷大将军的头衔，正式开设武家幕府，是为德川氏幕府，又称"江户幕府"——当年那个在今川氏居馆廊下便溺的小孩子，如今已经六十一岁高龄了，终于继织田信长、丰臣秀吉以后，成为真正实至名归的"天下人"。

然而，并非所有人都承认德川家康武家领袖、代天皇执掌庶政的资格，还有一股势力，就其名义上来看并非一镇诸侯，而与家康相同，同样具备"天下人"的资格，仍对新兴的幕府政权构成威胁——那就是大坂的丰臣氏。经过此前的大改易和大移封，丰臣氏的直辖领地跌落到六十五万石，缩水超过一半，但仍然控制着最为富庶、交通发达的大坂湾东岸，此外大坂城中还堆积着丰臣秀吉搜刮来的无数金银珍宝。对于德川幕府来说，这确实是一个不可不防并且随时都可能被引爆的大炸弹。

然而家康暂时并不想也不敢对丰臣氏当主秀赖下手。一方面，秀赖毕竟是丰太阁的遗子，丰臣氏武断派大名表面上臣服于家康，而内心大多还是倾向于故主的，一旦开战，他们的向背很难预料；另方面，就经济实力来说，丰臣氏是仅次于德川氏的日本封建势力，大坂城又坚固无比，倘若爆发战争，肯定会旷日持久，变数也将越来越多。老谋深算的德川家康在没有必胜把握之前，从来都不肯贸然动手。

那么，"关原合战"前他是否有必胜把握呢？可以说，确实是有的，虽然就当时布阵来看，西军占有绝对优势，但通过大战的过程和结果即可看出，家康事先做了大量瓦解和拉拢敌人的工作，当这一工作尚未看到足够成效的时候，他甚至一直窝在江户，而不肯前往浓尾平原的最前线去指挥战斗。

等到天下基本安定，德川家康便用软硬两手来对付丰臣秀赖：一方面，他把孙女，也即继承人德川秀忠的女儿千姬嫁与秀赖为妻——这是丰臣秀吉生前便指定的婚姻；另方面，他在登上幕府将军宝座的第三年宣布退隐，而把将军之位传给了秀忠，这是为了向全日本宣告，此后世代都由将德川氏一家掌握天下，秀赖无权染指。

德川秀忠是在庆长十年（公元1605年）四月进入京都，继任为幕府将军的，此前的一个月，家康正式和朝鲜李朝签订和约，作为他退位前办的最后一件大事。秀忠上洛以后，家康派人请求丰臣秀赖从大坂赶往京都，觐见新将军。即便秀赖和秀忠的身份是平起平坐的，都具备"天下人"的资格，终究前者是后者的女婿，亲往觐见也并无不妥，然而秀赖之母淀姬却拒绝承认江户幕府将军，认为德川氏永远只是丰臣氏的家臣而已，哪有主公觐见家臣的道理？因此她一口回绝了家康的要求，反而要秀忠前往大坂去与秀赖会面。

家康恼恨然而无奈地认识到，这个女人根本看不清天下大势，完全不可理喻。

丰臣氏的衰弱趋势是无可扭转的，倘若淀姬母子适时低头，并不想再引起战祸的德川家康必定会答应，从此将丰臣氏与麾下外样大名等同看待——当然，他不会让丰臣氏再居留位于日本腹地的大坂城，而会将其迁往别处，作为补偿，或许还可能增加石高，甚至给个百余万石。然而丰臣氏坚决不肯低头,这就迫使家康最终不得不动用武力来解决问题了。

新的大战,一触即发。

番外篇

俳句和芭蕉

俳句是日本中世开始流行的诗歌形式,发源于"俳谐"。所谓俳谐,就是一种幽默短诗,室町时代从中引出了优雅的俳句,出现了贞门、谈林两个派别。到了安土·桃山末期,俳句广为流行,并且最终出现了松尾芭蕉那样被尊为"俳圣"的大家。

芭蕉曾在《笈小文》中写道:"西行的和歌、宗祇的连歌、雪舟的绘画、利休的茶道,其贯道之物一如也。然风雅者,顺随造化,以四时为友,所见之处,无不是花,所思之处,无不是月。见时无花,等同夷狄,思时无月,类于鸟兽。故应出夷狄,离鸟兽,顺随造化,回归造化。"

他的意思是说,只要人心和自然契合为一,就能创造出完美的艺术形式,比如西行、宗祇、雪舟、利休等人的艺术。当然,日本古代的艺术形式并不仅仅他上面所说的那四种,也并不仅仅这四个人才算大家,只是这四个人的艺术有着共通点,那就是贯穿着禅的精神。芭蕉所认为俳句所必须体现的艺术之美,也是禅道之美,是一种"闲寂"。

闲寂之心很合乎日本传统的审美观。日本土地面积狭小,更多丘陵山泽,很少大平原,所以他们的建筑和用器大多求其小巧,在小巧中逐渐生出了闲适和寂寞之情。这种闲寂之情经过混乱的战国时代而更加突显出来——人生如同朝露,性命朝不保夕,只有感怀大自然的每一草、每一木,才能领会禅道的真意。

俳句恐怕是世界上最短小的诗歌形式了,按规定共十七个音节,分三段,也就是"五、七、五"的格式。这样短小的诗歌,很难说清楚什么事情,一般情况下都是描写零星的景物片段,请读者从中体味作者的感怀。日语比之中文,同一句话音节多了一倍还不止,因此翻译俳句就很难再跟从五、七、五的规格。

比如芭蕉最有名的一首俳句是《水池》——"古池や蛙飛びこむ水の音"。有人按照五、七、五的格式翻译成"闲寂古池旁,青蛙跃进水中央,水声扑通响",加了很多原本隐含在语句内的形、声的描写,显得过于平直,欠缺了"闲寂"之心。还有人直译为"古老水池滨,小蛙儿跳进水里,发出的声音",加了很多衬字,不再是简练的诗歌语言了。

其实日本诗歌基本上不讲究合辙押韵,强要配合五、七、五的句式,还按照中文习惯押了韵,原味是会消失殆尽的。不妨仅保留"短、长、短"的音节美,直译为"古池,一蛙跳入,水之音",更贴近芭蕉原作之意。

关原战后的处置

西军	改易	青木一矩(20→0)	安国寺惠琼(6→0)	石川贞清(12→0)
		石田三成(19.4→0)	伊藤盛正(3→0)	宇喜多秀家(57.4→0)
		氏家行广(2.2→0)	大谷吉继(5→0)	织田秀信(13.3→0)
		小野木重次(3.1→0)	木下胜俊(6.2→0)	小西行长(12→0)
		佐藤方正(2.5→0)	真田昌幸(3.8→0)	田丸直昌(4→0)
		长宗我部盛亲(22.2→0)	长束正家(12→0)	丹羽长正(5→0)
		早川长政(2→0)	前田利政(21.5→0)	增田长盛(20→0)
		丸毛兼利(2→0)	宫部长熙(13→0)	毛利秀包(13→0)
		山口宗永(6→0)		
	安堵	岛津义弘(60→60)	杉原长房(2→2)	宗义智(对马岛)
		前田玄以(5→5)		
	削减	上杉景胜(120→30)	佐竹义宣(54.6→20.5)	毛利辉元(121→37)

续表

西军	亡后重封	岩城贞隆（12→1）	木下利房（2→2.5）	新庄直赖（3→3）
		泷川雄利（2.7→2）	立花宗茂（13.2→1）	丹羽长重（12→1）
内应	改易	赤座直保（2→0）	小川祐忠（7→0）	
	安堵	秋月种长（3→3）	伊东祐兵（5.7→5.7）	胁坂安治（3→3）
		加藤贞泰（4→4）	朽木元纲（2→2）	锅岛直茂（35.7→35.7）
		高桥元种（5→5）		
	加增	稻叶贞通（4→5）	小早川秀秋（35.7→51）	
	削减	吉川广家（14→3）		
东军	加增	金森长近（3.8→6.1）	九鬼守隆（3→5.5）	真田信幸（2.7→9.5）
		伊达政宗（58→60）	寺泽广高（8→12）	富田信高（5→7）
		前田利长（83.5→119.5）	最上义光（24→57）	
	转封	浅野幸长（16→37.6）	有马丰氏（3→6）	井伊直政（12→18）
		池田辉政（15.2→52）	池田长吉（2.2→6）	石川康通（2→5）
		奥平信昌（3→10）	加藤清正（19.5→54）	加藤嘉明（10→20）
		蒲生秀行（12→60）	京极高次（6→9.2）	京极高知（6→12.3）
		黑田长政（18→52）	田中吉政（10→32.5）	藤堂高虎（8→20）
		德永寿昌（3→5）	鸟居忠政（4→10）	中村一氏（14.5→17.5）
		西尾光教（2→3）	一柳直盛（3.5→5）	福岛正则（24→49.8）
		福岛正赖（1→3）	细川忠兴（18→39.9）	堀尾忠氏（12→24）
		本多忠胜（10→10）	松平家乘（1→2）	松平忠吉（10→52）
		山内一丰（6.8→20）	结城秀康（10.1→67）	
	安堵	生驹一正（17.2→17.2）	榊原康政（10→10）	仙石秀久（5→5）
		筒井定次（20→20）	南部利直（10→10）	蜂须贺至镇（17.6→17.6）
		堀秀治（43→43）		

近世 江户幕府初期和前期

三章 元和偃武

- 杜鹃不鸣,奈何?
- 大坂七将星
- 冬之阵
- 短暂的和平
- 夏之阵
- 真田,日本第一兵
- 东照大权现

四章 葵之三代

- 大御所的谎言
- 冈本大八事件
- 钓天井上的机关
- 女杰春日局
- 参勤交代与大君邦交
- 禁教为锁国之端
- 岛原、天草之乱
- 武断政治

三章　元和偃武

德川家康常被称为"忍者",这当然不是指他擅长潜藏、密侦、暗杀等等特殊技能,而是指他擅长忍耐,先后臣服或半臣服于今川、织田、丰臣等大势力,躲在强者背后,一步一步终于走向最后的辉煌。然而在临终之前,家康却悍然撕下了这一面具,为了家族和后嗣的安康,对丰臣氏施以雷霆一击……

杜鹃不鸣,奈何?

德川家康退位以后,被称为"大御所",隐居在骏府,但实际上仍然掌控着政权,二代将军秀忠不过是老爹的傀儡。家康想在自己去世前解决大坂问题,留给儿子一个干净的江山,于是制定了种种法令以约束各地诸侯,同时大兴土木营建江户、骏府、名古屋等重要城池——这些城池大多由大名们"助役",趁机削弱他们的财政力量,以使其无法对江户政权构成威胁。

为了削弱大坂城的经济实力,家康在心腹林罗山和以心崇传的策划下,建议淀姬和秀赖出资修复由于地震而倒塌的京都方广寺,以为故世的丰太阁祈福。愚蠢的淀姬非但没能看破这个阴谋,还顺手把许多其他寺院的佛像贴金工程也全部包揽下来,同时更向各大寺院捐钱赠物——家康一着得手,竟而事半而功倍。

庆长十九年(公元1614年)春,方广寺大殿工程终于全部完成。家康邀请孙女婿秀赖和各地大名一同前来京都，参加方广寺大殿的揭幕仪式，他想趁此机会看一眼秀赖，评测这个年轻人的才能和志向。

据说当丰臣秀赖的描金轿子出现在京都二条城门前的时候，原丰臣氏武断派大名的两位领军人物——加藤清正和福岛正则——抢步上前，一前一后抬起了轿子。街边站满了围观百姓，当丰臣氏的黄金瓢箪马标出现时，许多老人都激动得哭了起来。

"大御所"家康与将军秀忠迎上前来，掀开了轿帘，出现在他们面前的是一位光彩照人的英俊公子——秀忠心中为女儿嫁了这样一位美少年而欣喜不已，家康却暗自叫苦不迭。从参拜天皇到大钟揭幕仪式，秀赖都表现得非常得体，并且与其惯写白字的太阁老爹不同，他还写得一手好字，做得一手好诗，相比之下，秀忠却显得非常笨拙、古板。这些全被家康瞧在眼中，恨在心头，更加坚定了他消灭丰臣一族的决心。

以上所言，都不过是传说而已，但即便传说为真，德川家康也只是被表面现象所迷惑罢了，秀赖实际上只是一个毫无用处的绣花枕头。他从小在女官的环绕下、母亲的溺爱下长大，基本没有实际事务能力，甚至在此次上京之前，他几乎都没有走出过大坂城本丸一步。

当然，秀赖的号召力还是不可低估的，于是家康提出了让淀姬去江户城做人质的建议。各地大名将母亲、妻女送往江户为质，以表示自己对幕府的忠心不二，此事始于庆长九年（公元1604年）六月，肥后人吉城主相良长每的老娘是第一个，此后逐渐成为惯例。对于家康来说，他这是给丰臣氏下了最后通牒：臣服于我，还是与我为敌，请尽快表态。

然而此议又被淀姬断然否决了，原因也正与她不让儿子前往京都去见德川秀忠相同——哪有主家向家臣递交人质的道理呢？

德川家康善于忍耐，总要寻找最合适的机会再给敌人以雷霆万钧的一击。暂时向丰臣秀吉臣服即为一例，在秀吉死后到处寻找借口动兵，以等待石田三成抢先动手，亦为一例。民间曾有一则寓言，以显示三代"天下人"不同的性格，即云："杜鹃不鸣，奈何？"倘若是织田信长，他会说："杜鹃不鸣，此无用之物杀之可也。"丰臣秀吉会说："杜鹃不鸣，我可诱使其鸣。"德川家康却会说："杜鹃不鸣，我等待其鸣。"

然而，此时的家康已然风烛残年，他没有耐心更没有时间再继续等待下去了，深恐自己一朝撒手人寰，则儿子秀忠无法彻底消弭丰臣氏的威胁，幕府将会倾危，乱世还将继续。不过似乎上天也眷顾这来之不易的太平盛世，同时眷顾着新兴的江户幕府，就在家康、秀赖于京都二条城会面前后，旧丰臣氏武断派大名的中坚人物大多陆续离开了尘世——

首先是丰臣秀吉的妻弟浅野长政（初名长吉），时已退隐，得常陆国真壁五万石隐居地，病逝于庆长十六年（公元1611年）五月；其继承人、纪伊国和歌山三十七万六千石大名浅野幸长，则在两年后的十月死去。其次为肥后国五十二万石的加藤清正，他在二条城协助调解家康与秀赖的矛盾后，即于归国途中得病，六月辞世。还有播磨国姬路五十二万石大名池田辉政（池田恒兴之子），死于庆长十八年（公元1613年）三月。还可能顾念旧恩，对丰臣氏死心塌地的，大概就只剩下安艺广岛四十九万八千石的福岛正则了吧。

德川家康觉得时机已到，于是再次寻找借口，以向丰臣氏动兵。庆长十九年（公元1614年）冬季，林罗山和以心崇传等人在其授意下，逐字推敲方广寺大钟上的钟铭，工夫不负有心人，终于被他们发现钟铭中有"国家安康"和"君臣丰乐"的语句，于是深文周纳，竟说此语有腰斩家康、以丰臣氏一族取代皇室的嫌疑。家康趁机向大坂提出质问，淀姬听到如此莫须有的罪名，不禁又惊又怒，干脆——向德川家宣战！

德川家康已经去日无多，丰臣秀赖正当青春，时间其实是有利于丰臣氏的，然而毫无政治头脑的淀姬却根本看不清这一点。在她想来，只要自己竖起大旗，宣下讨伐之诏，各地深受丰臣氏恩泽的大名们将会纷纷提刀来投，德川小丑必然四面皆敌、应接不暇，亡无日矣。然而，竟然就连福岛正则都断然拒绝了大坂方的请求……

即便如此，淀姬仍然不肯低头。虽然经过多年的糟蹋浪费，大坂城中依然贮藏有全日本最庞大的财富，淀姬便利用这笔财富大肆招揽浪人，巩固城防，整顿军备。消息传出，散布在日本全国的浪人潮水般涌向了大坂城，在很短的时间内，城内兵数竟然膨胀到十万八千九百之众！

这倒正是丰臣秀吉当日不重土地而重黄金的真意所在。尤其是，经过近百年的战国乱世，再加上织田、丰臣、德川三代对全日本领地的重新分配，产生了大批无主侍奉、无俸可得的流浪武士，若不趁此机会最终奋起一搏，则恐怕除了转业务农、经商外，将再无出人头地之日了。

十月一日，德川家康在接到京都所司代板仓胜重"大坂骚乱"的密报后，大喜若狂——动兵的借口终于有了——正式决定出兵讨伐。十一日,他向全国发出了"大坂讨伐令",并亲自率领旗本武士的主力从骏府出发西上。二十三日,家康军在伏见城与将军秀忠的六万部队会合,不久,伊达政宗、前田利长、藤堂高虎等各地大名的部队也陆续赶到。

至于那位福岛正则,他一方面默许一族的福岛正守、福岛正镇等人进入大坂城协守,同时命令继承人、嫡子福岛忠胜率军与幕府军合流——表面上是脚踏两条船,实质则偏向于幕府一方。

就这样,讨伐军在很短的时间内便聚集了整整二十万人,浩浩荡荡杀向大坂城——史称"大坂冬之阵"。

大坂七将星

大坂城中原本拥有的军事力量,是以"七手组"为核心的旗本众警护部队。所谓"七手组",也即七队"御马迴",总数万余,组头包括速水守久、青木一重、野野村幸成等,知行均在万石以上。然而这七手组的中坚力量已渐老迈,儿孙继承其职,长久不临沙场,战斗力逐渐弱化,是根本无法抵御幕府军的进攻的,故此淀姬才大肆招募浪人,以实守卫。

那些从四面八方聚集起来的浪人们,皆为在数次动乱中失去主家、土地的武士,其中不乏能征善战者,最著名的,有俗谓的"大坂七将星"。

"大坂七将星"之首是为真田信繁(民间俗称真田幸村),乃是信州上田城主真田昌幸的次子。如前所述,真田昌幸和信繁曾在"关原合战"前阻遏德川秀忠于上田城下,因此战后,家康便剥夺了真田氏在信州的领地，并且想将父子二人一并诛戮。多亏昌幸长子信幸一直牢固地站在德川氏一边（或许也出自其父昌幸的授意），遂用自己的战功请求家康的宽宥，最终判将昌幸父子流放九度山，派浅野长晟严密监视。

大概出于报复心理，虽然真田信幸因为自己的功劳而保住了上野沼田的领地，但德川秀忠却命令他从名字里面舍掉世代传承的通字——"幸"，改名为信之。

等到庆长十九年（公元1614年）丰臣、德川两家开战的时候，真田昌幸已经过世了，据说次子信繁兼具祖父、父亲的智谋和伯父们（信纲、信辉）的忠勇刚直之心，耍计策把监视他的家伙们全都灌得酩酊大醉，随即逃出九度山，潜入了大坂城。

民间传说中，这位"真田幸村"并非孤军奋战，他有一子名为大助，或者还有一个女儿，此外还豢养了一批忍者，最著名的称为"真田十勇士"，包括——雾隐才藏、猿飞佐助、三好清海入道、三好伊佐入道、望月六郎、由利镰之助、穴山小助、筧十郎、根津甚八和海野六郎。

"大坂七将星"的第二位是后藤右兵卫基次，本是播磨国人领主别所长治的家臣后藤基国之子，后来出仕黑田如水父子。"关原合战"中，基次跟随黑田长政参战，从属于东军，因功受封一万六千石的知行。然而不知道为什么，如水死后，基次突然出奔，离开了黑田家。据说包括福岛正则、前田利长等有力诸侯尽皆慕其勇名，盛情相邀，最终他返回故乡播磨，出仕当地领主池田忠继。然而黑田长政以"奉公构"为名，要求忠继将基次放逐。

"奉公构"又称"仕官御构",是丰臣秀吉时代规定的对武士的处罚条例,大意为背主出奔之臣,只要旧主表示反对,即不得再出仕别家。后藤基次就此成为浪人,并且应时而动,进入大坂城。

除以上两位外,"大坂七将星"中还包括小早川隆景的旧臣薄田隼人兼相、丰臣秀赖乳母之子木村重成,以及"关原合战"中担任宇喜多军先锋官的明石扫部全登、被改易的土佐大名长宗我部盛亲、丰前小大名毛利胜永——其实木村重成算是丰臣氏谱代之臣,与其他六位不同,此前并非浪人之身。

除此之外,著名之将还有两人,一名大谷吉治(吉胜、吉胤),乃大谷吉继之弟(一说为吉继之子),关原战败后逃往敦贺,随即开始了流亡生涯。次一名塙直之,一说原仕后北条氏重臣北条纲成,一说为织田信长亲信塙直政之同族,擅长使用铁炮,曾一度出仕加藤嘉明,参加过侵朝战争,战后因不满恩赏而愤然出奔。

一时间,大坂城内人才济济,在以上众将的努力下,很快便将一盘散沙的部队合理编组起来。

然而作战光有强兵、勇将还无法取胜,关键须有一名能够总统诸事之帅。那么大坂之帅又是谁呢?名义上的领袖自然是丰臣秀赖,然而秀赖虽已成年,却仍然被其母淀姬如同孩童一般遮护在身边,毫无实际事务能力,仅仅只能起到一面旗帜、一杆马标的作用。大坂城中真正说一不二的,乃是对政、战两道尽皆一窍不通的淀姬,此外围绕在淀姬身边的诸多女官,发言权更在谱代重臣之上。

淀姬倒是也明白自己不懂打仗，且无意亲自指挥战斗，于是便将权力下放，委任给了宿老大野治长。

丰臣宗家原本的宿老乃是"贱岳七本枪"之一的片桐且元，且元在关原合战以后，便知大势已去，改朝换代不可避免，因此竭力为了丰臣一脉的延续，在淀姬、家康之间奔走，以弥合双方的矛盾。"方广寺钟铭"事件发生以后，且元亲自前往骏府与家康交涉，最终拿回来三个方案，请淀姬任择其一：

一，丰臣秀赖前往骏府和江户觐见；二，淀姬移居江户作为人质；三，丰臣秀赖迁出大坂城，转封别处。

在且元想来，这三个条件虽然苛刻，好在择一便可，如此丰臣的血脉即可延续下去，并且在新的幕藩体制下亦不失一席之地。然而淀姬见到这些条件却勃然大怒，大野治长等重臣更进而怀疑且元与家康暗中勾结，竟然发兵讨伐。且元一方面固守自家宅邸，一方面向德川方的京都所司代板仓胜重求援——估计到了这个时候，他已经无可奈何地彻底放弃丰臣家了。最终，在木村重成的调解下，且元率其一族退出大坂城——当板仓胜重将此消息传报骏府以后，家康知道战争已无可避免，这才最终下达了"大坂讨伐令"。

片桐且元离去后，淀姬遂任命大野治长继任为宿老。这位大野治长本是淀姬的乳母大藏卿局之子，故此深得女主信赖，将指挥作战的全责都托付给了他。治长召集诸将会商对策，众人各抒己见，主要拿出了两套方案：

第一套方案是真田信繁提出的，极其大胆。信繁建议四面出击，以最快的速度制压畿内，即可阻断德川与关西诸侯的联络，进而主力挺进近江国濑田川一带，等待德川关东大军的到来——咱们再打一场关原一般的大战，以定输赢吧！

信繁的策略似乎有些过于冒进了，后藤基次、毛利胜永等人却要保守得多。他们建议，发兵伊贺国、大津等地，以推进战线，准备迎击德川大军——孤城不可守，必须形成足够的纵深，才有可能打赢这一仗。

两策互有高下，三将亦争论不休，然而当他们询问大野治长的意见的时候，治长却提出使所有人全都瞠目结舌的第三套方案来："大坂坚不可破，我等只有笼城！"也就是说，固守大坂一城，静待德川大军的到来，请家康打攻城战。身为宿老，治长一言以决，众将莫不面如土色，徒唤奈何……

冬之阵

大坂，是第一座结合了日本传统军事城堡的多重坚壁和中国城市之商业与居民区城墙内置这两大特性的城池。从其所处地势来看，大坂本应是一座平城，然而丰臣秀吉曾经动员十万民伕，用人工叠加土方的方法垫高地形，使得大坂脱离了摄津地区的普遍地貌限制，雄立于京畿西南。大坂城由一之丸、二之丸、三之丸和山里丸构成，每道城墙下都挖有宽阔的壕沟或护城河，真所谓金城汤池者也。

大坂城北有天满川，东有猫间川、平野川，东南近海，河运和海运都非常方便，城池靠近京都，更加上有南方堺的南蛮贸易作为经济后盾，进可攻，退可守，确是丰臣秀吉筑城技术的最高体现。当真田信繁入城以后，经过认真地考察，又在靠近大海而水网等天然障碍较少的城南，紧靠城墙修建了由独立城墙、壕沟及三道栅栏构成的辅城——真田丸，加固了南侧的防护力。

大坂城下，原本盖建着大名们的府邸，并且各家都储藏有相当数量的粮草物资。将武士从世代传承的土地上剥离开来，命其集中居住到城下町，这是织田信长时代即开始执行的政策，丰臣秀吉更加以制度化。毫无疑问，此举是为了用一种比较温和的手段控制大名们的妻小为质。

然而在关原合战之前，石田三成下令大名之家眷都必须离开自家宅邸，迁入城中，试图以此来要挟各地诸侯，不得加入东军阵营。然而指令才一发出，倾向东军的各大名家眷便纷纷逃离，三成怕犯众怒，竟然不敢追捕。从此以后，大坂城下宅邸陆续放空，大名们先将家眷接回本据，时隔不久，又纷纷送到江户去了。自然，仍然心念丰臣旧恩的大名也并非绝无仅有，他们虽然不再把家眷安置在大坂城下，却仍然保留着宅邸和粮仓，聊作敷衍。

因此丰臣家在招募浪人、购置武器的同时，也遣人尽搜城下各宅，积聚起了充足的粮草。如今兵雄、粮足、城高，大野治长遂认为守城是唯一良策。德川家康本为优秀的战术指挥官，但有一种说法，其人擅长野战，而不熟悉攻城，就仿佛昔日的上杉谦信一般，故此治长不敢与德川军野战，觉得还是守城最为稳妥。

众将纷纷劝谏，没有足够的机动空间，仅靠一座孤城，即便再如何牢固，外无救援之下亦难久守——便如同当日的小田原之阵一般。然而大野治长一意孤行，只是派兵遣将在城外修筑多处支寨，以为掎角之势，做久守之计，而丝毫也不敢趁德川军未到之时抢先攻略附近城池。

就在这种情况下，"大御所"德川家康于十月十一日率军离开大坂，二十三日进入二条城；同日，幕府将军德川秀忠自江户出发，本部兵马六万余。家康任命藤堂高虎和片桐且元为全军先锋，同时下令福岛正则和黑田长政协助留守江户，不必从征。正则本为丰臣秀吉姨母之子，自小被养育在当时的木下·羽柴家中，而黑田长政幼时曾在羽柴家中为质，此二人可谓是硕果仅存的丰臣家"武断派"中坚人物，所以家康对他们不放心，害怕他们阵前倒戈，干脆——你们不用来了。

很快，各方诸侯都响应德川幕府的号召，点兵来聚，总兵力超过了二十万。于是家康将各部兵马围绕着大坂城四面撒开，形成包围态势，断绝该城与外界的联络，准备加以长期围困。

然而虽然面对坚城，兵法的常理就是围困，但围城部队除七、八万德川旗本军外，都是由各地大名部队临时拼凑而成的，这些大名中有许多人都是骑墙派和丰臣秀吉的旧部，在作战初期就充斥着严重的厌战情绪。同时新年即将到来，士兵们大都归心似箭，并且大军的粮草供应也并不很充足，做出长期作战姿态的德川家康，实际上比任何人都希望速战速决。

十一月十九日，完成了包围圈的幕府军终于被迫对大坂城发动了总攻击。由于大坂城的西面和南面水网较少，适合大兵团展开作战，所以十九日的主要作战方向被确定为西南方向，家康本人占据了南面的制高点茶臼山，将军秀忠则以冈山为本阵，亲自指挥攻城。

在总攻的信号发出以后，西南方向的锅岛、蜂须贺、松平、浅野、藤堂、伊达、毛利、井伊、本多等部从南御堂、谷町口、八丁目口、平野口方向，漫山遍野地向大坂城高耸的城墙杀来，但在宽大的护城河面前，因为缺少必要的填塞和浮水工具，损失异常惨重。

因为攻击猛烈，防守方的损失也很巨大，形势非常危急。作战数小时后，薄田兼相防守的一座城外鹿砦被蜂须贺至镇（蜂须贺正胜之子）、浅野长晟（浅野长政之子、幸长之弟）所部攻取，薄田军退入城中。获得小胜的幕府军振奋精神，勇攀城墙，但得到后方有力支援的城防部队沉着应战，始终将敌人压制在城墙之下。到黄昏时分战争结束时，攻方所获得的战果非常有限。

二十六日，冬之阵中最激烈的今福·鸭野之战爆发。大坂方的后藤基次、木村重成等军主力对驻扎在城东北部战略要地今福村、鸭野村的幕府方上杉景胜、佐竹义宣军发动了猛烈反攻，希望撕开一个通向外界的出口。经过一天的野战较量，上杉、佐竹军取得胜利，遭到挫败的大坂部队退回城中。

据说战后，秀忠将军亲自来到上杉阵中，向奋战的将士们颁发感状。然而年过六十的上杉老将水原亲宪却不领情，反而嘲讽道："我等追随谦信公之时，大阵小阵经历无数，其酷烈程度无可比拟，即便不期望生还之恶战，也未必能够得到一张感状。今日之战，犹如小儿投石打闹，仿佛游山赏花一般，不想竟得到褒奖。"

二十九日，大坂部队又发动了伯劳渊·今福·鸭野之战，结果指挥作战的后藤基次中弹负伤，不得不再次退回城中。

此时大坂城中的作战派系又有所变更，后藤基次、大野治房（大野治长之弟）等力图与敌军在城下野战，从而打破包围网，而真田信繁、明石全登等人认为既然出击的时机已然错失，那便只有依从治长之命，专心守城了。于是在经过二十六、二十九两日的野战失利后，后藤等野战派遭受打压，"笼城派"全面得势，守方暂时放弃了野战的念头，专心于凭坚而守。

到了十二月四日清晨，经过缜密筹划，幕府方的前田利常、松平忠直所部趁着天色昏暗对真田丸发动突袭。激战中，前来运送弹药的大坂方将领石川康胜所部兵卒在忙乱中误将点燃的火绳扔到了火药桶中，引发剧烈爆炸。潜伏在城中的幕府间谍趁乱造谣生事，并企图抢夺城门。幸亏真田信繁亲率所部进行弹压，一面组织火力集中射击，迫使前田、松平军后退，一面命令部将伊木七郎率领骑兵出城突击，才勉强守住了真田丸。此次战斗，前田军损失武士三百人，松平军损失武士四百八十人，其余杂兵无算。

是为"真田丸之战"——战局就此陷入胶着。

短暂的和平

真田丸之战后，幕府方再也无力组织起大规模的攻势了，眼看新年将近，士兵们的厌战情绪益发高涨，军粮也所剩无几。家康事先未曾预料到战事将会如此艰难，无奈之下，只得听从了谋士本多正纯（本多正信之子）的建议，决定暂且罢兵议和。然而由于大坂城内很多将领的态度异常强硬，议和始终无法成功。家康又派真田信繁的兄长信之和叔父信尹以信浓守的职位对信繁进行拉拢，却也未能得到满意的答复。

无计可施的家康只好对淀姬下手。十二月中旬，他派榊原、本多、酒井等谱代家臣将所部大炮排成一列，对高达七层、非常显眼的大坂城天守阁进行猛烈轰击。据说其中一发炮弹击碎了一个漆桶，几名正在用早餐的侍女当即倒在了血泊之中。受此惊吓，色厉内荏的淀姬果然立刻同意停战议和。

经过磋商，最终的协议定案是：大坂城保留本丸和二之丸，但必须破坏三之丸，并且填埋外堀；大野治长作为淀姬的代表，前往江户充当人质；以此为条件，幕府方答应保留丰臣秀赖现今的领地不受侵害（所领安堵），对于城中浪人一律赦免，不加惩处。

这是一份彻彻底底的城下之盟。协议条款倒是战国时代的通例，那时各方势力的实际掌控能力都还很弱，很难一口吞下朝秦暮楚的在地武士，于是往往发动一次战斗小惩大戒，就此将其暂时笼入麾下听用。守方必须在一定程度上削弱城防力，以示不再反抗，递交人质，以示服从；相对地，攻方则允其继续保有世代领地，并赦免其一度反乱、抵抗之罪。

因此，就此协议的样式看来，等于丰臣氏向幕府低头，宣誓臣从了。然而淀姬此刻已经吓破了胆——她初始气势汹汹，以为凭借丰臣家的财力和人望，可以顺利打赢这场战争，直到大军合围、大炮轰鸣，才知道战争原来如此可怕，战局的发展也与自己的美好愿望背道而驰——因此只要罢兵停战，并且自己不用前往江户去做人质，那便于愿足矣。

和议达成以后，幕府大军就此四散归乡，德川家康留下本多正纯、成濑正成等家臣，召集附近农民，开始填埋大坂城的外堀——也即护城河，以及推倒三之丸的城墙。然而，正纯的目的却并不仅仅是协议中提到的三之丸与外堀而已，翌年一月，他趁着大坂方松懈之机，竟然先将三之丸、二之丸之间的所有建筑物彻底扫清，进而直取二之丸的城壁。

淀姬这才慌了手脚，急派女官前去理论，却遭到无理的对待。她又派大野治长等人直接求见德川家康，家康支使儿子秀忠出面道歉，然而虽然道歉，却并不肯真正解决问题。大野治长只得再去拜托京都所司代板仓胜重，胜重本是家康的亲信，自然也敷衍塞责，大踢皮球。就这样，等治长一行人灰头土脸地返回大坂城中的时候，二之丸的护城壕沟、城墙，乃至于楼橹、城门都已经彻底不见——此时还有很多大名的部队尚在途中，未能归国，由此可见，本多正纯的动作是多么迅速，很难使人相信，此乃临时起意，而非预有谋划。

本多正纯阴谋得逞，潇洒归去是在庆长二十年（公元1615年）的正月二十三日，此时德川家康已然经京都而返骏府，二月，将军秀忠返回江户。然而这并非战争的终结，家康还在归途中的时候，即命著名的火器产地国友村铸造大炮，做好了卷土重来的准备。三月，板仓胜重前往骏府，向家康汇报畿内形势，据他所言，大坂方的浪人们凶悍狂暴，不但妄图重修二之丸和三之丸，还潜入京都和伏见纵火，似有不轨之图——这当然都只是重开战端的借口而已。于是家康悍然撕毁和议，命令丰臣氏解雇浪人，并且做好移封他处的准备。

四月五日，大坂方的使者来到骏府，恳求家康收回成命——我们可以解雇浪人，但坚决不接受移封的指令。家康心中暗笑：倘若肯于移封，自然不足为患，倘若不肯移封，我便又有开战的借口了——允与不允，汝等都亡无日矣！

次日，家康即向各地诸侯递交文书，要求他们重整兵马，汇聚于鸟羽、伏见等地，再伐大坂。十八日，家康进入二条城，二十一日，秀忠将军亦进入二条，各大名陆续来合，总兵力又达到了十五万五千。

这时的大坂城由于外部两层城墙被扒，堑壕被填，已然近乎无险可守的裸城，失去了笼城战的一切条件，只得同幕府军进行他们所最不愿意的野战——而这偏偏是家康所期望的。

于是被迫无奈之下，大坂方终于抢先出城，挥师挺进。四月二十六日，大野治房率领两万大军穿越山间小道，首先奇袭了筒井定庆的本据大和郡山城；二十八日，治房军转向堺市，烧毁了幕府方存在彼处的部分军粮，并且补充了弹药物资。

——"冬之阵"中，大坂方弹药损耗非常严重，但因为幕府方的威压，原本友好的自由都市堺与其关系日益疏远，不愿再向大坂城内输入弹药。

而经过治房对堺的攻略,弹药得到了有效补充,士气因而大振。

大坂往南即是堺,再往南是三十七万六千五百石的国持大名(领地涵盖一国以上)浅野长晟所掌管的纪伊国。大坂方希望能够抢在幕府大军来攻之前,首先击溃纪伊军,保障侧翼无忧,因此大野治长暗中派人潜入纪伊,煽动一揆,同时大野治房自堺市南下,与一揆遥相呼应。

浅野长晟被迫先发制人,出兵五千,北进和泉,迎面正遇治房军先锋塙直之、淡轮重政等部。浅野军误以为此乃敌军主力,匆忙退至樫井。塙、淡轮等部从后猛追,二十九日晨,两军正式遭遇,经过激战,大坂军溃败,塙、淡轮二将战死。治房闻报大惊,急率主力赶来增援,迫使浅野军退回纪伊——然而经此"樫井合战"的失败,大坂方突破纪伊、消灭浅野的图谋也自然破产了。

幕府大军汹涌而来,大野治房尚不及回归,大野治长匆忙召集诸将,商议迎击之策。幕军十余万之众,而大坂方剩下的只有五万多兵,这仗可该怎么打才好啊?

夏之阵

相关如何迎击声势浩大的幕府军的问题,据说大坂方重要将领真田信繁与后藤基次之间产生了严重分歧。

首先,来看一下大坂城附近的交通情况。大坂背靠濑户内海,北侧不远处即是淀川,只有东北、东南、西南三条道路可以允许大军挺进,其中西南方为纪州街道，通往堺和纪伊，幕府军若由此而来，不但须作极大迂回，且还有大野治房率军横断其中，故此可保无忧。

东北方向也无须顾虑，彼处地势低洼，"冬之阵"时大坂方主动掘壕灌水，形成一片泽国，幕府大军若由此而来，必将深陷泥沼，如同猛虎被缚一般——德川家康不会如此不智。那么，剩下的只有东南方向一条道路了，此路半中两分，中隔着险峻的生驹山地，北路经若江、八尾，连通河内街道，南路经誉田、国分，连通奈良街道，幕府军定然经此两道而来。后藤基次建议即在国分西侧的小松山布阵，希望能够利用彼处无法排布大军团的狭窄地形，首先重创经由奈良街道而来的幕府军，大挫敌势。

然而真田信繁认为不宜将主力调度如此之远——倘若被经由河内街道而来的幕府军绕过我军主力，突至大坂城下，那又如何是好？如今的大坂，已几乎无坚可守了呀。因此他建议在城南的天王寺布阵，一则可与大坂呈犄角呼应之势，同时高大的寺墙在作战不利时还可作为掩体或壁障使用。

二将为了主战场的位置争论不休，但同时也都提出一个共同的意愿，就是希望主公丰臣秀赖能够亲自出阵，虽然不必直接指挥战斗，却亦能鼓舞己方的士气，威吓幕府军中那些无耻的骑墙派。就在这个时候，大野治长突然站出来和稀泥，提出以真田信繁所部列阵天王寺，后藤基次所部列阵小松山，两路出击。可笑的是，这个将本就相当有限的兵力远远地一分为二的傻瓜战略竟然得到了淀姬的允准，只会跟着母亲点头的秀赖随即拍板定案——真田、后藤两将同时绝望了。

真田信繁在经过反复考虑和思想斗争后，最终决定以大局为重，部分赞成了后藤基次的策略，建议将主力分布在从若江、八尾直到道明寺的南北一线上，随时增援后藤基次的小松山作战。

战役的基本规划如下：木村重成、长宗我部盛亲、增田盛次等将率军万余，前往若江、八尾一带防备来自河内方向的幕府军；真田信繁、后藤基次、毛利胜永等将率军两万前往道明寺，防备来自奈良街道的幕府军，其中后藤基次所部更将前突至小松山，若敌大军来到，即当固守待援，真田信繁等将会统领主力从侧翼发动夹击。

翌日，战斗首先在小松山打响——后藤基次率军两千六百按时到位，幕府方伊达政宗、松平忠辉等部陆续抵达，对小松山发起了猛烈攻击。基次利用狭窄的地形独自抗拒十倍于己的敌人，杀得幕府军伤亡惨重，士气低落。然而援军迟迟不来，这使得缺乏后备兵力的基次极为担忧。

理论上，真田信繁等部早就应该抵达道明寺附近待机了，然而奇怪的是，却始终不见人影出现——据说是因为大雾遮蔽，迷失了道路的缘故。最终，孤军奋战的小松山守军全数覆没，后藤基次在发动最后突击之时，身中流弹而亡。

直到小松山陷落，第二队的明石全登、薄田兼相三千六百人才始赶到道明寺，驻军北方的道明寺村，不久后，真田信繁、毛利胜永一万两千人也终于抵达，驻军南方的誉田村。明石、薄田队首先遭遇敌军，薄田兼相奋战而死；随即真田、毛利队也与伊达军大将片仓重长（片仓景纲之子）交上了火。但这时却传来了八尾、若江大败的消息，真田信繁被迫收束部众，退返大坂。

幕府军是两路杀来，经河内路而来的一部，先锋为宇和岛二十万石的藤堂高虎。高虎本为浅井家臣，后从织田、丰臣、德川，多次更换主君，受封却越来越广。且说长宗我部盛亲利用大雾，突然袭击高虎本队五千人，杀敌无数，但随即遭到幕府军主力的围攻，不支败退。木村重成在跟随盛亲击破藤堂队以后，遭遇井伊直孝（井伊直政之子）所部，激战中不幸阵亡。

经此"道明寺·誉田"和"八尾·若江"两战，大坂方已再无远迎敌军的实力，战线一再收缩，最终决战的战场，正如真田信繁所言，定在了城南的天王寺一线。

德川家康曾在五月五日夸下过海口，说三日之内即可攻克大坂。于是在第三天的五月七日，幕府大军进抵大坂城下，随即发起了总攻。

自战国乱世以来，最后一次大规模战役——"天王寺·冈山合战"，就此拉开序幕。

真田，日本第一兵

天王寺又名四天王寺，据说肇建于圣德太子时代，天正四年（公元1576年）于"石山合战"中被焚毁，后由丰臣秀吉拨款重建。大坂方将主力部队布置在天王寺及其周边地区，其中真田信繁与其与力（渡边糺、大谷吉治、福岛正守、石川康胜等）统率近万兵马，列阵于天王寺东的茶臼山——也即"冬之阵"中德川家康本阵所在地。毛利胜永率领本部兵马，并后藤基次、木村重成的残部约五千六百人，列阵天王寺南门外。

在其后方，为大野治长与"七手组"约一万五千人；东北方正当冈山的真田丸，由大野治房四千六百兵马驻守；西北方还有明石全登的三百别动部队。

幕府军方面，自大和路而来，曾在小松山击溃后藤基次的伊达政宗、松平忠辉等三万五千兵马，与纪伊藩浅野长晟的五千兵马合流，列阵纪州街道，位于茶臼山西南方向。以本多忠朝（本多忠胜子）为先锋、榊原康胜（榊原康政子）为第二队、酒井家次（酒井忠次子）为第三队，总计一万六千，正面茶臼山和天王寺——这说明德川家的第二代将领已经成长起来了，与日益衰败、后继乏人的丰臣"七手组"截然不同。

冈山一带直面真田丸的是以前田利常（前田利长之弟）为先锋，藤堂高虎为第二队的两万七千五百人——丰臣氏原宿老片桐且元亦在其中。

德川家康的本阵，就设置在天王寺战场以南，约一万五千人；将军秀忠的本阵，在冈山战场以南，约二万三千人。此外，家康两个晚年所生的儿子德川义直、德川赖宣，所部一万五千人，作为全军后队。

双方兵力对比，大坂方不足五万，幕府方则近十五万，为一比三之势。

按照大坂方的原计划，是先将敌军引诱至茶臼山和天王寺附近的狭窄地形之中，正所谓"狭路相逢勇者胜"，当幕府方的大部队无法全面铺开之时，则己方人数上的劣势可以得到极大弥补，各路兵马奋勇而斗，或可较长时间地牵制敌军，形成一进一退的拉锯态势。即趁此机，明石全登的三百精锐绕路奇袭家康本阵，即便不能斩下老贼的首级，亦必能使敌方士气下跌，军心大乱——胜机即可出现！

然而纸上作业简单，实际运用便难免错漏百出。当日正午时分，毛利胜永所部与本多忠朝所部首先遭遇，铳弹交飞之中，双方阵列各自混乱——大坂方原本希望且战且走，诱敌深入，但真到接战之时，才明白大敌在前，若想后退是多么困难。

尤其本多忠朝极为悍勇，身先士卒，直薄毛利胜永之阵。忠朝素来好酒，"冬之阵"时曾因酒醉而遭敌军突袭，大败而走，受到家康的严厉斥责，为了将功赎罪，此番特意恳请担任先锋。然而忠朝虽勇，毛利胜永亦为一时良将，在他的指挥下，毛利部首先将本多部击溃，忠朝竟被斩杀。据说忠朝临终前留下遗言："今后前来拜祭我的坟墓者，必为厌酒之人吧。"从此被民间尊为"酒封之神"。

本多队的溃灭，就此引发连锁反应，天王寺方面的幕府军在毛利胜永的突击下陆续崩溃。真田信繁一见战机出现，也不再管事先的计划了，亲自提枪上马，率部直取德川家康的本阵。民间传说中，这位"真田幸村"本部骑兵与当年武田的饭富·山县队，以及德川的井伊队一样，马具、铠甲全都漆成红色，亦号"赤备"，在这支强兵的践踏下，酒井、内藤、松平等德川氏谱代被杀得人仰马翻，几乎溃不成军。

尤其信繁还施出奇谋，命所部皆高呼："纪州军已然倒戈，归从我丰臣家了！"浅野氏本就是丰臣秀吉的姻亲、谱代，此言一出，不由得幕府方军兵不信，因此而更为混乱。乱战之中，自"三方原合战"以来，便从未倒过的德川家康"金无地开扇"本阵马印竟然倾翻在地，家康被迫从折凳上站起身来，跨上坐骑，随时准备落荒而逃……

此时，冈山口方面的战事也对大坂方有利。战斗一开始，作为军师的立花宗茂便建议先猛突敌阵，然后佯装后退，将敌军从真田丸中引诱出来，加以围攻、歼灭。然而德川秀忠将军却否决了他的建议，猛攻真田丸，随即激战之中，听闻天王寺方面的战事不利，于是便遣藤堂、井伊的兵马前往增援。大野治房趁机率军突袭秀忠本阵，导致本阵大乱，秀忠将军竟被迫亲自提枪跨马，以迎击即将杀到面前的敌军……

认识到胜利有望的信繁立即派人去请求丰臣秀赖出阵，他相信在黄金瓢箪马标竖起之处，本军定会士气大振，而敌人将一溃千里。据说秀赖一度答应了前线将领的请求，可是信繁等人却左等他不来，右等他不到——淀姬坚决反对秀赖以千金之躯亲冒矢石，因而加以阻挠，毫无实际事务能力和上阵决心的秀赖也就此打了退堂鼓，始终没有迈出大坂城天守阁一步。

真田信繁彻底失望了，他最后一次率部突入德川军阵，决死悍战，先突散越前势右翼，然后冲过松平军，蹴破骏河众，直杀向家康的本阵——就此留下了"日本第一兵"的勇名。

可惜强弩之末，势不能穿鲁缟，英勇的信繁最终被德川氏小臣西尾仁左卫门指挥的铁炮队射杀，随即割下了首级，大谷吉治、明石全登也随即战死。大坂方全面崩溃，最终只有毛利胜永勒束败兵，缓缓退入城内。

冈山口方面，危急之时，本多正信劝告秀忠将军道："以大势来看，我军仍然占优，将军殿下不必要亲自出阵。"随即立花宗茂沉着地集结各部兵马，将秀忠本阵团团保护起来，大野治房一见胜机丧失，亦只得黯然退回——战局至此已定。

随即，幕府方各路大军轻而易举地便攻入了不设防的大坂城。直到此刻，淀姬才终于放下身段，遣使求降，然而看到全面胜利就在眼前的德川家康却坚决不肯允其所请。于是淀姬、秀赖母子便只得由毛利胜永担任介错，黯然自尽了——当日深夜，在熊熊烈火之中，雄伟的大坂城终于陷落。

"七将星"中残余的毛利胜永，在为主公秀赖介错以后，与其一族共同切腹——大野治长亦然；长宗我部盛亲战败逃亡，终被擒获，八天后被斩首。同样逃亡失败被杀的，还有保护着丰臣秀赖的幼子、年仅八岁的国松的大野治房。五月二十一日，国松亦在京都六条河原被斩首，秀赖之女被发往镰仓东庆寺为尼。曾经烜赫一时的丰臣氏至此灭亡，血脉彻底断绝，连点儿渣子都没剩下……

东照大权现

一代枭雄德川家康，这位江户幕府的开创者，在他子孙们统治的时代被尊称为"神君"，誉为千古完人，明治维新、幕府倒台以后却转而与足利尊氏一起被认为是压制天皇、悖逆朝廷的叛臣贼子。一直到二战以后，日本的皇国史观逐渐垮台，家康才总算得到了比较公允的评价。

然而就平民百姓来说，他们最热爱的是身边的人间英雄而非高高在上的神灵，神灵应当敬而远之，人间英雄才能传扬千古。在这种心态的影响下，家康晚年很多作为遭人诟病，其中最主要的就是欺负丰臣氏孤儿寡妇，找借口攻打大坂城，并最终用阴谋手段将其颠覆了。

其实家康所为并不仅仅如此，且说丰臣秀吉死后就开始了他的造神运动，灵位供奉在京都附近的阿弥陀峰顶，起神号为"丰国大明神"，作为丰臣一氏的祖灵。就在大坂城陷落后不久，家康派人前去砸毁了神庙，把所谓"丰国大明神"的牌位也扔到海里去了——做事如此之绝，确实很难得到舆论的谅解。

但从家康本身来考虑问题，天下已经是德川家的了，那么除了天皇不可废，其他可能影响到德川氏统治的事物，无论是割据势力，还是精神寄托，都应当被彻底清除，毫无留存，只有这样才能完成行政上和思想上的统一。既然年已古稀，时日无多，这种可能会遭受骂名的事情还是由自己来亲自完成吧，好留一个干净纯洁的江山给子孙后代。

其实作为封建统治者来说，家康与秀吉并无不同，秀吉杀死了茶道宗师千利休，与其"前后辉映"，家康也害死了千利休的高足、"利休七哲"之一的古田重然。古田重然通称织部，他把利休的平民茶道武士阶层化，可以说对当时影响相当深刻。就在大坂夏之阵结束后不久，家康以织部在关原合战时内通西军等借口，勒令其一族男子全部切腹——此时距离关原合战已经整整十五年过去了，真乃欲加之罪，何患无辞。

大坂丰臣氏的灭亡是在庆长二十年（公元1615年）的五月底，当年闰六月，"大御所"家康下达了"一国一城法"，即每国之中都只允许一座城堡存在，其余的必须尽数毁弃。这一措施进一步削弱了大名们的力量，使其再也无法与幕府相抗衡，而很多势力较弱的大名甚至因此变得没有城堡可住，只好把府邸（阵屋）设置在城下町中，使得这些城下町日益繁盛起来，逐渐转化为现代意义上的城市。

七月，家康授意幕府颁布了《武家诸法度十三条》和《禁中并公家诸法度十七条》。前者更进一步加强了对各地大名的控制，使其从战国时代的割据势力彻底转化为幕藩体制下的大小诸侯；后者则加强对天皇朝廷的限制，使天皇和公家除保留祭祀权外，彻底被剥夺了所有的世俗权力。织田信长和丰臣秀吉时代，为了利用天皇朝廷以对抗足利幕府或者为自己涂抹大义名分，对朝廷的钳制还不算很紧，到了江户幕府开创后，形势则猝然改变。幕府对朝廷的高压政策，间接导致了两百多年后的"明治维新"，维新志士们抬出朝廷这尊泥菩萨来充当倒幕旗帜，这恐怕是家康所始料不及的吧。

江户幕府时期的所谓大名，是指臣服于幕府将军，受赐一万石以上领地的武士——大名的家臣也有受赐领地的，但其名义上的主家是大名而非更高一级的幕府，所以不能称为大名——也即幕藩体制下的诸侯（藩），历代改易、新增，数量时有增减，总数超过五百，同时存在的则在三百上下，统称"江户三百藩"。

诸藩等级分明，若按出身及与幕府的关系，可分为亲藩（德川·松平同族）、谱代、外样三类，若按规模大小，则可分为国主、准国主、城主、城主格和无城五等。

所谓国主，亦称"国持大名"，即领地涵盖一国以上的家族。当然啦，日本古代作为行政区划的国，大小不一，如对马、伊贺、志摩之类，还不如别国一郡为大，而区域最为广袤的陆奥、出羽二国，一国即接近于山阴、山阳等一道。故此，陆奥的仙台藩（伊达氏）、盛冈藩（南部氏）和出羽的米泽藩（上杉氏）、秋田藩（佐竹氏）等亦为国主身份——或称"大身国持"。真正的国主大名（本国持）总数为十二家，大身国持十家。

次一等为准国主，包括宇和岛藩（伊达氏）、柳河藩（立花氏）、二本松藩（丹羽氏）三家。再次一等为城主，也即在"一国一城"以后，依旧能够占据各国唯一城池的大名；再下的城主格与无城两等，则可怜地并无城堡可居了。

把这一切花样全都搞完以后，德川家康安然地在第二年的四月份与世长辞，享年七十五岁。家康一开始被安葬于久能山，一年后移到关东平原最北部的日光山上，德川氏幕府在那里兴建了一座金碧辉煌的庙宇，称为"日光东照宫"，以供奉家康的灵位。家康也因此被加上"东照大权现"的神号，高踞山顶，由北往南俯瞰广袤的关东平原。

且说大坂夏之阵结束后的当年七月十三日，朝廷在幕府的授意下宣布改元"元和"，以象征一个全新时代的开始。庆长二十年就此改称元和元年，史称"元和偃武"，也即延续了将近两个世纪的战乱终于终结，基本和平的江户幕府时代降临了。

番 外 篇

忍者时代的终结

战国时代产生了很多忍者集团，受雇于封建大名，帮他们完成侦察、刺杀、搜集情报等秘密工作。不过当时这种集团的名称还并没有统一，比如武田信玄的御用忍者就被称为"乱波"。

这种忍者集团本是乱世的产物，等到了和平时期，无疑会变成社会动乱的根源，所以织田信长父子才会在忍者的大本营伊贺展开大屠杀，想要将此毒瘤彻底铲除掉。那么，和平的德川幕府时期，是否还有忍者存在呢？

首先咱们要说说伊贺三上忍之一的服部氏。服部氏历代当主都沿用"半藏"的通称（再如风魔众的首领历代都称"小太郎"），从某一代半藏起，离开伊贺的崇山峻岭，前往三河，出仕于德川家，其子就是著名的服部半藏正成。正成可谓是从阴影里走到阳光下的人物，成为家康麾下赫赫有名的武将，人称"鬼半藏"。

传说本能寺之变发生以后，德川家康穿越伊贺的群山回归三河，全靠了服部正成联络伊贺残党，一路护送，才没出什么危险。事后家康不但重赏这些忍者，还把他们收为家臣，安排在正成麾下，建立起名为"伊贺同心众"的组织，为德川氏搜集各方面情报、擒杀异己分子，作出了巨大的贡献。但"伊贺同心众"已经和真正意义上的忍者集团不同了，尤其在德川氏统治整个日本以后，他们的主要工作逐渐变为搜集自己领内的情报、追捕反叛分子和犯罪者，换句话说，主管治安，部分职权和后世的警察，尤其是秘密警察非常相似。

正成五十四岁去世，把半藏的名号和"伊贺同心组"首脑的职位传给了长子正就——也就是新一代的服部半藏。可惜正就这家伙不成器，更把"伊贺同心组"当成自己的私产，在江户城受灾，城门倒塌的时候，只管领着部下修理自家大门，部下提出反对意见，反遭他的囚禁。最终，部下们忍无可忍，据守长善寺发动武装政变，要求幕府剥夺正就的首领职位。面对近千名忍者及其家属的强烈呼声，德川幕府只得把服部正就贬为平民。

庆长二十年（公元1615年），正就参加了大坂夏之阵，希望能够将功赎罪，可惜武运不佳，战死沙场。他还有个弟弟名叫服部正重，因为牵涉到老婆娘家（大久保长安）的犯罪事件而遭到流放，最后客死异乡。

服部家虽然等同于灭亡了，但"伊贺同心众"依旧存在，服部半藏之名也一直流传到今天。江户城中留下了"半藏门"的古迹，据说乃是服部正成亲自设计并督造的，以便发生变乱时，德川将军可以经此逃离，沿甲州街道逃往甲府城。"半藏门"外还挖有"半藏壕"，明治维新以后，天皇移居东京（即江户），新的宫殿就设在半藏门和半藏濠附近。

此外，富有传奇色彩的还有柳生一族，他们本是大和奈良柳生庄的小豪族，战国后期出了一位武艺超群的总领柳生石舟斋宗严，被称为"剑圣"。宗严的儿子为但马守宗矩，乃是德川幕府二代将军秀忠的亲信，历仕秀忠、家光两朝，最后领有大目付之职。大目付就是最高监察官，负责监督政府各部门的工作和监视各地诸侯的动向。因为权势熏天，同时任此情报要职，柳生氏背后的阴影就逐渐被发掘或者说被编造了出来。

然而拨开重重迷雾，柳生一族究竟是不是忍者集团呢？上世纪初在东京练马区广德寺柳生家中出土的一副黄杨木假牙，着实让历史学者们大吃了一惊。因为传说柳生忠矩的继承人宗冬曾于幼年时拔去满口牙齿，装了一副精致的黄杨木假牙——那是忍者为了方便化装，想扮老人就扮老人，想扮少年就扮少年，想装男就装男，想装女就装女，连牙齿都露不出破绽来，而必须忍受的手术。这副假牙即便不是宗冬本人的，那也一定是柳生家族重要人物遗留下来的，柳生氏之与忍者有关，似乎是无可疑了。

年表

年号	具体年份	事件
庆长	1599年	前田利家去世；石田三成遭袭击，避于德川家康宅邸，旋被勒令隐退；宗义智遣柳川调信正式与朝鲜讲和
	1600年	会津出阵；关原合战
	1601年	德川家康设定"东海道传马"、"朱印船"等制度
	1603年	德川家康就任征夷大将军，开设江户幕府
	1605年	德川家康会见朝鲜国使；家康退位，德川秀忠就任第二代将军
	1606年	江户幕府初铸庆长通宝，就此禁止流通永乐钱
	1607年	朝鲜通信使抵达江户；德川家康移居骏府
	1609年	幕府命令岛津氏出征琉球；朝鲜王国与宗氏签订贸易协议（《己酉约条》）；有马晴信击沉葡萄牙商船马德雷·德·迪乌斯号
	1610年	岛津家久率琉球王尚宁拜谒德川家康、德川秀忠
	1611年	德川家康在二条城与丰臣秀赖会面；加藤清正殁；允许与葡萄牙贸易，允许与明朝贸易
	1612年	"冈本大八事件"
	1613年	幕府制定《公家诸法度》；支仓常长遣欧使团出发；幕府开始禁止天主教传播
	1614年	方广寺钟铭事件；高山右近、内藤如安等被流放马尼拉；大坂冬之阵
元和	1615年	大坂夏之阵，丰臣氏灭亡；颁布《一国一城令》；幕府制定《武家诸法度》、《禁中并公家诸法度》和《诸宗诸本山法度》
	1616年	德川家康殁；规定明朝以外的船只都只准在长崎和平户靠港

四章　葵之三代

江户幕府的奠基者是德川家康、秀忠父子，逮至第三代德川家光而统治架构基本完善。这前三代幕府将军之统治，常被称为"武断政治"，即将军本人拥有极大的独裁权力，惯以强硬手段来解决政治问题。幕府正是靠了这种独裁，才使得乱世终结，和平重开，幕藩体制的根基得以牢固。

大御所的谎言

江户幕府的开创者和初代将军为德川家康，然而家康在位只有短短两年多的时间，便装模作样地退隐了，将大位传给了儿子秀忠。德川秀忠本是家康的第三子，生母为家康侧室西乡局，因此就理论上来说，他既非嫡出，又非长子，本当与继承人宝座无缘才是。

德川家康共有两任正室夫人，第一位是结发之妻关口氏，后称"筑山御前"，为故主今川义元之养女，产下嫡长子德川信康。天正七年（公元1579年），织田信长逼迫家康处死筑山御前母子——不过根据近年来的考证，此事肇因于家康、信康父子之间的对立，以及德川氏家康团普遍对信康的厌恶，而并非信长独断提出无理要求。

筑山御前被杀后，家康长期不立正室，直到天正十四年（公元1586年），丰臣秀吉为了拉拢家康，特意指定其妹朝日姬离异，前往骏府做家康的继室，乃被称为"骏河御前"。骏河御前再嫁后四年即逝，并未留下一男半女。

那么没有办法，德川家康只好在庶子中挑选继承人了。据说此公身体强健，精力旺盛，侧室无数，普施雨露，总共产下了十一子、五女——光存活到成年的儿子就有九个，人丁单薄的丰臣家打马也追不上。嫡长子信康以下，次男为於义丸，据说其母身份极为卑微，受到家康宠幸之时，可能才是名侍女，因此不受重视，先做了丰臣家的养子（其实是人质），然后又送给结城家，定名为结城秀康。三男长松因此脱颖而出，很小就被确定为家康的继承人，家康甚至还把自己的幼名"竹千代"也送了给他——此子后来也曾做过丰臣家的养子兼人质，受丰臣秀吉赐以"秀"字偏讳，便正是江户幕府的第二代将军德川秀忠。

因为德川秀忠曾在上田城下被真田昌幸父子玩得团团转，因而未能赶上确定全日本大势的关原合战，其后又一直窝在老爹羽翼之下，连着当了好几年的傀儡将军，故此传统对其评价不高，认为他只是个老实木讷的二世祖而已。然而家康去世以后，秀忠终于得以独揽大权，又当了整整七年的征夷大将军，让位给儿子家光后在幕后还指挥了整整九年，江户幕府一直维持着蒸蒸日上的局面，因此若说秀忠无能，恐怕是太过偏颇了。

或许秀忠是没有领军之才，但其治国之能未必比其父逊色。江户幕府的整体统治架构是在家康、秀忠、家光三代完成的，跨度为四十九年，其中秀忠直接执政或参与执政的年份超过半数。

与其说德川家康创立了江户幕府的统治架构，不如说家康只是一个理论指导者和规划者，大部分实际工作都是由二代将军秀忠完成的。家康画成了图纸，秀忠盖起大厦，三代将军家光最后描绘装修，这才有了完整的江户幕府，有了两百余年的一统江山。细数起来，德川秀忠的主要功绩有以下几条——

首先，秀忠改变了家康时代独断专行的做法，代之以将军与幕府重臣的合议制政治。家康时代就曾设置"老中"一职作为将军的最高辅佐官，"德川四天王"之本多忠胜、榊原康政，以及军师本多正信、主要奉行大久保长安等人全都担任过这一要职。到了秀忠时代，开始提升部分老中的权柄，至家光时代首次出现"大老"的称呼。大老便是首席老中，并不常设，权力仅次于幕府将军，无人可以并肩。首席大老是土井大炊头利胜，乃是秀忠的宠臣。

但这并不意味着幕府将军放松了权柄，也并不意味着权臣政治的出现。秀忠设立合议政治的目的是为了加快行政效率，使得当幕府将军年幼或暂时无力视事的时候，整个幕府体制仍能照常运作。秀忠本人虽然看似软弱，其实并不能容忍权臣的出现，他掌权以后，大力打压老爹的宠臣本多一族，即是很好的例证。

秀忠的第二大功绩，乃是继承老爹的政策，继续打压外样大名。那个在关原合战中起过重要作用的福岛正则，因为私自修城被秀忠抓到把柄，于元和五年（公元1619年）遭到改易，此外，最上义俊、蒲生忠乡、田中吉政等人也都先后失去了领土。秀忠把三个最年幼的兄弟——德川义直、赖宣和赖房——分封到常陆水户、尾张和纪伊和歌山，称为"御三家"，作为幕府的屏障。他定下规矩，只有幕府本家和御三家才准许使用德川的苗字，其余近亲全部恢复松平旧氏，而一旦幕府将军绝嗣，则由御三家的后裔入继为一门总领。

秀忠的又一功绩，乃是进一步控制朝廷。元和五年（公元1619年），他以家康遗愿为名上洛，请后水尾天皇娶其女和子为妃，虽然此举遭到公卿们的一致反对，但秀忠用威吓、流放等手段把所有反对声音都压了下去。和子入宫后，生下一个女儿兴子，宽永元年（公元1624年）更在幕府的支持下进位中宫。宽永六年（公元1629年），因不满幕府的高压政策，后水尾天皇宣布退位，秀忠拥立外孙女兴子内亲王登上天皇宝座，就是明正女帝——称德女帝后八百五十九年，终于又有一位女性天皇诞生了。

在打压和控制天皇朝廷的同时，秀忠还加大对寺社势力的管理。宽永六年（公元1629年），后水尾天皇任命数十名僧侣为僧正，颁发"紫衣敕许"（高位僧侣可着紫衣），秀忠借口其中某些僧侣资格不够，立身不正，宣布朝廷旨意无效，并在严格审查后将部分僧侣流放边远地区。从此以后，朝廷连对寺社的名义上的控制权也丧失了——此事也是导致后水尾天皇退位的一个重要原因。

虽然秀忠做出了如此伟大的功绩，但他终究是守成之主，被迫要一直活在老爹家康的阴影之下。家康还在世的时候，秀忠就曾经口出怨言："大御所的谎话，就算人人知其为假，都会被迫相信；而我的谎话，就算再如何努力地说，都不会有人相信！"

冈本大八事件

前文云德川秀忠将军并不能容忍权臣的出现，掌权后便大力打压本多一族，这指的乃是家康的宠臣本多正纯。

本多氏自称为藤原北家兼通流的二条家纲之后裔，家纲之孙秀丰领有丰后国的本多乡，于是即以乡名为苗字。本多氏本为三河松平氏的谱代之臣，嫡流之主即为"德川四天王"之一的本多平八郎忠胜，此外受到家康重用的，还有分家的作左卫门和弥八郎。

本多作左卫门，大名重次，于文武两道皆有不俗的才能。论文，他长期负责内政工作，与天野康景、高力清长并称为"三河三奉行"，以铁面无私而普受赞誉；论武，他曾在"三方原合战"中为十数名武田兵包围，竟能挥舞长枪，刺翻一骑，顺利破围而出，就此赢得了"鬼作左"的异名。

本多弥八郎，大名正信，民间称之为德川家康的军师。当然，如前所述，战国时代所谓军师，即便再如何受主君宠信，普遍地位不高，本多正信则不同，他可谓是江户幕府初期的第一核心人物。

正信从担任家康的"鹰匠"起家，参与了作为今川军先锋对尾张的攻击，以及其后家康的统一西三河之战。然而永禄六年（公元1563年），三河爆发一向一揆，正信却站在净土真宗信徒一方，向家康掀起了反旗，失败后流亡畿内，改仕松永久秀。此后，他通过旧友大久保忠世的关说，才得以重返德川家——具体年份不详，最早的说法是在姊川合战前后，最晚的说法是在本能寺之变以后。

据说在德川家收取甲、信两州武田旧领、遗臣的过程中，本多正信居功甚伟，因此得以进入政权中枢。其后获得佐渡守的官位，并在德川家被转封关东地区以后，实领相模玉绳的一万石封地。江户开幕以后，本多正信担任幕府老中，相当于家康的宰相，等到家康退居幕后，他也干脆把老中和家督之位传给了儿子本多正纯，跟随家康前往骏府隐居。家康是在元和二年（公元1616年）四月辞世的，三个月后，老军师正信也走完了他七十九岁的漫长人生。

再说德川家康未死之前，只是退位"隐居"的时候，形成了江户和骏府的双头政治，其中在骏府掌握权柄的便是本多正信、正纯父子，而同样以老中身份在江户辅佐秀忠将军的则是大久保忠邻。其实与丰臣家相同，当日本的形势由动乱趋向和平，则家族内部的政治结构也会有所转换，文吏的作用日益重要，武将的地位相对降低，从而形成文、武两道相对立的派阀。丰臣家中有石田三成对加藤清正、福岛正则等，德川家中，则是本多正信父子对本多忠胜和大久保忠邻。

大久保氏据说源出关东豪族宇都宫氏，宇都宫的庶流武茂氏在南北朝时代移居三河国，苗字改为大久保或大窪。当德川宗家还是小小的西三河安祥城主松平氏的时代，大久保氏即仕之为谱代之臣。德川家康继位之初，麾下有两名猛将，为大久保忠世、忠佐兄弟，而忠邻即忠佐之子。

大久保忠邻先后参加过姊川合战、三方原合战、小牧·长久手合战和小田原之阵，屡建殊勋，遂被家康任命为三子秀忠的家老，在父亲忠世去世后，接管小田原六万五千石的领地。据说，在德川家继嗣的问题上，本多父子倾向于结城秀康，大久保忠邻则是秀忠的坚决支持者。

一方代表文吏利益，一方代表武将利益，再加上继嗣问题上的立场不同，双方的矛盾逐渐激化——本多父子被称为"骏府派"，大久保忠邻被称为"江户派"。两派首度大规模交锋，要算是"冈本大八事件"。

事情肇端于庆长十四年（公元1609年）的二月，肥前日野江大名有马晴信的一艘"朱印船"（得幕府赐予"朱印状"，获准海外贸易的商船）在澳门与葡萄牙商船马德雷·德·迪乌斯号发生冲突，被葡萄牙人杀死了有马的水手六十人，并将物资掠夺一空。有马晴信闻报大怒，在获得了德川家康的准许之后，遂于当年十二月在长崎围攻靠港的马德雷·德·迪乌斯号，将其击沉。

冈本大八乃是本多正纯的亲信，作为幕府方对这次报复行动所派出的"目付役"（监察官），观看了整个经过。事后，他称赞有马晴信办事利落，随口许诺说，幕府或许会将锅岛氏辖下的藤津、杵岛、彼杵三郡恩赏给有马。此三郡本为有马氏旧领，晴信无时无刻不想着恢复故土，闻言大喜，当即献上大笔财物，请大八转献给本多正纯甚至是德川家康，为他活动此事——谁料大八转过脸就把这笔钱揣进了自己的腰包。

有马晴信迟迟得不到幕府的回应，实在等不下去了，遂于两年后亲往拜访本多正纯，加以催促。正纯闻言大惊，当即唤来冈本大八对峙。大八阴谋败露，只得苦苦哀求，请求正纯放他一条生路。

或许本多正纯会袒护冈本大八吧，也或许会加以严惩，本来事情到此即告终结了，谁料风波陡起，晴信的嫡男直纯乃是德川家康的外曾孙女婿（其妻为德川信康的外孙女国姬），直接把事儿就给捅到了家康面前。

家康先派骏府町奉行彦坂光正调查此事，查出大八不但大肆收受贿赂，还伪造过家康的"朱印状"，按律当处极刑。然而大八自知不免，干脆反咬一口，揭发出有马晴信曾经妄图暗杀长崎奉行长谷川藤广。

于是幕府下令将冈本大八和有马晴信一起押至重臣大久保长安的宅邸，在本多正纯和大久保长安的监督下，直接对质。对质的结果，晴信确实曾对长谷川藤广口出不满和威胁之语，至于是否策划了暗杀阴谋，那便"莫须有"了。最终判定，将冈本大八押赴安倍川畔处以火刑，有马晴信则遭到改易和流放。

"冈本大八事件"不但动摇了本多正纯的统治根基，而且当时世间谣传，大八所收取的巨额贿赂有大半全都密献给了正纯，导致正纯威信下降，在群僚中遭到孤立。可以说，这第一回合的较量，"江户派"大获全胜——然而本多正纯背后还有他老子正信撑腰，很快便卷土重来，并且反戈一击……

钓天井上的机关

所谓文治、武断，虽然是因基本政治倾向不同而结成的政治团体，但并不是说团体中的每个个体全都具有相同的理念，或者身处相同的位置。丰臣氏武断派的成员不全都是只知挥舞刀枪的大老粗，而文治派里也有能够在朝鲜战场上与加藤清正争夺首功的小西行长。德川氏幕府开创初期的江户、骏府两派也是如此，在本多忠胜和大久保忠邻为首的武断集团中，也存在着一位天才的文吏——那就是前面提到过的大久保石见守长安。

据说大久保长安的父祖都是战国时代著名的猿乐（能剧的前身之一）师，苗字为大藏，后来流亡甲斐，长安被武田信玄看重，提拔为武士，担任谱代家老土屋昌续的与力，负责黑川金矿的开采工作。武田胜赖在天目山自尽以后，家臣四散，三成投入上杉家中，七成落到了德川家康手上。长安因为具备金山开采的经验，并且擅长理财，得以出仕家康，担任大久保忠邻的与力，并且获赐大久保的苗字。

大久保长安最初的工作，是稳定旧武田领，继续开采金矿、开垦田地，并且修复遭到损坏的各处堤坝。德川家移镇关东以后，他与伊奈忠次、彦坂元正等人共同担任奉行，负责家康直辖领地（约一百万石）的民政事宜。尤其在"冈本大八事件"以后，本多父子的势力衰退，"江户派"独掌大权，长安便成为幕府第一的民政长官。

只可惜风光不久，翌年四月，权势熏天的大久保长安突然中风而死，享年六十九岁。据说长安为官多年，又负责全部幕府天领的金银矿开采，家资巨万，死后竟然以金棺下葬，本多父子听闻此事，当即煽动起了一系列的谣言，说长安收取贿赂，贪污公款，罪恶滔天。

对于金银矿的开采，向来采取四六分账，四成上缴幕府，六成由长安自主处理——理论上来说，他是可以直接搬回家去的。再加上长安引进了西班牙的先进技术，使得投入减少、产量增高，这节省出来的部分，也全都落进了他本人的腰包。所以长安有钱是肯定的，至于这些钱是灰色还是黑色，那就没有人说得清了。

最终谣言传到家康耳中，家康勃然大怒，便命坂彦光正加以调查，很快便将大久保长安的亲信全都一网打尽。进而查出长安暗通浅野、池田、伊达等外样大名，以及窝藏武田信玄之孙武田信道（显了）与信玄之女信松尼等事——本多父子因此污蔑长安阴谋复兴武田氏。最终长安被抄了家，自然抄出金银无数……

然而"项庄舞剑，意在沛公"，长安已死，踹死狗也没有什么意义，本多父子的真正目标，乃是"江户派"首脑大久保忠邻。当初冈本大八不过一介贪官而已，便使得本多父子颜面失尽，被迫收敛爪牙，如今他们干脆把大久保长安打成叛国的奸贼，那么其后台大久保忠邻还可能安居于位吗？

正好就在这个时候，幕府和丰臣家的矛盾激化，战争一触即发，本多父子趁机唆使一个名叫马场八左卫门的浪人"驾笼诉"，也就是拦着家康的轿子（驾笼）告状，诬告大久保忠邻内通丰臣秀赖。忠邻因此而横遭改易，靠着残存的五千石领地恓恓惶惶度过了残生——他的身影从此便从幕府中消失了，"江户派"烟消云散。

两位大久保的垮台之速，难免使人瞠目结舌，究其根由，恐怕并不仅仅是本多父子的谗言，而在于德川家康本人，虽然号称隐居，却仍然手握幕府大权，他不能允许与自己所居的骏府相对立的"江户派"的存在，不允许在自己之外，还有另一个政权核心。既然不能直接收拾自己的儿子，那便对儿子的羽翼下手吧。

从此"骏府派"本多父子一枝独秀，但他们也风光了没有几年，便迎来了"大御所"家康的辞世，幕府政治格局再度洗牌。就秀忠将军而言，自然是对父亲身边这些掌权人物恨之入骨，一朝天子一朝臣，他重用亲信土井利胜、酒井忠世等人，而刻意打压本多正纯的势力——正信老头子倒是死得恰是时候。

为了稳固自己的权势，本多正纯将奥平忠昌所领的下野宇都宫十万石移封至下总古河十一万石，自己收取宇都宫城，知行加增到十五万五千石。宇都宫临近家康的葬所日光山，可以说是幕府在北关东的第一重要据点。然而就是这一举措，更使他树敌无数，并且直接迎来了末日。

元和八年（公元1622年），秀忠将军将前往日光东照宫主持家康第七回周年祭典，按计划将在宇都宫城内住宿一晚。四月十六日，据说秀忠的姐姐，同时也是原宇都宫城主奥平忠昌的祖母加纳御前（龟姬）传来密报，说宇都宫城内有不稳的迹象，秀忠乃以"御台所（将军夫人）身体不适"为借口，更改了行程，改在壬生城内泊宿。

是年八月，出羽山形藩最上家遭到改易，本多正纯受命前往处理相关事宜，途中突然接到幕府传来的质问状，开列十一项罪名，要他即刻为自己申辩。这些罪名包括：秘密购入铁炮、未获许可即修缮天守的石垣（若无幕府允准，大名们是连房子都不能擅自修葺的，怕你修牢了城堡好造反），等等。最可怕的一条，是传闻正纯秘密地在城内将军寝所的天花板（钓天井）上设置了机关，只等秀忠将军来住，即便开动机关，要把将军活活压死！

根据使者的传告，本多正纯罪大恶极，但念其往日忠勤，改封为出羽国由利五万五千石。对这些莫须有的罪名，正纯怒不可遏，一面逐条申辩，同时上书推辞由利的新领地。本来秀忠将军只是想找个借口把此人赶出政权中枢而已，但见他态度如此强硬，不禁勃然大怒，当即下令——你还是得去由利，但不是去接收新领地，而是去服流放之刑！

就这样，随着权臣本多正纯的失势，家康时代的侧近亲信逐步被扫清，秀忠将军终于迎来了他自己的时代。

女杰春日局

德川幕府的第一任"御台所"，乃是秀忠将军的正室夫人，闺名叫做阿江——如前所述，其父家康的两任妻子死得都早，所以初代将军是没有"御台所"的，侍妾倒是不少。

阿江本是浅井长政和织田市姬的第三个女儿，也是大坂城内实权人物淀姬的亲妹妹。且说阿江夫人生有两个儿子，长子为家光，次子为忠长，如同反复上演的历史故事一般，母亲偏爱少子，一直撺掇将军秀忠废黜家光的继承人地位，而以忠长代之。

阿江夫人所以不喜欢大儿子家光，是因为家光降生后，爷爷家康认为如果孩子和母亲过于亲近，将会养成软弱的依赖性格——淀姬母子就是最好的例证——所以坚持把婴儿从阿江夫人怀中抱走，交给亲自挑选的乳母阿福抚养长大。因此阿江夫人和家光的母子之情非常淡薄，对自己一手养大的次子忠长则宝爱有加。

而且传说家光幼年时体弱多病，还有严重的口吃，待人接物也不得体，因此而更招其母阿江夫人的厌恶。

家康才一去世，阿江夫人便开始撺掇秀忠将军废长立幼。但一则不敢违背亡父家康的意愿，二则家光的乳母阿福也做了大量工作，秀忠最终仍然没有听从妻子的意见，不仅如此，他还宣布提前退位，把将军宝座让给了年仅二十岁的家光。

德川家光是在元和六年（公元1620年）元服的，大号本为家忠。自平安时代以来，公、武家族多有所谓的"通字"（或称"系字"），世代相传，比如说历代天皇名中多有"仁"字、伊势平氏通字为"盛"、足利氏通字为"义"等等，一般情况下，嫡长子必继通字，余子则可继可不继。三河冈崎松平氏原本的通字为"康"或"忠"，故有家康祖父清康和父亲广忠之名，然而家康攀附源氏名门，冒用德川苗字后，就用上了源义家的"家"字，并且作为通字传了下去。

家康是初代德川，其长子信康，是拜领了织田信长的上字，次子秀康、三子秀忠，则都是拜领了丰臣秀吉的上字，故此第二代无"家"字。等到第三代，在没有特殊情况的前提下，就该把"家"字用上了，因而秀忠将军才使嫡长子用"家"之通字，加上自己的下字，定名家忠。但据说此名与清华名门花山院家的始祖藤原家忠之名相犯，于是最终由参谋以心崇传定下了"家光"之号。

元和九年（公元1623年）六月，二十岁的德川家光跟随其父秀忠入洛，次月即获朝廷正式任命为征夷大将军——秀忠将军则退位称"大御所"。其后，新将军家光还入内里参觐，跟妹妹、中宫和子和妹夫后水尾天皇见了一面。宽永三年（公元1626年），"大御所"秀忠再次领着家光将军入洛参觐，秀忠受封左大臣，不久后进位太政大臣，家光则受封右大臣，不久后进位左大臣。翌年，崇源院（即家光、忠长之母阿江夫人）去世，宽永九年（公元1632年）元月，秀忠去世，当年十月，大权在握的家光将军即以兄弟骏河藩主德川忠长患有疯病为名，剥夺了忠长的领地，将其软禁在上野高崎城中。忠长随即忧愤自刃，享年二十八岁。

——兄弟相残的悲剧，即便在太平盛世也是无法完全避免的。

且说家光将军在位的时候，最为宠信的有老臣酒井忠世、土井利胜、松平信纲等人，以及一代女杰春日局。

春日局就是家光将军的乳母阿福，本家苗字为斋藤，乃是原美浓守护代斋藤氏（即斋藤道三所最后篡夺的家名）一族。其父斋藤利三，出仕明智光秀，成为重臣，参与了"本能寺之变"和"山崎合战"，战败后在坂本城下被捕，遭丰臣秀吉处以极刑。

孤女阿福从此就被养育在母家的亲戚三条西公国家中——听这名字，就知道是一位朝廷公卿了——因此从小便学习书道、歌道、香道等等武家小姐所很难接触到的艺能。成年以后，她被舅父稻叶重通（织田家名将稻叶一铁之子，一铁之女为斋藤利三的继室）收为养女，嫁给了婿养子稻叶正成。正成原本的苗字为林，入赘到了稻叶家，然而其妻早死，为了能够延续这段姻缘，重通干脆把外甥女阿福送去做了继室。

稻叶正成被丰臣秀吉安排到小早川秀秋身边，成为家老。"关原合战"的两年以后，小早川秀秋去世——据说大谷吉继临终前曾经朝向小早川军喊道："人面兽心之徒，我三年之内必来作祟！"所以秀秋就得疯病死了——其实很可能是被毛利或者丰臣方派人暗杀的。因为没有子嗣，小早川家遭到幕府改易，可怜的稻叶正成也就此变成了浪人。

庆长九年（公元1604年），秀忠将军的嫡长子诞生了，德川家康喜不自胜，把自己的幼名"竹千代"赏赐给了这个婴儿，并且公开为其招募乳母。阿福前往应征，经过家康亲自考察后，认为此女具备武家的脾性和公家的教养，而其夫正成也是战功彪炳的武士，当即拍板。就这样，任命阿福担任竹千代的乳母，稻叶正成则做了婴儿的小姓。

这个第三代"竹千代"——前两个分别是他的祖父家康和父亲秀忠——便是江户幕府第三代将军德川家光，而亲手抚育家光长大的阿福，就此成为家光最为信赖之人。据说阿福运用她的智慧，多次挫败阿江夫人改立嗣子的阴谋，因此等到德川秀忠退位，且阿江夫人去世以后，她便成为了"大奥"实际上的领导者——所谓"大奥"，就是指将军的后宫。

家光将军的正室乃是公家出身的鹰司孝子，跟家光毫无共同语言，据说夫妇关系极不和睦，基本上等同于分居，所以虽然挂着"御台所"的名号，却根本无力与阿福相抗衡。

其实阿福并不仅仅照管内事，对于幕府政务也有很大的发言权，即便德川秀忠仍然在世的时候，其权势便并不弱于土井利胜等老中了。尤其宽永六年（公元1629年），在她身上，更是发生了一件惊天动地的大事。

且说家光将军曾染疱疮恶疾，天幸很快治愈了，于是当年秋季，便派阿福前往伊势神宫去酬神还愿，随即指示她作为将军的代表，转道入京去参谒后水尾天皇。别说区区一介乳母了，即便是将军的姐妹、公主，作为武家之女，也并没有陛见的资格，因而此事使得朝廷上下无不感到惊愕和愤恨。但最终在幕府的压力下，阿福还是顶着贵族三条西实条（三条西公国之子）干妹妹的头衔，以"藤原福子"之名完成了使命，并受天皇赐予从三位的位阶和"春日局"的名号——据说此事也是后水尾天皇愤而退位的一个重要原因。

然后宽永九年（公元1632年），在第二代"大御所"德川秀忠去世以后，春日局再次上洛参觐，升任从二位的位阶，从此即被尊称为"二位局"大人——武家女性而达到这一高度的，此前只有平清盛的继室平时子，以及源赖朝的正室北条政子二人而已。

春日局死于宽永二十年（公元1643年），享年六十四岁。其孙稻叶正则与重孙婿堀田正俊受其余荫，就此成为幕府新的谱代大名，并且陆续入阁担任老中甚至是大老之职。可以说，对于江户幕府权力根基的稳固，无论把春日局所起的作用评价得多高，恐怕都不为过。

参勤交代与大君邦交

二代将军德川秀忠退位为"大御所"以后，即移居江户城的西之丸，而将本丸让给了三代将军德川家光，从此幕府便进入了西之丸年寄（事务官）和本丸年寄诸事合议的"双头政治"阶段。等到秀忠去世以后，德川家光才得以彻底掌控幕政，他立刻重新编组旗本众、重新分派各藩大名，制定了一系列新的统治制度，彻底完善了幕府的政治架构。

宽永十二年（公元1635年），家光将军重修《武家诸法度》，为了进一步巩固幕府权威，削弱各地藩主的势力，添加了著名的"参勤交代"项目。

"参勤交代"，也写作"参觐交代"或"参勤交替"、"参觐交替"，是指各地大名都必须在江户城下町购置宅邸，把妻子儿女安置其中，作为交给幕府的人质，大名本人则一年在领地视事，一年住在江户，轮番交替（关东大名则每半年轮替一次）。大名们千里迢迢前往江户侍奉将军，于路的仪仗开销，住在江户的生活费用，全都必须自己解决，幕府毫不补贴，财政负担由此变得沉重异常。那么，为了省钱而轻车简从来回行不行呢？那当然也是不被允许的，身列哪一等级，拥有多大石高，就必须按照幕府规定，统领多少随从，携带多少箱笼，摆出多大仪仗，一丁点儿都马虎不得，否则幕府必会趁机以不敬之名治以重罪，即便削藩、改易，那也是保不齐的事情。

家光将军正是利用这一制度来削弱各藩的经济实力，使他们再也无力与幕府相抗衡。并且如前所述，幕府的亲藩、谱代，大多被封在江户和京都周边地区，来往距离较近，道路也比较好走，而那些外样则大多居于远国，光一年一次的参勤交代，往往便足够他们破产了。

再一点，各藩世子大多与母亲一起长年留居江户，使得他们对幕府相对亲近,对自家领地却极不熟悉,一旦上代去世或者退隐,世子继位,立刻就会陷入主从相疑的局面。想要上下一心跟幕府对着干?可能性是相当之低的。

家光将军政治手腕之毒辣、灵活,于此便可见一斑。

除此以外,幕府还直接插手各藩的继承人问题。一方面,确定继承人必须申报幕府同意,新藩主继任也必须亲自前往谒见将军,获得新的"所领安堵状";另方面,对于没有合法继嗣的大名家族,幕府从来都毫不容情地予以改易。

一般认为,江户幕府从一开始便奉行"锁国"政策,导致近代落后不振,一度遭到西方列强的侵略。然而实际上,日本的情况和中国明清两代并不相同,并且幕府的"锁国"是有一个启动过程的,也并非始自德川家康——缔造者是二代秀忠,完善者则正是三代家光。

事情还要从"大君邦交"说起。

日本自古以来,就非常重视和大陆国家的贸易交往,江户幕府建立以后,更是把对中国和对朝鲜的贸易往来当作重要的国政来抓。为了弥补丰臣秀吉侵略朝鲜所带来的恶劣后果,德川家康曾经多次派遣使臣前往朝鲜半岛,终于求得了和睦协议。庆长十二年(公元1607年),也就是家康退隐幕后的第三年,朝鲜使臣吕祐吉来到日本,向幕府呈递了国书,此后每次幕府将军换代,朝鲜都会派来"通信使",以重申两国之间的友好关系。

江户幕府作为对朝主要联络官的乃是对马岛的宗氏,这一家族历史悠久，因为距离大陆最近，所以和朝鲜的关系非常密切，大概就是基于这个原因，宗氏数百年来一直盘踞在对马岛上，从未遭到过改易。

宽永十二年（公元1635年），也就是第三代将军德川家光亲政的第四年，宗氏的家臣柳川调信突然向幕府揭发，说当主宗义成在和朝鲜联络的过程中曾经篡改过国书。这可是一件了不得的大事，幕府立刻展开周密调查，最终的结果是，宗义成确实曾经修改过幕府向朝鲜递交的国书中的署名。

朝鲜李朝为中国的藩属，其君主称号为"国王"，所以在与日本交往的时候，也希望双方平等建交，日方国书最后署名"日本国王某某"。在朝鲜人想来，天皇是什么东西，咱们不清楚，日本真正的统治者丰臣秀吉可是受过明朝"日本国王"封赐的，现在的德川幕府继承了丰臣氏的事业，当然也就是明朝下属的一位国王了。然而幕府并不了解朝鲜人的想法，德川秀忠在位的时候，国书后面只署名"日本国源秀忠"，宗义成感觉这是不大合适的，就去恳求起草国书的僧侣以心崇传，请他给改个署名。

以心崇传又名金地院崇传，乃是临济宗的高僧，本出名门一色氏，少年出家，学问高深、佛法精湛，被后阳成天皇赐以紫衣。庆长十三年（公元1608年），他被德川家康召至骏府，与西笑承兑一起负担外交秘书的工作，其后还与板仓胜重等人一起担任过幕府寺社奉行，协助起草过《寺社诸法度》、《武家诸法度》和《禁中并公家诸法度》。当然啦，如前所述，他还是家光将军的起名者，并且参与了"方广寺钟铭事件"，是罗织罪名陷害和覆灭丰臣家的重要刽子手。

再说宗义成求到了以心崇传头上，老和尚对他的要求有点儿莫名其妙，于是便在国书上模棱两可地写了个"日本国主"。宗义成不敢再提要求，就擅自把"主"头上的一点抹掉了，改成"日本国王"。

事情败露以后，幕府上下展开了大讨论，研究应当怎样处理这一恶劣事件，更重要的是，以后再写国书应该怎样署名。讨论的结果是以两国邦交为重，宗义成赦免无罪，柳川调信擅告家主，为人不忠，流放出羽国津轻郡——这次事件，史称"柳川一件"。然而"日本国王"之称，似乎坐实了日本乃是中国的藩属，有辱国体，此后国书署名一律改成"日本国大君"。在日本人想来，自己名义上的君主乃是天皇，天皇和中国皇帝是平起平坐的，幕府作为天皇的臣子，实际管理日本列岛，可称"大君"，以与朝鲜国王平起平坐。

不过后来又有人提出异议，说"大君"的称呼其实比朝鲜国王要矮上一头。因为朝鲜的王子大多封为某某君，其中嫡王子称"大君"，幕府将军若也称"大君"，那不变成朝鲜国王的儿子了吗？况且，大君之名源出中国古书，本是天子的别称，也容易和日本天皇相混淆，不如仍改为"日本国王"为妥。

提出此议的乃是江户幕府中期的著名思想家新井白石，他的建议得到了第六代幕府将军德川家宣的赞同，于是自此以后，幕府所签发的日本国书之署名，就正式变成"日本国王源某某"了。

禁教为锁国之端

江户幕府时期，日朝关系一直良好，贸易往来不断，尤其以对马的宗氏得到朝鲜李朝同意，每年派出二十条贸易船，收入相当可观。幕府还想通过朝鲜来恢复与中国的邦交，然而中国自明朝中叶以来一直奉行闭关锁国政策，使得中日两国间的官方贸易受到极大限制，民间私商倒是熙熙攘攘，甚至当明清之交，很多明朝遗臣都航来日本，大多居住在北九州地区，对于江户幕府占统治地位的朱子学之确定和发展，做出了很大的贡献。明末大将郑成功还一度想把日本当作复国的基地，甚至提出向江户幕府借兵，还好此事并未成功，否则郑成功怕会前门拒虎，后门引狼，难逃千古骂名吧。

除中朝两国外，德川家康时代就大力发展同吕宋、安南、柬埔寨、暹罗等东南亚国家的邦交，同时还颁发给前往这些地区的贸易船"朱印状"，以证明他们并非倭寇或者海盗。日本人因此大量移居东南亚各地，一个名叫山田长政的日本人还曾一度成为暹罗国王的宠臣。

日本南部的琉球群岛，从公元15世纪以来就一直为土著尚氏所控制，尚氏向明朝称臣，受封琉球国王。因为琉球的地理位置对海上贸易非常重要，所以庆长十四年（公元1609年），急于挽救财政危机的萨摩国大名岛津家久就侵入并且占领了琉球国。幕府承认岛津氏对琉球的控制权，但岛津氏也很鬼，并不废黜尚氏国王，让他们仍以藩属的名义向明朝进贡，从而得以通过琉球国和明朝展开官私贸易。一直到明治维新以后，逐渐军国化的日本才悍然废黜琉球国王，彻底吞并琉球王国，进行奴化教育，把它变成了现在所谓的"冲绳县"。

如今冲绳县三天两头就会闹"琉球独立运动"，但欠缺一个强有力的宗主国的支持，估计是闹不成事的。

江户幕府的所谓"锁国"，其实禁锁的主要是南蛮贸易。丰臣秀吉在世的时代，就曾经下令严禁天主教传教，勒令凡日本国人都不得信奉这种"异国邪教"，等到秀吉去世，德川家康为了加强对外贸易，一开始并没有重申禁令。不仅如此，他还优待新近航来日本的英国和荷兰商人。

家康曾经任命英国航海长威廉·亚当斯作为自己的通商顾问，赐予三浦半岛二百五十石的俸禄，亚当斯因此而跻身幕府旗本之列，并且取了一个日本名字叫三浦按针——按针在日语中有领港、领航之意。

在德川家康的鼓励下，各地诸侯也纷纷大力发展南蛮贸易，伊达政宗就曾派家臣支仓常长前往欧洲，谒见罗马教皇和西班牙国王，要求通商。据说常长本人因此直接得到教皇的洗礼，被授予罗马公民权。

但是新教国家英、荷与先期航来的旧天主教国家西、葡之间矛盾重重，前者因此在家康面前大进谗言，说天主教传教士乃是妄图将日本变成殖民地的西、葡国王派来的间谍。家康本就不满天主教宣扬上帝万能从而淡化世俗领主的权威，进而看到很多九州诸侯通过与西、葡等国通商获得了大批物资和武器，认为如果不加限制地任其发展，将会动摇幕府的统治基础，恰巧就在此时，发生了著名的"冈本大八事件"，促使家康颁发了禁令。

原因就在于冈本大八反咬一口的时候，不但诬陷有马晴信妄图暗杀长崎奉行长谷川藤广，并且供出有马晴信勾结传教士和西、葡商人的诸多不法情事。于是幕府将冈本大八以火刑处死，将有马晴信先是流放到甲州都留郡，进而勒令其切腹自杀——身为天主教徒的晴信不肯自尽，命令家臣将自己刺死了。

以"冈本大八事件"为导火索，德川家康对天主教的反感变得愈发强烈，不久后便下达了第一次"禁教令"，在幕府直辖领地和有马氏的旧领中严禁传播和信奉天主教。庆长十七年（公元1612年）八月，禁教范围扩大到日本全国，各地教堂陆续被破坏，日本籍天主教徒纷纷遭到逮捕，被强迫改变信仰。不肯改变信仰的教徒遭到游街、流放和处死的命运——有一百四十八名被流放马尼拉，其中包括著名的切支丹大名高山右近、内藤如安等人。

高山右近本是摄津国一名小小的国人领主，右近为其官途，大号可能是"重友"，据说十二岁便受其母影响接受了洗礼，教名为胡斯托。高山家族曾经侍奉畿内霸主三好长庆，三好氏势力衰退后，改仕深受织田信长器重的所谓"京都之副王"和田惟政。元龟二年（公元1571年），和田惟政在白井河原之战败死，其子和田惟长欲图谋杀高山父子，结果阴谋败露，右近遂转投新近崛起的荒木村重。

天正六年（公元1578年），荒木村重向织田信长掀起反旗，高山右近与其表兄弟中川清秀临阵倒戈，归从信长。"本能寺之变"后，高山、中川参与了对抗明智光秀的"山崎合战"，建立功勋，就此又成为羽柴秀吉的直臣。此后贱岳合战、小牧·长久手之战和四国合战当中，亦都能见到右近的身影,他在羽柴·丰臣家臣团中的地位遂得以逐渐攀升。

右近是个虔诚的天主教徒,四处传播"主的福音",受其影响,黑田孝高、细川忠兴、前田利家等大名也都先后接受洗礼,起码在表面上接纳了天主教。天正十三年(公元1585年),丰臣秀吉下达了"禁教令",黑田孝高等人被迫放弃信仰,然而高山右近却顽强地抗拒秀吉的命令,声称宁可抛弃领地和财产,也不愿背教。于是他遭到改易和流放,被迫依靠小西行长和前田利家,苟延残生。

然而秀吉的政策,只是禁止传教而已,对于不肯放弃信仰的大名,除非右近这般彻底的顽固派,否则大多网开一面。而到了德川家康禁教的时候,则干脆是——不愿背教,那就别在日本待着了!颁布了"切支丹国外追放令"。高山右近因此被流放到马尼拉,因为年岁老迈,加上旅途奔波,抵达目的地后不久便病逝了,享年六十四岁。

如前所述,内藤如安本是松永长赖之子,后来侍奉小西行长,于侵朝战争中奉命担任对明朝的交涉使节,在明朝和朝鲜的文件中,记录为"小西飞"——其实小西是其主家的苗字,而"飞",则是其官途"飞驒守"的略称。

"关原合战"后,小西行长被斩首,小西家族灭亡,内藤如安逃亡到平户,先后成为加藤清正和前田利长的客将。正是在前田家中,他结识了高山右近,相同的信仰使二人结为生死之交。在遭到德川氏幕府的放逐以后,一行人乘坐大船,斩风破浪抵达马尼拉,受到总督和当地天主教徒的热烈欢迎。高山右近不久后便即去世,内藤如安则一直活到宽永三年（公元1626年）。

岛原、天草之乱

拉回来再说幕府的禁教，到了元和二年（公元1616年）八月，二代将军秀忠颁布了第二次"禁教令"，对天主教徒进行残酷迫害，很多人因为不肯改变信仰而被活活烧死，史称"大殉教"。元和六年（公元1620年），又发生了"平山常陈"事件，标志着日本正式开始"锁国"体制。

平山常陈本是一艘朱印船的船长，因为坐船为中国式平底船，在从马尼拉回归日本途中，被荷兰船误认为是中国船而遭到逮捕。在搜查平山船的时候，荷兰人意外地发现了两名西班牙传教士，于是如获至宝地进献给德川幕府。幕府经过审讯后，将平山常陈和两名传教士全都处以火刑，其余十二名船员也尽皆处死。

从此宗教迫害扩大为贸易限制，葡萄牙人首先遭到驱逐，然后是英国人，最后在宽永元年（公元1624年）严禁西班牙船只来航。日本船只除朱印状外，还必须得到"老中奉书"才许出海，居住在国外的日本人也一律严禁归国，归即处死。

日本就此基本断绝了南蛮贸易，唯一例外的是荷兰人，荷兰东印度公司在日本设置了分公司，向幕府保证绝不传播异端宗教，同时荷兰商船一到日本，商馆馆长立刻向幕府提交《荷兰风说书》，报告海外情况。但即便是荷兰人也只准在长崎的出岛建造商馆，而不得踏入日本内地一步,就连中国船也逐渐只准停泊在长崎港,可以说,整个日本只有长崎一地是半对外开放的,幕府通过直接统治长崎而垄断了所有对外贸易。

有压迫,必然就有反抗,惊世骇俗的"岛原、天草之乱"就在这种禁教锁国的背景下爆发了。

肥前国的岛原半岛,本属外样大名松仓氏所领,当时的松仓氏家督为松仓胜家,是个冷酷无情而又贪得无厌的家伙。三代将军家光在位的宽永十四年(公元1637年)秋季,岛原半岛及其南方的肥后国天草群岛闹起了大饥荒,可是松仓胜家仍然按照旧例征收年贡,并将交不起年贡的数名农民残酷处死。

农民们生活在死亡边缘,已经沉寂很久的天主教信仰随之再度抬头,秘密信教以逃避残酷现实的百姓越来越多。此事为松仓胜家所查知,便在领内搞了一场大清洗,逮捕了很多教徒,要他们举行"踏绘"的仪式。所谓"踏绘",是指将刻有耶稣受难像的木牌扔在地上,让怀疑为教徒者用脚底去踩踏,肯乖乖从命的定非天主教徒,或者虽是教徒却有心悔改,否则就将被处以火刑。这种方法并非松仓胜家所创,而是幕府搞出来并到处推广的无聊花样。

阶级压迫和宗教迫害双重利刃就此强加在岛原百姓头上,他们无路可走,被迫铤而走险。十月二十日,岛原有马村纷起一揆,杀死了松仓氏的代官林兵右卫门,并且攻破藩武器库,团团包围住了松仓氏的本据——岛原城。

二十七日,天草群岛也爆发一揆,与岛原一揆南北呼应。天草群岛乃是肥前国唐津的谱代大名大久保氏的飞地，唐津藩的代官三宅重利领兵镇压暴乱，却于十一月十四日被一揆所败，身首异处。天草一揆进而包围了富冈城。

消息报至江户，德川家光将军大为恼火，立刻派遣重臣板仓重昌前往九州，纠合附近诸侯前往征伐。岛原、天草的一揆闻报，结合为一，后退到已经废弃的原城，笼城固守。根据近年来的考古发现，原城在"岛原、天草之乱"爆发前，很可能虽被废置不用，基本的土垒木墙还并没有被扒平，这就给了一揆军一个很完美的抵抗基地。

有趣的是，一揆军的首领却是一个年仅十六岁的少年，俗称为天草四郎时贞。据说这位英俊少年乃是上帝派来拯救生活在水深火热之中的日本天主教信徒的，具有莫大神通，教徒们无不尊奉他为"天人"、"天使"，一切都唯四郎时贞马首是瞻。

天草四郎，某些记载中也写作大矢野四郎或者江部四郎，据考证，他原本的苗字应该是益田，乃是小西行长的家臣益田好次之子。"关原合战"后小西行长被斩首，领地遭改易，家臣们纷纷四散成为浪人，据说四郎时贞从小就居住在长崎港，虔诚地信奉天主教，并向旅居日本的荷兰人学习过西洋医术——所谓神通广大，能活死人、肉白骨，大概空穴来风，未为无因吧。

且说板仓重昌来到岛原城中，召聚了包括松仓胜家、锅岛胜茂、有马丰氏等周边诸侯，集结兵马，向原城发起了猛烈进攻。重昌一开始并没有把一揆放在眼里，认为那些作乱的农夫无谋无勇，根本不懂打仗，如何会是幕府军的对手？然而一连发起两次总攻都未能奏效，己方反倒损失惨重，重昌不禁涔涔汗下，意识到原城中定有深通兵法之人存在。

北九州地区乃是天主教传播的中心区域，战国后期有大量平民甚至武士都皈依了天主教，这些人在"大殉教"后被迫潜伏了下来，趁着这次动乱再度抬头。因此固守原城的并非仅仅数万农民，其中也掺杂了很多信奉天主教的浪人——四郎时贞首先是这些浪人们的领袖。

翌年元旦之日，板仓重昌硬着头皮发动了第三回总攻，却在原城下身中流弹而亡。一揆因此士气高昂，到处都传说着岛津、伊达等强藩将会东西呼应而起，一举消灭迫害天主教徒的德川幕府的谣言。而将军家光则又派来了第二名联军统帅，那就是一门众重臣松平伊豆守信纲。

松平信纲素有智谋，人称"智慧伊豆"，他在仔细观察了前线形势以后，认识到原城防御坚固，一揆作战英勇，绝对不能硬打硬攻。于是信纲就指挥着黑田、锅岛、立花、细川、水野、有马等十数家诸侯联军，从陆路将原城牢牢地封锁住，断绝补给，想要把一揆全部困死、饿死。

四郎时贞还期望长崎的荷兰人前来救援，然而在松平信纲的请求下，荷兰炮船却于一月十一日开到原城附近海面，然后向城内连开数炮。这一方面是告诉城内一揆，海上也已经被幕府军封锁，休想有一个人能逃走，另一方面也是希望从心理上瓦解一揆的斗志——天主教有何可信？上帝又有什么用？同样信奉所谓"上帝"的荷兰人，不也成了你们的敌人吗？

松平信纲的策略取得了效果，原城中粮草越来越少，一揆被迫开城夜袭幕府军阵营，因为信纲早有防备而遭到惨败。不仅如此，松平信纲通过审讯俘虏，了解了城中的内情，遂于二月二十八日展开了第一次总攻击。

在一揆的拼死抵抗下，幕府军付出了死亡三千人、受伤上万人的重大代价，然而原城终于还是被攻陷了，城内剩余的两万余众，不论男女老幼，全都遭到残酷的屠杀——四郎时贞等人也在其中，几乎没有一个人能够逃得性命。

"岛原、天草之乱"乃是对幕府和诸藩横征暴敛，以及迫害宗教信仰的大反抗，但它的失败也促成了幕府锁国体制的最终完成。此外在战后，德川家光鉴于《武家诸法度》中规定诸藩不得幕府指令不得向外用兵的条文，导致镇压暴乱的行动迟缓，遂将相关规定作了修改。

武断政治

德川家光将军时代确立的幕府统治机构是这样的：最顶峰当然是幕府将军，其下为大老和老中，然后是"若年寄"，职责为辅佐老中管理幕府的直属家臣，再下还有寺社、町、勘定三位奉行，分管宗教、江户城内的行政和治安，以及幕府财政等事务。上述为幕府的中央机构，地方机构则包括京都所司代、大坂町奉行、长崎等地的远国奉行，以及其他幕府直辖地区的代官——幕府的直辖地区称为"天领"，初期约两百万石，中后期增加到四百万石。

幕府统辖各地大名,如前所述,即所谓的"江户三百藩"。此外,将军直属的家臣,如果禄秩不足一万石,则被称为"旗本"或"御家人"——前者准予直接谒见将军,后者没有这种资格。旗本多有领地,御家人则只领俸禄,他们全都住在江户,平时充当幕府的行政官僚或警护人员,战时则根据封地或俸禄的多寡来率领士卒参战。据享保七年(公元1722年)的统计,江户幕府共有旗本5205人,御家人17399人,连同这些人的家臣部下,战时动员力将近十万!

　　而根据十八世纪初的统计核算,当时天皇的领地为可怜巴巴的三万石,皇族、公家的领地七万石,幕府天领约四百万石,直参(旗本和御家人)的封地加俸禄为三百万石,各藩封地共两千两百余万石,此外还有寺社所领有的土地四十万石。这就是整个日本社会上层的基本构成。

　　那么在社会的下层呢?大小封建主主要的赋税来源是"本百姓",所谓本百姓就是指拥有一定土地和房产的农民。当时日本农村大多为五六十户人家的小型自然村,村长被称为"名主"、"庄屋"或者"肝煎",主管户籍登记和收取赋税,主要出身于"大百姓"(富农)和旧的小国人领主。村长下面就是本百姓,本百姓下面还有"水吞百姓"也就是佃农。

　　江户时代,各种捐税名目繁多,仅年贡就经常超过实际收获物的三分之一,农民的生活是很痛苦的——德川家康就曾经说过想要统治好百姓就必须让他们既吃不饱而又饿不死的话。不仅如此,幕府还规定了严格的身份等级制度,即所谓的"士农工商"制度。

　　"士",即指武士,又写作"侍"。江户时代武士的身份标志为允许拥有苗字，可以带刀，如其权威受到平民百姓的损害，则可以"斩舍御免"（允许当场格杀）。武士内部也分很多等级，比如上士、中士、下士、乡士等等，高级武士经过的时候，无论平民百姓还是下级武士都必须伏地磕头，否则就可能遭到斩杀。幕府还规定，公家、神官、僧侣的身份等同于武士。

身份等级的第二级是"农"，也即农民。江户时代是重农的社会，因为有了农民才有土地产出，才有武士们享受的年贡和俸禄。比农民身份更低的是"工"也即城市手工业者，以及"商"即商人。虽然商人在四个等级中排位最低，但他们逐渐成长起来，掌握了财政实权，到了江户幕府后期，很多豪商甚至比武士更为尊贵和显赫。这些商人把商号当成自己的苗字，商号标记当成自家的家徽，按照武士家族的习惯来管理商号，主人和学徒之间的关系和武士团中的"寄亲寄子"关系简直毫无两样。甚至还有很多商人趁着武士家族破产或者绝嗣的机会，把自己的儿子过继过去，窃得了武士的苗字和家业。幕府虽然多次下令严禁也终究无济于事——只要有活不下去的贫穷武士，只要有腰缠万贯的豪商，有买家有卖家，这种地下交易就是永远无法根绝的。

工和商大多居住在城市中。江户时代的城市，以江户、大坂、京都最为繁华，被称为"三都"。城市居民大多为武士和工商业者，后者主要被区分为拥有土地或房产的"家持"和租房居住的"店借"两种。幕府和各地大名对工商业者征收的赋税比农民相对要轻（实际上是不如对农业来得重视），所以才会有很多商人暴富，到了幕府末期，甚至出现了"大坂富豪一怒，天下诸侯惊惧"的局面。

在"士农工商"等级下面，日本社会中还存在着被称为"秽多"或"非人"的贱民。秽多大多来源于古老的奴隶社会，一般从事处理尸体、屠宰牲畜、清扫垃圾等肮脏工作，或者成为流浪艺人，被整个社会所看不起——战国时代尼子经久利用来夺回月山富田城的钵屋贺麻党，就是这种低贱的流浪艺人集团。

幕府严格管理秽多，不允许他们和自由民相互往来，而且其身份世代承袭，永远不会被解放（贱民的"解放令"要到幕府灭亡后的明治年间才颁布，但其影响一直延续到现代日本）。非人是临时的贱民，是指十七世纪以后为生计所迫而从事卑贱职业的贫农或城市贫民，他们的身份虽然卑贱，却并不对整个家族造成影响，并且有可能恢复原本的地位。

家光将军统治时代，政治环境貌似太平，其实内忧外患仍然层出不穷。所谓内忧，既有如前所述的"岛原、天草之乱"，也有宽永十九年（公元1642年）前后爆发的"宽永大饥馑"。

这场大饥荒，一般认为主要有三个来源：一是"岛原、天草之乱"后的大屠杀，造成了九州地区疫病流行，尤其是牛瘟，很快蔓延到整个西日本，耕牛大多病死；二是宽永十七年（公元1640年）六月虾夷地驹之岳火山爆发，火山灰造成陆奥北部地区大范围歉收；三是宽永十八年（公元1641年）初夏畿内、中国和四国地区的严重旱灾，以及秋季北陆地区的长期降雨，各种异常气候进而又引发了大规模虫害……

德川幕府拿出的对策是：首先勒令诸藩重视灾情，厉行节俭；其次要求扩大农作物面积，禁止烟草种植和贩卖粮食类点心，并且减少酿酒；第三则是要求各大名运送"扶持米"以周济"吞粮巨兽"江户城。对后世影响最为深远的，是颁布了《田畑永代买卖禁止令》，严禁耕地买卖。

此外，为了避免因饥荒而引发各藩叛乱，幕府减少了对各地大名物资和人力的盘剥，使得大名们缓过一口气来，纷纷进行藩政改革，就此埋下了日后雄藩崛起的根苗……

家光将军时代的外患，主要来自于明崇祯十七年（公元1644年）清兵入关，明朝灭亡，大量明朝遗民逃至日本，给幕府带来了极大的恐慌——近四百年前，不也是外族入居中国，然后悍然发动了对日本的远征吗？幕府为此重整军备，加快各地防御设施的建造——虽然日后才知道，不过是虚惊一场，女真与蒙古不同，并无染指日本列岛之意。

面对这种种内忧外患，家光将军遂被迫以铁腕治国——从德川家康开始，直到三代家光，他们的统治被称为"武断政治"。直到四代将军德川家纲继位以后，社会环境逐渐平稳下来，幕府的对策亦遂之改变，才进入了真正平和的"文治政治"时代。

番外篇

禁书轶事

公元1683年，台湾郑氏投降清朝，这一年在日本为天和三年，第五代将军德川纲吉在位。在此以前，台湾郑氏、清廷，乃至于平南王尚氏、靖南王耿氏,各家商船络绎不绝地航向日本,在幕府的管制下,相互间从未产生过矛盾冲突。不过自从1661年清朝顺治皇帝为了封锁郑氏台湾,下达"迁界令"禁止船舶下海以后,来自清朝及下属各藩的赴日贸易船数量大为减少,中国商船的总数从每年五六十艘下降到十艘左右。

等到康熙皇帝降伏郑氏,收取台湾以后,废除了"迁界令",颁布"展海令",中国赴日贸易船数量激增,清康熙二十四年(公元1685年)竟然达到八十五艘之多。面对这种情况,江户幕府害怕金银外流,对中国商船加以严格限制,规定每年的贸易定额为六千贯,够数就不再做买卖。然而即便如此,中国商船的数量仍长期维持在七八十艘左右,长崎港繁华无比,成为幕府的一个重要收入来源。

对于来航的中国船,江户幕府设置了书物目利、书物改役等官职,委派相关人员严格审查,不得使有害书籍传入日本。那么,什么是幕府认定的有害书籍呢?最主要的不外乎两种:一,兵法书;二,宣扬天主教教义的书。

且说元禄八年(公元1695年)三月十六日,长崎立山奉行八十岛武兵卫下令给大通事(翻译官)林道荣、小通事林金右卫门,指出本年的第十六号南京来船所携带的书籍,经书物改役检查含有违禁内容,必须严加审问,详细汇报。林道荣等人急忙搜检船只,果然找到了命令中提到的《帝京景物略》一书,于是将商船封锁起来,严禁船员登岸,同时将审讯的结果上呈立山奉行所和西奉行所,再由奉行所复查后,于四月十日快马送去江户。

那么,《帝京景物略》究竟是本什么书呢?其实那只是一本过时了的北京城旅游指南而已,由遂安人方逢年及其弟子写成,最早出版于明朝崇祯八年(公元1635年)。这样一本书,为什么会变成禁书呢?原来此书的第四卷和第五卷中提到了北京城内的天主教堂和天主教士利玛窦的坟墓……

几位通事和奉行认为此书虽然含有天主教内容,但并未宣扬教义,因此不必严禁,然而江户城中的老中户田忠政、土屋政直等人却对此结论大不以为然。他们认定，虽然唐船（指中国船）船员都已经通过了"踏绘"，证明不是天主教徒，携带《帝京景物略》确实是出于无意，但此书既然含有违禁内容，就必须加以严惩。老中们下令在中国船员面前将禁书焚毁，并且禁止书籍主人和唐船的船头再来日本，所载货物也不许交易，即刻将其遣返回国。

从这件小事上，其实就可看出江户幕府的锁国政策是多么严格，同时也是多么荒诞了。

年表

年号	具体年份	幕府将军	事件
元和	1617年	德川秀忠	德川家康获得东照大权现的神号
	1618年		幕府制定大奥法度
	1619年		广岛藩主福岛正则遭改易；幕府设置大坂町奉行
	1620年		德川秀忠之女和子入宫；支仓常长归国
	1622年		元和大殉教；宇都宫藩主本多正纯遭改易；幕府命令外样大名的妻、子都必须在江户城下居住
宽永	1623年	德川家光	福井藩主松平忠直被流放丰后；德川家光继任幕府将军；英国人关闭在平户的商馆，离开日本
	1624年		幕府拒绝西班牙复交要求；德川和子进位中宫
	1628年		幕府与葡萄牙、荷兰断交
	1629年		"紫衣事件"；后水尾天皇让位明正女皇
	1631年		幕府颁布"奉书船制度"，即在幕府朱印状外还需取得老中奉书，才准外航
	1632年		德川秀忠殁；骏府藩主德川忠长遭改易；幕府设大目付
	1633年		禁止在海外滞留超过五年者归国；"黑田骚动"
	1634年		琉球谢恩使拜谒家光将军；幕府规定谱代大名的妻、子亦必须居于江户城下
	1635年		"柳川一件"；规定外国船只许在长崎和平户停泊，禁止客居海外者归国；改定《武家诸法度》
	1636年		开始铸造宽永通宝
	1637年		"岛原之乱"爆发，一揆军占据原城
	1638年		平定"岛原之乱"；幕府除军船外，禁止建造五百石以上船只
	1639年		禁止葡萄牙人航来日本；江户城本丸失火

年号	具体年份	幕府将军	事件
宽永	1641年	德川家光	荷兰商馆从平户移至长崎出岛；"宽永大饥馑"爆发
	1643年		幕府颁布《田畑永代买卖禁止令》；命令沿海大名严加警戒海岸线
正保	1645年		剑道家宫本武藏殁
庆安	1648年		日本阳明学派创始人中江藤树殁
	1650年		幕府禁止除猎户外百姓拥有铁炮
	1651年	德川家纲	德川家光殁；"庆安之变"；德川家纲继任为幕府将军

近世 江户幕府中期和后期

五章 江户两百年

- 从武断迈向文治
- 犬公方
- 享保的改革和饥荒
- 水清难养鱼，浑浊堪怀念
- 大盐不死
- 三大御家骚动
- 从上杉到岛津
- 雄藩崛起和公武反目

六章 攘夷和开国

- 黑船来航
- 被迫打开的国门
- 一桥和南纪
- 西海枭雄齐彬
- 安政大狱
- 樱田门外之变

七章 维新之岚

- 「国父」上洛
- 无谋的攘夷
- 逃出池田屋
- 禁门之变
- 丈夫为之岂屈志
- 龙马奔腾
- 奇才大村益次郎
- 四境战争

五章　江户两百年

对比镰仓和室町，江户幕府时期的政治环境是最为和平安宁的，幕藩体制达到了它的巅峰期。武士阶层的固化、官僚体制的完备、市民阶层的崛起，都是江户之不同于前两个幕府时代所独有的特色，自然，广大农民依然挣扎在社会的最底层……

从武断迈向文治

庆安四年（公元1651年）四月，三代将军德川家光病殁，享年四十八岁。包括老中堀田正盛在内的很多家光亲信都切腹自杀以殉主，幕府统治机制因此暂时陷于停顿，就此导致了"庆安、承应之变"的发生。

且说秀忠、家光两代的"武断政治"，总共改易大名一百零五家，减封十六家，使得社会上产生了大量失去主家的流浪武士，被称为浪人或者"牢人"。这些浪人极端仇视幕府，除了舞刀弄枪外又大多别无所长，成为社会一大不安定因素。他们在兵法家由比正雪、丸桥忠弥等人的煽动和组织下，打算趁着家光将军去世，继承人年幼（仅十一岁）之机发动暴乱，拥护纪伊藩主、被称为贤侯和"南海之龙"的德川赖宣继承征夷大将军之位。

德川家康共有子十一名，前六子都得以成年，七、八两个则夭折了，至其晚年，又生下了义直、赖宣、赖房三子，受封于尾张、纪州和水户，被称为"御三家"。"御三家"是除幕府将军的本宗外,唯独获准使用"德川"苗字的三个分家——家康余子及其子孙则恢复旧苗字"松平"——并在将军家绝嗣之时,规定可从三家择贤过继,以继大宗。所以德川赖宣理论上也是有当将军的资格的。

然而当年七月,暴动阴谋即告败露,丸桥忠利在江户被捕,处以极刑,不久后由比正雪也在骏府切腹自杀,德川赖宣亲往江户城中谢罪,澄清谣言,局面才算逐渐稳定了下来——是为"庆安之变"。

随即又爆发了"承应之变"——庆安五年(公元1652年)九月十八日改元承应,而在此前的十三日,牢人别木庄左卫门、林户右卫门、三宅平六等人密谋在德川秀忠夫人崇源院第二十七回忌日之时发动叛乱,在江户城内纵火并刺杀老中,阴谋同样败露,幕府就此展开了大规模搜捕,将别木庄左卫门等人一网打尽,皆处以极刑。此外,各藩藩士甚至幕府旗本受此牵连的,也有很多被斩杀或勒令切腹。

帮助家光将军的继承人、长子家纲安然渡过这两次变乱,稳定局面的主要有三个人,即大老酒井忠胜、老中"智慧伊豆"松平信纲,以及家光的庶弟、贤侯保科正之。就在"庆安之变"收束的次月——"承应之变"尚未爆发,于江户城中举行了"将军宣下"的仪式,正式确认年仅十一岁的德川家纲继任为幕府将军。原本册封仪式应当是在京都举行的,但保科正之等人认为大乱初定,家纲不宜离开江户城,遂请下御旨,将仪式举办地点改在了江户,就此成为惯例。

顺便提一下这位保科正之,据说其母静光院本是秀忠将军乳母的侍女，跟将军私通产下正之（幼名幸松），当时不敢公开，遂被寄养在武田氏旧臣、信浓国高远藩主保科正光家中。正光去世后，正之以养子的身份得以继位，随即受到异母兄长德川家光的看重，先后转封为出羽山形藩二十万石和陆奥会津藩二十三万石，成为国主级别的亲藩大名。

总结"庆安之乱"的教训后，保科正之等人认为天下已定，应当以文治取代武功，以整顿充实法律、制度和学术来提高幕府的权威。在这种思想的指导下，将军的权柄被削弱，重臣合议的官僚体制得到完善，同时对于各藩的控制也有所松动。

比方说，起初幕府并不承认"临终养子"一说，即当大名没有子嗣和幕府确认的养子的情况下，直至临终才指定养子和继承人的做法，对于这种家族，一般都毫不留情地予以改易。四代将军家纲以后，幕府开始承认五十岁以上的大名的"临终养子"，使得遭到改易的诸侯数量大为减少。家纲时代一共改易大名二十二家，削封的也仅仅四家而已。

在德川光国、保科正之、池田光正、前田纲纪等所谓"贤侯"的推动下，幕府确定了以朱子学为整个日本社会的指导思想，大力宣扬忠孝节义。尤其是德川光国，此人乃是"御三家"之一的水户藩的藩主，官至权中纳言，因为大纳言或中纳言的汉称为"黄门"，故此俗称为"水户黄门"。这位水户黄门大人易装巡游各地，惩治不法官吏、藩主的故事，在日本家喻户晓，有如中国的包青天一般。

德川光国非常重视朱子学中的"名分论"，在江户城设立彰考馆（彰往考来之意），编纂了《大日本史》一书。书中认为天皇是日本理论上的最高统治者，德川幕府受天皇的委派治理庶务，其权威来自于天皇朝廷，对于南北朝乱世，《大日本史》宣扬南朝正统论，指斥反抗天皇的足利幕府乃是叛逆、贼臣。光国的学术后来被称为"水户学"，乃是幕末尊王论的滥觞——不过水户学最终被拿来作为推翻幕府的重要武器，这应该是德川光国所始料不及的吧。

如果把江户幕府划分阶段的话，那么前三代将军的统治时期乃是奠基和开创期，从四代家纲开始，进入了平稳发展的时代。

犬公方

江户幕府第四代将军德川家纲继位时年仅十一岁，由叔父保科正之和大老酒井忠胜、老中松平信纲等人辅佐，度过重重危机，终于迎来平和的治世。到了宽文年间（公元1661年至1673年），这些被称为"宽文遗老"的重臣们去世的去世、退隐的退隐，陆续离开政治舞台，酒井忠清得以迈上了大老宝座。

酒井忠清乃是上野国厩桥藩第四代藩主，同时也是雅乐头酒井氏宗家的第四代当主，其祖父酒井忠世曾经侍奉过从德川家康到德川家光的三代将军，与土井利胜、青山忠俊并为家光将军的三位师傅。

酒井忠清担任大老的时期，家纲将军已经成年，开始插手政务。但问题这位将军生来病弱，或许受此影响，正室、侧室们多次怀孕，不是流产就是诞下死婴，导致他丧失了生存的意义，开始肆意享乐，生活日益奢靡腐化。酒井忠清倒是兢兢业业地撑持着幕府基业，但他因为"宽永大饥馑"的教训而过于重视农业却忽视商业，同时继续坚持锁国政策，再加上将军乱花钱，遂导致幕府的财政状况逐年恶化。

延宝八年（公元1680年），四十岁的家纲将军终于走到了他人生的终点，因为没有后嗣，据说酒井忠清打算沿用镰仓幕府的旧例，迎接有德川家康次子结城秀康血脉的有栖川宫亲王继任为幕府将军。此议遭到老中堀田正俊等人的坚决反对，他们主张让家纲的四弟松平纲吉来当继承人。五月八日，德川家纲让位给纲吉，旋即去世。

德川家光共生五子，两个夭折，活下来的是家纲、纲重和纲吉。据说德川纲重英武不凡，而又聪明睿智，但偏偏才活了三十五岁，比他哥家纲死得还早，于是幕府将军的宝座，最终就落到了已经退居松平苗字的纲吉手中。

据说德川纲吉是个畸形儿，身高还不到一米三零，不过这畸形儿却颇为聪明，上台伊始便勒令酒井忠清隐居，铲除了酒井派的势力，改以忠直勤勉的堀田正俊担任大老。与其兄家纲不同，纲吉非常热衷于权力，逐步扭转了家纲以来重臣合议，将军却形同虚设的局面。他设置"勘定吟味役"一职以监督幕府财政，并且大力提拔有能力的低级幕臣（小身旗本），用以制约老中会议。

此外，纲吉还非常爱好学问，尤其是儒学，因而深受儒家尊王思想的影响，他在历代德川氏将军当中，对公家的态度最为和善。他曾多次向天皇献上"御料地"，并且斥巨资修缮了历代天皇的陵寝，总计六十六座，据考察公家领在纲吉时代，范围竟然扩大了一倍还不止（虽然那也还是寥寥无几）。

延宝之后是天和年号，故此德川纲吉将军在位前期就被称为"天和治世"。天和之后是贞享，贞享再后是元禄，这一时期的社会文化丰富多彩，在日本历史上非常著名，遂被称为"元禄文化"。

"元禄文化"带有非常浓厚的市民（町人）文化特色，这是因为江户、大坂等城市持续发展，越来越是繁华，町人势力逐渐抬头所致。这种文化在表现上一改幕府初期的简朴风貌，变得非常奢华，根由是城市中出现了家财万贯的豪商，由于"士农工商"的等级区分而使这些豪商不能拥有土地，锁国令又使他们无法将财产投资海外，于是干脆一掷千金，拼命消费，带动了整个城市甚至整个社会的享乐之风。

以井原西鹤为代表，文学上出现了所谓的"浮世草子"，也就是描绘町人生活的小说；以近松门左卫门为代表，艺术上出现了市民意味浓厚的新的戏剧。对于这种町人文化，以及町人们浮华奢侈的生活，幕府和各藩多次发布禁令，但始终无法真正加以扭转。

同时期在思想方面，占领导地位的朱子学开始有所动摇。朱子学很早以前就传入了日本，还曾一度成为后醍醐天皇推翻镰仓幕府的思想武器。然而这种学说长久把持在僧侣尤其是禅宗僧侣手中，直到战国末期的藤原惺窝和林罗山才真正将其转化为一门武士的学问。林罗山受到德川家康的器重，其孙林凤冈被德川纲吉任命为大学头，总管幕府的文教工作，并且世代承袭此职。通过林氏祖孙，以及德川光国等人的鼓吹，逐渐奠定了朱子学在幕府统治下的主导思想地位。

但是在元禄时代，民间出现了阳明学派和古学派，批判朱子学，前者要求按照日本的实际情况来改造儒学，不可照搬中国之儒，后者则要求删去杂芜，复归于孔子之儒。前一派的代表人物有中江藤树、熊泽蕃山等，后一派的代表人物有山鹿素行、荻生徂徕等，但在幕府的压制下，这些人和他们的著作，全都没有好下场。

纲吉将军到了统治后期，也逐渐走上了他哥哥的老路，生活越来越奢靡，治政也不再清明。尤其在大老堀田正俊遇刺身亡以后，他更是一脚踢开老中会议，重用侧近牧野成贞、柳泽吉保等人，使得幕府的统治开始走上了下坡路。可以说，德川纲吉统治时期是江户幕府的鼎盛期，也是由强变弱的转折期。

如前所述，堀田正俊迎娶了春日局之孙稻叶正则的女儿为妻，算是春日局的重孙婿，稻叶正则的堂弟正休，按辈分自然是正俊妻子的从叔父。然而正是这位担任幕府若年寄，受封美浓国青野藩的从叔父，竟然在贞享元年（公元1684年）八月，在江户城中突然向堀田正俊举起了屠刀——正俊遇刺重伤，被抬回家不久后便咽了气，享年五十一岁。根据幕府的记录，此事根源是稻叶正休犯了疯病……这当然很难取信于人，后人怀疑乃是纲吉将军欲图削弱老中会议的权柄，而刻意挑拨他们叔侄关系，最终不期然酿成了恶性事件。

老中会议果然因此而被削弱，纲吉将军开始大肆重用侧用人。侧用人全称为"御侧御用人"，一般俸禄在一万石以上，本是将军秘书一般的角色，负责向老中会议传达将军的敕命。为了削弱相权而重用秘书班底，进而使得秘书班底成为新的朝廷中枢，这在中国历史上不乏其例，纲吉将军所为，其实也是很正常的事情吧。

纲吉首先重用的侧用人是牧野成贞，此人本是纲吉将军继位前，还在当上野馆林藩主时代的家老，后受封下总关宿藩。然而牧野成贞的地位很快就被柳泽吉保所取代。柳泽氏源出甲斐国武田氏一门的一条氏，与土屋氏并为受到德川家重用而成为近世大名的武田遗臣代表。柳泽吉保本名房安、保明等，原本也是馆林藩臣，纲吉继承幕府将军之位后成为幕臣，他人生的巅峰乃是受将军赐予偏讳改名吉保，受封甲府城和骏河等地十五万石封地，并获赐大老格（身份等同于大老）。

纲吉将军晚年耽于享乐，疏忽国事，而把政务全都委托给了柳泽吉保，因而幕府的种种恶政，最终全都被记在吉保头上，他遂成为后世传说中江户幕府时期的第一大奸臣。

再说回德川纲吉将军，传说他受其母桂昌院的影响，笃信佛教，还采纳僧正隆光的建议，特别颁发了《生类怜悯令》，禁止百姓杀伤动物，尤其是要保护狗。纲吉把全江户的野狗全都集中起来饲养，数量据说达到十万头，发现有百姓伤害到这些野狗的，轻则坐牢，重则流放。因此百姓们都在背地里蔑称纲吉为"犬公方"，也就是狗将军。水户黄门德川光国为了劝谏这种恶政，特意宰杀了十条狗，剥下狗皮来献给纲吉，诡称这是护身符。纲吉虽然不敢处罚光国，但他仍旧我行我素，行为并没有丝毫的收敛。

幕府财政急剧恶化，勘定吟味役荻原重秀遂建议改铸货币——其实就是用劣质货币来聚敛财富。元禄金、元禄银的品质因而大幅度下降，导致富裕阶层纷纷收藏旧币，造成了市场的极大混乱。可以说，这次货币改革是根本失败的，幕府的权威从此江河日下，一步步走向灭亡……

享保的改革和饥荒

且说元禄乃是东山天皇的年号，元禄十七年改元宝永，宝永六年（公元1709年）元月，五代将军德川纲吉去世，因为并无子嗣，乃收其侄德川纲丰（甲府藩主德川纲重长男）为养子，赐以将军家世袭的"家"字，改名为德川家宣，继任为第六代幕府将军。

德川家宣刚一上台，就对幕府人事进行了一场大清洗，罢免奸佞柳泽吉保，以及侧用人松平辉贞和松平忠周，疏远世代担任大学头、掌控幕府思想统治的林氏。但是家宣将军并没有把权柄交还给老中会议，他也有自家的亲信要用，那就是从甲府带过来的侧用人间部诠房和儒者新井白石。

间部诠房是甲州藩臣西田清贞之子，少年时代就拜在著名的猿乐师喜多七太夫门下，也就是说，出身是个"戏子"。然而这位戏子却被家宣看中，编入幕臣行列，还授予从五位下越前守的官位，进而就任若年寄，加老中格。

新井白石是朱子学者木下顺庵的弟子，本身在幕府内部并无职位，算是将军的高级顾问。这二位受到家宣将军重用伊始，便怂恿将军废黜了怨声载道的《生类怜悯令》，并且对幕政进行大刀阔斧的改革。朝野上下的面貌由此焕然一新，大家都希望家宣将军可以迎来一个新的盛世，然而这位将军在位仅仅三年就去世了，享年五十一岁。

家宣将军的继承人德川家继就任征夷大将军的时候年仅四岁，在位四年而殁，他的统治时期，幕府大权仍然掌握在间部诠房和新井白石的手中。白石整顿幕府财政，改铸成色好的新币，改善天皇朝廷和幕府之间的关系，使幕府统治重新稳定下来——是为"正德之治"。但是白石虽然被守旧派恨之入骨，称之为"鬼"，其实他的改革也并无新意可言，只是恪守于儒家的传统道德，合理主义气味过于浓厚，很多措施只是头疼医头，脚疼医脚，并不能从根本上缓解社会各阶层的矛盾。

德川家继的去世，使得二代将军秀忠所传下来的血统彻底断绝。按照秀忠在世时的规定，将军家一旦绝嗣，则由御三家之一入继宗家，御三家的笔头乃是尾张藩，因此德川家宣的侧室、家继将军的生母月光院就推举尾张藩主德川继友为下任将军的人选。

然而此议遭到了德川家宣的正室天英院的坚决反对，据说这两个女人在内宫争权夺利，矛盾很深，而既然月光院首先提出以德川继友继承将军家，则天英院就反其道而行之，抬出来纪伊藩主、"南海之龙"德川赖宣的孙子德川吉宗。

德川吉宗很可能是个私生子，身份并不高贵，然而巧在前面三个哥哥全都很年轻就去世了，吉宗因此一步登天，继承了纪伊和歌山藩。据说此人身高超过一米八零，体格健壮，活泼好动，还在当藩主的时候，就非常关心百姓的生活，经常出入田间地头，直接处理农民之间的矛盾和纠纷。在他节俭的生活、勤勉的理政和灵活的手腕统治下，原本财政濒临崩溃的纪伊藩经过整顿，逐渐重现勃勃生机。正因如此，德川吉宗在当时的幕府群藩中名声最为响亮，所以天英院便以选贤为名义，扛出吉宗来与月光院争权。

最终的胜利者是天英院，以及他所支持的德川吉宗。且说德川家继在正德六年（公元1716年）四月三十日去世，德川吉宗装模作样地三次上书推辞，直到八月十三日才正式接任征夷大将军之位。

要说吉宗接到手的，绝对是一个烂摊子，政局从五代纲吉统治后期开始腐朽，虽经新井白石等人东贴西补，却依旧满目疮痍。在政治上，多年来依靠将军的宠信而实际掌握幕权是一些"侧用人"，他们本是幕府将军用来制约老中的亲信秘书，逐渐却变成了凌驾于老中之上的实权人物，并且反过来限制将军本身的权力。在经济上，浮华奢侈的民风使得整个社会都消费过度，同时各地大量涌现因为投资农业工程而得以征收佃租的"新田地主"，以及因向农民发放高利贷而得以控制部分土地的"典地地主"，幕府和各藩原本直接向本百姓（自耕农）征收年贡，就此被这些新兴地主从中间横插了一刀，对于农民来说，负担更为沉重，对于幕府和诸藩来说，赋税越收越少，财政状况捉襟见肘。

基于这种社会现状，德川吉宗一上台就立刻展开了一系列改革措施。在政治上，他贬退了家宣、家继时代掌权的侧用人间部诠房，以及担任顾问的新井白石,把权力收归将军本人。在经济上,他提倡俭朴,斥责怠惰,推广农业科技,重建了幕府的财政基础。

值得一提的是,协助德川吉宗完成一系列改革措施的有一位名臣,名叫大冈荣五郎忠相,官至从五位越前守,通称大冈越前。此公原为负责伊势、志摩地区治安的山田奉行,其后被吉宗将军提拔为普请奉行(主管工程建设),又升为江户町奉行,也就相当于是首都的市长兼警察局长兼高院法官。大冈越前断案如神,从不徇私枉法,他还协助吉宗将军完成了法典《公事方御定书》,也被日本人看作是如同中国包青天一般的人物,关于他的民间传说很多。

德川吉宗非常崇拜先祖家康,认为家康时代幕府行政效率最高,其后因为儒臣掌权才使得武士的面貌变得日渐柔弱。为此他整顿军备,排除"家禄"(以俸禄来确定旗本家族的高低)因素,不拘一格地提拔人才。"一切都照权现大人(指德川家康)在世时候的制度来办"成为了德川吉宗的口头禅。

然而德川吉宗虽然设置了"目安箱",鼓励平民直接向将军上书言事,摆出一副亲民的架式,其政策却未必能给中下层民众带来什么好处。在鼓励生产的同时,他也多次加增年贡,为了充实幕府财政而拼命压榨百姓。吉宗时代的勘定奉行(即勘定吟味役)神尾春央就曾说过:"农民像芝麻,越榨越出油。"在他们的压榨下,享保十七年(公元1732年)关西地区闹起了大饥荒,一揆纷起,由此引发的城市粮价变动,又使得江户城内的贫民们也纷纷揭竿造反。德川吉宗为了赈济灾荒、稳定粮价而伤透了脑筋，遂被戏称为"米之公方"。

——"享保大饥馑"，和三代将军家光时期的"宽永大饥馑"，十一代将军家齐时期的"天明大饥馑"，以及家齐和十二代将军家庆时期的"天保大饥馑"，并称为江户时代的"四大饥馑"。

说到了，德川吉宗的"享保改革"虽然使得江户幕府暂时度过了财政危机，能够继续苟延残喘下去，却无法从根本上改变政局下滑的态势。

水清难养鱼，浑浊堪怀念

德川吉宗在延享二年（公元1745年）九月号称隐居，让位给长子德川家重，一个身体羸弱、口齿不清，被百姓嘲笑为"尿床公方"的家伙。为了让纪伊家可以世代盘踞将军宝座，吉宗还分封了儿子宗武、宗尹和孙子重好，成立田安、一桥和清水三个家族，并称"御三卿"，规定御三卿虽然地位较御三家为低，将军继承顺位却在御三家之前。

退位六年后，吉宗去世。老子一死，"尿床公方"开始彻底胡来，重新信用侧用人，大冈忠光、田沼意次等人陆续当权。且说这位田沼意次，本来是纪州藩的下级武士，他跟随德川吉宗来到江户，一路攀升，俸禄从六百俵增加到一万石，担任世子家重的小姓，并在家重亲政后成为侧用人。

家重将军在宝历十年（公元1760年）传位给儿子德川家治，家治将军格外宠信田沼意次，安永元年（公元1772年）竟然把他破格提拔为老中。从此田沼意次大权在握，开始按照自己的理想改革幕政。

田沼意次当权的时代被称为"田沼时代"，而意次本人则被称为是异端的政治家。异端在哪里呢？原来此公改变了重农轻商的传统政策，给予大商业资本特权，大力发展贸易，希望通过经商可以挽救幕府的财政危机。从后世的眼光来看，田沼意次的政策是具有一定进步性的，但这种政策也直接造成了豪商的越来越富和小民百姓尤其是农民的越来越穷，加上前面提到过的"天明大饥馑"的爆发，遂使得田沼政治搞得是天怒人怨。

天明四年（公元1784年），田沼意次的儿子、担任若年寄的田沼意知在江户城中被刺，凶手乃是和意知存有私怨的旗本佐野政言。百姓们闻知此事，无不欢声雷动，颂扬政言为"世直大明神"，意为救世之神——田沼氏之不得民心，由此可见一斑。

天明六年（公元1786年），家治将军去世，因为他的两个儿子都已先后夭折，没有后嗣，就按照祖父吉宗所定下来的规矩，收一桥家第二代当主德川治济的长男丰千代为养子，传以将军之位。丰千代就是第十一代幕府将军德川家齐，继位时年仅十五岁。

家治将军的去世，使得田沼意次失去了靠山，他很快就被保守派赶下了台。保守派的首脑乃是白河藩主松平越中守定信，定信担任老中以后，全盘推翻田沼政治，进行了新一轮的改革，是为"宽政改革"。

田沼意次一副奸臣嘴脸，松平定信可是堂堂忠臣，又是八代将军吉宗的嫡亲孙子，然而两人的政策前后对比，松平定信恐怕比田沼意次更为莫名其妙，更为不堪。且说定信恢复以农为本的传统政治，大力压制豪商，但所造成的结果是金融混乱，生活在城市中的旗本和御家人就连赊贷都找不到门路，很多直接破产沦落为城市贫民。

松平定信还实行"宽政异学之禁"，称朱子学为"正学"，把其他各门学派都打成"异学"，禁止在幕府的公立学问所中讲授，其中对后世影响最大的乃是对"兰学"的压制。

所谓"兰学"，就是传自荷兰的西洋学问，最早引进日本并为人们所重视的乃是西洋医学。其后新井白石写了《西洋纪闻》一书，开学习西洋之先河。德川吉宗将军曾经指派银匠出身的数学家、天文学家中根元圭修订历法，元圭在阅读了一些被查没的禁书以后，进谏吉宗将军，说如果继续禁止从中国输入翻译书籍，将使修历工作无法完成。吉宗将军接受了中根元圭的建议，宣布不管是从中国输入的译书，还是从荷兰输入的原作，只要不明着宣扬天主教义，全都允许传播。这道政令促使"兰学"正式形成。

"兰学"在"享保大饥馑"期间曾经发挥过重要作用——兰学家青木昆阳于小石川的药园中试种番薯，获得成功，于是写出了著名的《蕃薯考》一书，一定程度上缓解了灾荒，遂被百姓尊称为"甘薯（番薯）先生"。

到了德川家齐在位的时代，有一位名叫林子平的幕臣提出，世界的趋势乃是发展海军，巩固国防进而向外扩张，他写了《海国兵谈》一书，请求幕府引进新式武器，重新整备军队。然而偏巧林子平就碰上了松平定信当政，定信严禁"异学"，下令没收了《海国兵谈》的雕版，还把林子平禁锢起来。林子平愤然作歌道："无双亲，无妻子，无儿女，无木版，无钱，也无死的念头……"从此自称"六无斋"。

由上可知，松平定信的统治对日本的损害更甚于田沼意次，当时民间就有这样一首讽刺歌谣，说："白河（指白河藩主松平定信）水清难养鱼，田沼浑浊堪怀念。"这正是幕府执政者一代不如一代的真实写照……

且说德川家齐将军继位的时候年龄尚幼，等他成年亲政以后，开始对到处指手画脚的松平定信产生了严重的信任危机。到了宽政五年（公元1793年），家齐将军突然提出要给自己的亲老子德川治济上尊号，称为"大御所"，然而这个尊号从来都只授予退位的将军，所以松平定信坚决反对，于是德川治济和家齐将军父子联手，迫使定信辞职归藩。

松平定信下台以后，幕府对于"异学"的钳制有所放松，兰学就此蓬勃发展起来。到了公元19世纪，兰学逐渐分化为两个派别，一派称作"下町组"，只把目光限制在科技方面而忽视或者不如说故意回避对西洋社会制度的研究，另一派称为"山手组"，对于西方的科学技术、哲学思想、社会制度等等各方面都抱有极大的研究兴趣。

天保九年（公元1838年），著名兰学者、医生绪方洪庵在大坂创办了兰学堂"适塾"，先后教授了三千多名弟子，这些弟子中有几个人的名字将会响彻整个日本，比如福泽谕吉、桥本左内、大村益次郎、大鸟圭介等等。当然，这时候不会有人想到，在这批医学生中，竟然会出现敲响德川幕府丧钟的人物……

大盐不死

德川家齐担任征夷大将军，松平定信当首席老中的时候，幕府统治已经彻底腐朽，各地暴动和起义不断，其中最著名的就是大盐平八郎领导的大坂"米骚动"。

大盐平八郎乃是江户时代著名的阳明学者，他曾经继承祖父的职位，当过大坂东町奉行所的与力（辅佐奉行的小官吏），后来退隐归家，创办名为"洗心洞"的学塾，开课授徒，影响很大。对于幕府的腐朽统治，平八郎深为痛心，希望通过教育来传播爱民的思想，从而扭转时局。他曾经作诗赞扬农民道："女织男耕淳朴深，城中妖俗未相侵。若加文教溯三代，不可使知岂圣心。"

文政十三年（公元1830年）七月，京都地区爆发了大地震，淀川泛滥成灾，就此引发了持续数年的大饥荒。到了天保七年（公元1836年），灾情更为严重，连向来繁华的大坂城中也饥民遍地，几乎每天都有人饿死。大坂町奉行虽然想尽方法赈济饥民，稳定局势，然而却收效甚微，豪商们也趁此机会囤积居奇，不肯把粮食低价投放市场。

大盐平八郎看到如此人间惨剧，心生怜悯之情，于是变卖了家中藏书，所得黄金六百二十两全部分给贫民。然而他的这一义举反而引起奉行所的警惕，指责平八郎违法赈济，想要收买民心，意图暴乱。平八郎愤怒之下，决定一不做，二不休，干脆起而造反，推翻无能的大坂町奉行所。

平八郎起草了一份檄文，让"洗心洞"的学生们送到城中贱民和近郊农民手中，说只要看到城内火起，便请立刻聚拢起来，一举杀掉东町奉行迹部良弼、西町奉行堀利坚等人，夺取大坂城的控制权，只有这样，大家伙儿才有活路。

本来议定的起义时间是二月十九日下午四时，然而大盐平八郎的弟子平山助次郎、吉见九部右卫门等人却于十七日晚间突然向东町奉行所告密，迫使起义时间提前到十九日清晨。当时平八郎在自家院中树起"救民"大旗，聚拢学生、城市贫民和近郊农民五六百人，捣毁了很多与力、同心（也是奉行下属的小官吏）以及豪商的宅邸，所查抄出来的粮食全都沿途散发。然而因为事起仓促，大坂近郊农民中得到消息的人并不是很多，致使起义人数无法进一步扩充，终于在下午四时被奉行所的军队击败。起义群众死伤惨重，大盐平八郎在逃亡躲藏四十天后也终于被迫纵火自焚。

民间到处都谣传平八郎并没有死，而是逃往了伊豆韭山或者别的什么地方，甚至还有人说他途经九州，乘坐美国船逃到大陆去了。就连幕府中也出现了"三月末得于火中者，非真尸也"之类的说法，著名兰学家、田原藩士渡边华山还担忧，如果大盐真的逃往国外，则"外患"与"内乱"相结合，国家从此就不得太平了。

相对于武士们的恐惧和担忧，小民百姓却始终尊敬和缅怀大盐平八郎，"大盐不死"的说法广为流传。很快的，民间就出现了歌颂平八郎事迹的戏剧，只不过把背景改为足利幕府统治时期，主人公的名字也换成"小盐贞八"。小盐贞八为民请命，搞得愚蠢的豪商和町奉行狼狈不堪，丑态百出——大盐、小盐，这影射再明显不过了。

大坂"米骚动"并非"天保大饥馑"中平民百姓对幕府的唯一反抗举动，就在大盐平八郎自杀后不久，备后三原、越后柏崎，以及摄津能势、川边、丰岛等地也先后爆发起义，首脑都自称乃是"洗心洞"的学生，高举着大盐的旗号。就在如此风雨飘摇的局势中，德川家齐将军忧虑退位，把征夷大将军的宝座让给了儿子敏次郎，也就是第十二代幕府将军德川家庆。

天保十二年（公元1841年），"大御所"德川家齐去世，家庆将军得以亲政，重用老中水野忠邦，开始了"天保改革"。这位水野老中的思路和当年的松平定信几乎毫无二致，所使用的手段也不外乎提倡节俭、鼓励耕种，同时限制商业活动而已。唯一的新花样是颁布"人返法"，禁止农村人口流入城市，甚至把城市贫民都往农村赶。

如此想当然并且悖逆时势的改革措施，当然会以失败而告终。首先，发布"俭约令"，提倡节俭的生活作风，就让包括家庆将军在内的很多特权人物感到不快，既得不到这些特权人物的支持，又得不到小民百姓的拥护，最终水野忠邦只好黯然下台，"天保改革"也彻底失败了——这是江户幕府想要挽救衰亡命运的最后一次大挣扎。

然而，相对于幕府改革的失败，很多藩却从中汲取经验教训，开始一系列更符合实际情况的改革措施，获得了部分成功，从而逐渐壮大起来，并最终成为幕府政权倒台的掘墓人。

三大御家骚动

如前所述，三代将军德川家光在位的时候爆发了"宽永大饥馑"，家光将军一方面加紧搜刮各地大名，以维持天领的经济不彻底崩溃，另一方面也因此而被迫放松了对诸侯的监视和钳制。等到四代将军德川家纲继位以后，保科正之等辅弼重臣鉴于局势动荡、将军年幼，而完善了重臣合议的统治架构，同时进一步放松对各藩的掌控。

各藩一方面终于得到了一定的喘息机会，另一方面也是受到幕府影响，亦陆续展开了政治、经济改革。首先是家臣的封地被纷纷收回，很多藩都凝聚为以藩主为中心的完全整体，家臣只领俸禄，逐渐转化为封建官吏；其次，世代重臣的势力受到削弱，藩主往往提拔中下级武士作为自己的辅佐者，无形中反而增强了藩中实力。

而就在此新旧交替之际，一种被称为"御家骚动"的现象屡屡发生。所谓"御家骚动"，是指各藩因继承人问题或内部的争权夺利而引发的动乱，这一词汇一直沿用到现代，用以指代企业或家族内部的纷争。其实前文所述的大久保长安死后家中动乱，以及柳川调信状告家主宗义成，就都属于"御家骚动"的范畴，但在江户时代，规模最大、影响最深的还得算是"三大御家骚动"。

——这就好比"春秋五霸"其实不仅有五个候选者，不同的归纳记载引入不同的事件，故此所谓"三大"其实却有四次，即"黑田骚动"、"伊达骚动""加贺骚动"、和"仙石骚动"。

首先是"黑田骚动"，又名"栗山大膳事件"。且说黑田长政因为党同德川家康，打赢了关原合战，遂被授予以筑前福冈地区为中心的五十二万三千余石领地，成为本国持大名家。元和九年（公元1623年），长政去世，传位给长子黑田忠之。然而长政在世的时候，便对忠之深感不满，认为他器量狭窄、性格粗暴，曾一度想要废长立幼，只因遭到家臣们的普遍反对而被迫作罢。临终之时，长政忧心忡忡，唤来忠之的"后见役"栗田大膳，要他好好地约束和教导忠之，避免家中生乱。

栗山大膳本名利章，其父栗山四郎右卫门利安乃是黑田如水时代的笔头家老，民间传说中被列为"黑田八虎"或"黑田二十四骑"之一。且说黑田忠之继位以后，日益疏远栗山大膳等老臣，却宠爱小姓仓八十太夫正俊，引发了大膳对忠之和正俊的极大不满。矛盾最终激化，栗山大膳向幕府密告，说黑田忠之整军经武，似有不轨的企图——距离黑田长政去世，仅仅只有几个月的时间而已。

黑田家就此陷入几乎要被幕府改易的危机之中，黑田忠之急忙上书为自己辩解，称栗山大膳得了疯病，其言绝不可信。其实大膳倒未必真想毁掉黑田家，他只是想把忠之赶下台，换一个比较听话的主子而已——从"黑田八虎"、"黑田二十四骑"之首将井上九郎右卫门之房也站在他一边来看，这分明是谱代旧臣和新用侧近之间争夺权势的斗争。

好在幕府最终并没有改易黑田家，家光将军裁定，将争执双方全都处以流放之刑——栗山大膳被赶去了陆奥国盛冈藩，最后就死在那里；仓八正俊则被流放高野山，后因参加镇压"岛原之乱"有功而获得赦免，得以复归。

再说"伊达骚动",又名"宽文事件",源于仙台藩始祖伊达政宗之孙纲宗在继位后行为放荡、酗酒奢靡,导致老中酒井忠清提议分割仙台藩。惶急之下,仙台藩臣联手逼迫纲宗下台,让位给他年仅两岁的幼子龟千代。因为龟千代年幼,家中权柄都操纵在一门众伊达宗胜(伊达政宗的十男)手中,分支涌谷伊达氏的当主伊达安艺(宗重)深感不满,于是向幕府提起诉讼。

就在老中酒井忠清将相关人等全都召往江户,调查此事的过程中,因为伊达宗胜借口年老而不肯从行,派遣奉行原田甲斐(宗辅)代替自己前往,而甲斐竟然突入伊达安艺的宅邸,将之斩杀。如此恶行彻底触怒了幕府,仙台藩亦陷入改易的危机。不过最终幕府还是把板子高高举起,轻轻放下,只是放逐了伊达宗胜,并且勒令处死原田甲斐一门,庞大的仙台藩伊达家仍然得以存留。

"加贺骚动"发生在第八代幕府将军德川吉宗在位之时。且说加贺前田藩百万石的家业,在幕府的压榨下只有比普通小藩生存得更为艰难,财政几度濒临破产,因此第六代藩主前田吉德便任命出身低微的大槻传藏为侧用人,进行藩政改革,此举触怒了以前田直躬为首的守旧派,双方争斗不休。延享二年(公元1745年),前田吉德病死,传位给长子宗辰,从来一朝天子一朝臣,宗辰立刻找借口罢免了大槻传藏。

前田宗辰在位仅仅一年半也去世了,把藩主之位传给了异母兄弟前田重熙,重熙下令,将大槻传藏流放去了越中五个山。时隔不久,据说便发生了重熙和净珠院(前田宗辰的生母)险些遭到毒害的事件,经过调查，疑点集中在女官浅尾身上，并且通过审讯浅尾，供出了前田吉德的侧室（宗辰和重熙的庶母）真如院与大槻传藏私通，欲图谋害藩主的阴谋。最终真如院和浅尾被处死，大槻传藏则在流放地被迫自杀。

民间传说中，揭穿这一阴谋的正是忠臣前田直躬——不过此案疑点甚多，现在普遍认为，是前田直躬等守旧派设下圈套，才得以将大槻传藏的革新势力彻底扫清的。

最后是"仙石骚动"，发生在江户幕府晚期，第十一代将军德川家齐在位期间，骚动的主体乃是但马国出石藩。出石藩初代藩主为小出秀政，其妻为丰臣秀吉生母大政所之妹，在"关原合战"中归属西军，曾经参加过对细川家田边城的进攻，但其次子秀家却党同东军，立下功勋，因而战后所领六万石得以安堵。元禄九年（公元1696年），出石小出氏因断嗣而遭改易，翌年松平周忠被从武藏国岩槻城移封至此。宝永三年（公元1706年），周忠与信浓国上田藩主仙石政明所领交换，出石藩就此成为仙石家的领地。

仙石家的始祖乃是丰臣秀吉爱将仙石秀久，三传而至政明，入居出石，再五传而至仙石政美，因为藩政拮据，而委托一门众笔头家老仙石左京（久寿）进行财政改革。左京主张开源，政策倾向于重商主义，与主张节流的仙石造酒（久恒）爆发激烈冲突，并最终被造酒派赶下了台。

文政七年（公元1824年），年仅二十八岁的藩主仙石政美去世，并无子嗣，于是由隐居在江户的前代藩主仙石久道主持重臣会议，商讨继承人选，最终在造酒派的推举下，决定由久道第十二子仙石利久继位。造酒派就此彻底掌控了藩政，但他们保守的经济政策根本无法缓解藩内财政危机，不仅如此，反倒因为内部的争权夺势而酿成了多次骚乱。仙石左京趁机卷土重来，以幕府笔头老中松平康任为其后台（左京之子娶了康任的侄女为妻），开始大肆扫荡造酒派。

造酒派先是通过仙石久道的正室夫人常真院，把状告到了久道那儿，继而常真院又跑回娘家——播磨姬路藩——向藩主酒井忠学求告（常真院是姬路藩酒井氏初代藩主忠恭之女，而忠学则是第五代藩主、忠恭的玄孙）。这位酒井忠学的背景可不一般，酒井家本就是幕府谱代重臣，忠学又迎娶了家齐将军第二十五女喜代姬为正室夫人，于是在酒井忠学和觊觎首席地位的老中水野忠邦努力下，最终幕府直接插手出石藩的骚动，判处仙石左京"狱门"（枭首示众）之刑——松平康任也被迫退位隐居。

前面所述三次骚动，面对国持大名，幕府不能不慎重处理，虽然处罚了相关责任人，却并没有严惩藩族本身。对于小小的出石藩就没那么客气了，五万八千石的封地直接削减一大半，只剩下二万八千石。

从上杉到岛津

诸藩的改革，一方面是受幕府压榨，陆续陷入财政危机，面临破产的窘境，受形势所逼不得不加以改变，另方面也是吸收了幕府失败改革的教训，少走了很多弯路。而且不管怎么说，船小好掉头，这一优势，是庞大而腐朽的德川氏幕府所无法比拟的。

最成功的改革者，首先便是米泽藩第九代藩主上杉鹰山。且说上杉氏在关原之战后，百余万石的领地被削减为三十万石，后又减为十五万石，但忠勇的上杉武士们并没有一哄而散，大多选择留下来与藩主共度时艰——其实这不是一件好事，米泽藩从一开始，就背上了这个沉重的大包袱。和平时期，一般情况下每万石可召养武士、杂兵二百名，也就是说十五万石撑死了三千人，但上杉家却有六千家臣（还全是武士）需要养活……很快便负债达二十万两之巨！

上杉鹰山本是日向高锅藩主秋月种美的次男，因为他的外祖母出身上杉家族，本人也迎娶了米泽藩第八代藩主上杉重定之女为妻，遂以婿养子的身份继承了上杉家业，并受德川家治将军赐以偏讳，改名上杉治宪——出家后法号"鹰山"。

鹰山一直居住在江户城下，继位两年后才第一次返回米泽。出现在他面前的是个超级大烂摊子：养父上杉重定退位后便彻底撒手，诸事不理；须田、长尾、色部等战国时代遗留下来的谱代重臣们掌控藩政，横行霸道；财政濒临破产，全年赤字高达三万两；农民大多跑散，全藩人口仅仅十余万……当时米泽是全日本数一数二的穷藩，据说江户市民为了辟除新铁锅上的所谓"金气"，都要在锅底上贴上写有"米泽"二字的纸条，无他，因为米泽没有金也。

鹰山入藩后所做的第一件事，就是从自己做起，厉行节俭，把藩主一千五百两的在江户生活费用裁减到二百零九两，把侍奉的女官从五十人减少至九人。以此为榜样，要求全藩都勤俭为本，停止一切饮宴、酬酢，武士们每餐饮食只准一菜一汤。

其实对于这种穷困潦倒的家族,历代都会希望整顿藩政,缓解财政危机,就此必然产生革新派和保守派的对立——三大御家骚动,大多肇因于此。鹰山强力压制保守派,起用革新派的竹俣当纲、莅户善政等人主持藩政,就此引发了保守派的反攻——史称"七家骚动"。

这所谓的"七家",就是指七家藩中谱代重臣,包括奉行千坂对马、色部修理,江户家老须田伊豆,侍头长尾权四郎、清野内膳、芋川缝殿和平林藏人。他们向上杉鹰山提起"强诉",要求罢免竹俣当纲,停止新政,恢复所谓传统的"越后风"政治制度。

对于这些逆潮流而行的老顽固,鹰山毫不手软,当即回书加以驳斥,随即便勒令须田、芋川二人切腹谢罪,其余五人隐居或者蛰居(关禁闭),还把给这些人出主意的藩中儒生、医士藁科立泽斩首示众,并剥夺其武士身份。在横扫了守旧势力以后,改革得以继续推行——当然啦,仅仅厉行俭约,终究是无法填补偌大的财政窟窿的,节流的同时还必须开源才行,可是鹰山要从哪里去开源呢?

米泽地处东北,土地尚算肥沃,但是气候过于寒冷,即便再如何精耕细作,农作物产量终究有限。倘若鹰山跟随幕府老中松平定信的改革脚步,光把视线投在农业上,下场定然非常凄惨。好在幕府的改革失败,是曾长年留居江户的鹰山亲眼所见,他深切地体会到,仅靠发展农业生产是无法解决财政问题的。

因此他力排众议,在兴修水利、开垦荒田的同时,却并不扩大农作物耕作面积，反倒勒令百姓和武士们都要多种漆、桑、楮等经济作物，进而引进先进的工艺技术，大规模组织人力生产漆器和绢麻织品。此外，鹰山还鼓励生育、推广教育，经过多年持之以恒的努力，不但解决了财政危机，还使得米泽盆地人口繁盛，再度辉煌起来。

因此上杉鹰山就被称为米泽藩的"中兴之祖"，死后，在上杉神社中与始祖上杉谦信同享祭祀。

东方有上杉，而西方则有岛津。战国末期，这一古老家族骤然膨胀，兵锋所指，几乎统一整个九州地区，但随即就败给了丰臣秀吉的西海远征军，被迫龟缩回萨摩、大隅两国。岛津惟新斋（义弘）时代，还想趁着东西对立混水摸鱼，结果在关原大战中损失惨重，恓恓惶惶逃回本城鹿儿岛。德川家康勒令麾下诸侯讨伐岛津氏，惟新斋的儿子忠恒费尽心机才勉强保住领地不被改易。

从此，僻处日本最西南端的岛津氏就开始了在和平时代的艰难挣扎，所面对的最大敌人不是外患而是内忧。萨摩国土地贫瘠，社会结构也比他藩落后，存在大量亦农亦兵的所谓"乡士"（据说达到总人口的三分之一强），经过整个江户时代都没能真正完成兵农分离。那么多武士，哪怕是下级武士也想要领俸禄吃饭，但岛津氏除了打过一下琉球国外，又别无对外扩张的可能，就此搞得经济拮据，财政数度濒临破产。当然啦，这里面也有德川幕府的"功劳"，大名的"参觐交代"制度对距离江户越近的藩损害越小，越远的损害越大，最远的岛津氏当然吃的苦头最多了。

且说宝历三年（公元1753年），幕府下令岛津氏出钱出工治理木曾川，家老平田靭负扛下了这个重担，率领数千人前往浓尾地区去搞治水工程。在幕府所派遣的官吏的策划和监督下，萨摩人辛苦劳作，终于圆满地完成了任务，然而事后一算开销，却是个根本无法负担的天文数字。于是平田靭负引咎自杀，藩主岛津重年（久门）也于不久后忧愤而终。

继承岛津重年担任萨摩藩主的，乃是其子岛津重豪，重豪一继任就致力于刷新政治，并且制定诸项改革措施以缓解财政危机。因为这个时候再不下决心搞改革，岛津氏简直就要活不下去了，全藩对外输出粮食和物产，每年的收入是十五万两，可是所背负三都（大坂、京都、江户）豪商的借款竟然高达五百万两，年息超过二十五万两！当真是寅吃卯粮也根本无法偿还……

为了培养人才，革新政治，岛津重豪设立藩学进士馆和医学馆，瞒着幕府输入和研究兰学。他的努力很快就收到了效果，大群中下级武士成长起来并得到重用，为萨摩藩的复兴尽心竭力，起到了很大的推动作用——其中最负盛名的乃是调所广乡。

调所广乡在文政十年（公元1827年）出任大目付一职，基本上掌握了藩中实权，他随即就展开一系列改革措施。首先，广乡利用威逼的手段，迫使债权人同意取消年息，允许岛津氏在二百五十年内分期偿还五百万两的债务。其实这种赖息赖账的手段幕府也多次搞过，莫不造成严重的金融危机，只是调所广乡没有像幕府老中们那样专横霸道（以他的身份地位也专横不起来），他承诺让债权人中的三都豪商获得萨摩特产品的专卖权，同时允许债权人中的藩内商人可以继承武士的家业。这样又打又拉，终于暂时把所背负的庞大债务包袱给卸了下来。

赖息赖账的同时，调所广乡下令在萨摩南方地区大面积种植经济作物，由藩厅垄断砂糖的外卖，此外他还秘密增加通过琉球和中国的贸易额，逐步地重建了藩的财政。不过纸里终究是包不住火的，秘密贸易最终被幕府查知，幕府派人前来责问，为了避免连累藩主，广乡把责任全都揽在自己身上，慨然切腹自尽。

调所广乡虽然死了，秘密贸易虽然暂时不能再搞了，但萨摩藩却一直延续着广乡的诸多"殖产兴业"的政策，不但彻底摆脱了财政危机，还大量引进西洋先进武器，开始整顿军备，扩充实力，最终得以重新雄霸西海。

雄藩崛起和公武反目

萨摩有改革家调所广乡，相对地，长州则有村田清风。所谓长州，指的就是战国时代的安艺毛利氏，关原合战后，毛利氏的领土遭到大幅度削减，只剩下了周防、长门两国。然而因为此地扼守濑户内海的出海口，商品交易自古就很活跃，所以虽说是幕府历来打压的重要目标，虽说有大群家臣需要养活，过得多少还算比萨摩藩要富裕点儿。

为了提升经济实力，长州藩很早就开始对纸、蜡、蓝等特产品实行专卖制，因为藩吏经常强行低价收购农民的上述特产，并且控制商品流通，导致十九世纪初期藩内暴乱不断，尤其是天保八年（公元1837年），爆发了六万多农民参加,延续整整三个月的大暴动,农民们要求取消专卖权,降低年贡比例,并使商品流通自由化。长州藩主毛利敬亲受此压力,被迫起用俸禄五十石的中级武士村田清风主持藩政,展开全方位的改革。

村田清风曾在给毛利敬亲的上书《流弊改正意见》中,阐述了"肃正纲纪"、"启用人才"、"改革教育与兵制"、"刷新文武"、"振兴产业"五条原则。他上台以后,聘请豪商中野半左卫门、白石正一郎等人参与对商品流通的管理,大力发展对外贸易——其实类似手段田沼意知就曾经搞过,但在重商的同时深刻损害了中下级武士和平民的利益,村田清风又是怎么解决这个问题的呢?

原来清风在支持豪商的同时,为了救济贫困的中下级武士,宣布由藩厅分三十七年代其偿还一切债务,同时鼓励武士们勤修武艺和学问。对于城市贫民和农民,他放宽了对"长州四白"(米、盐、蜡、纸)的专卖限制,并且允许棉花和棉布自由流通,同时免除新垦荒地的年贡,作出了一定的让步。就这样,仅仅花费了五年的时间,原本长州藩高达八万五千贯的外债已经偿还过半,而藩内局势也逐渐稳定了下来。

村田清风在重建长州藩财政的同时,还大力培养和提拔有才能的中下级武士,提倡兰学,购入新式武器,强化了长州的军事力量。天保十四年(公元1843年),毛利敬亲在羽贺台举行大规模军事演习,出动总兵力达一万四千人,士气高涨,装备精良,引发了极大的轰动。

除萨摩、长州两藩外,土佐高知的山内藩、肥前佐贺的锅岛藩、常陆水户的御三家之一等等很多诸侯也都进行了大同小异的改革措施。天保年间以前，改革大多是由上至下的，幕府怎么改，各藩也就有样学样，幕府改革失败，各藩只有输得更惨。而在"宽政改革"之后，各藩看到幕府江河日下，于是另起炉灶，汲取教训，在自己领内实行了一系列真正行之有效的改革措施，相比这些藩的改革来说，幕府的"天保改革"就是一个大笑话。

成功的改革都有其共同点，那就是大力发展商业，重建藩厅的财政，同时提拔和重用中下级武士，靠拢豪商和富农，以这些人替代谱代重臣成为政府的核心力量。关西的很多诸侯因为重臣势力在太平年代逐渐衰弱，而使得这种改革虽未必一帆风顺，却也水到渠成，而关东很多诸侯，尤其是幕府的亲藩、谱代，却因为守旧势力过于强大而最终铩羽而归。比如前面提到过的水户藩，藩主德川齐昭素有"贤君"之称，但他力推的改革措施却逐一失败，毫无起色。

最终推翻江户幕府统治的，乃是号称"四强藩"的西南诸侯，也即萨摩岛津氏、长州毛利氏、土佐山内氏和肥前锅岛氏——如前所述，都是藩政改革比较成功的势力。然而没有一家势力拥有足够的力量可以取德川氏而自代之，也即新时代全日本的统治中心，不可能再是武家幕府，那么，就只有尝试着打起公家朝廷的旗号来了。

要说蜗居京都的天皇朝廷，在江户幕府时期的地位和基本状态，与室町幕府时期截然不同。室町时代，尤其是进入战国乱世以后，朝廷依旧主持着国家级的祭祀，权威有所残存，但经济来源几近于无——天皇被迫卖画为生，公卿到处依附诸侯做食客，宫女（多出公卿家庭）只好卖春……而在江户时代，如前所述，幕府给朝廷保留了一定的御料地，使得天皇家族和上位公卿衣食无忧，但同时，幕府一步步地剥夺了朝廷所有的权力，包括封赏官职的权力、统辖僧侣的权力，甚至于国家级的祭祀权。到了江户中后期，京都朝廷几乎就等同于不必"参觐交待"的普通诸侯了，所能维持的，也仅仅只有天皇家的族祭而已。

朱子学的传入，使得复兴天皇朝廷以制约幕府统治的思潮开始泛滥，最终导致了"公武反目"——保暖思淫欲，公卿百官们在吃穿不愁以后，就该琢磨着从幕府手中夺回自己"应有"的权柄了。

延享四年（公元1747年），樱町天皇让位给年仅七岁的太子遐仁亲王，也即桃园天皇，翌年改元宽延。这位樱町天皇，因为在幕府将军德川吉宗的默许下恢复了很多古老的朝廷仪式、祭礼，竟被誉称为"圣德太子再世"，朝廷也因此而似乎偷窥到了一线变天的曙光，中下级公卿开始互相串联，把全部希望都寄托在了新继位的桃园天皇身上。于是权大纳言德大寺公城就把尊王论者竹内式部推荐到了年幼的天皇身边，希望他能够把天皇教导为一代英主。

竹内式部大号敬持，乃是著名的朱子学者、神道家山崎暗斋的再传弟子。所谓"神道"，本是根源于日本原始神话的、为了对抗外来佛教才逐渐得以完善的本土宗教，但在中世几乎被佛教所彻底吞并。只是否极泰来，因为佛教势力过于膨胀——看看"南都北岭"和本愿寺的所作所为，便可窥其一斑了——招致了公武双方的不满，神道因此得以复兴。江户幕府时期，儒臣林罗山著有《神祇宝典》，提出神道即尧舜之道，就此又尝试着把儒教和神道结合为一。所以山崎暗斋既是朱子学者，又是神道家，那真是一点儿都不奇怪。暗斋提出"垂加神道"，称天照大御神为神道基本信仰，而号称天照子孙的天皇，则是全日本最尊贵的存在——说白了，他的思想核心就是"尊王"，故此德大寺公城才会希望接掌暗斋衣钵的竹内式部去好好教导小天皇。

然而朝廷内部的权力斗争，却使得德大寺和竹内的努力最终化为了泡影。且说当时摄关家对外仰幕府之鼻息，对内进行高压统治，引起了公卿百官的普遍不满，矛盾和斗争日趋激烈。宝历七年（公元1757年），关白一条道香悍然放逐了与之敌对的德大寺公城、正亲町三条公积、乌丸光胤等七名天皇近习公卿，同时向京都所司代控告竹内式部。京都所司代一调查，啥，这票人竟然妄图哄抬朝廷的权威，想要夺取幕府的权柄？于是扩大打击范围，下达了对十七名公卿的罢职、永蛰居（终身禁闭）、谨慎（归家反省）等处罚决定，宝历九年（公元1759年），正式放逐竹内式部——是为"宝历事件"，又称"竹内式部一件"。

朝廷内部的尊王派就此受到沉重打击，并且据说正因为处此动荡混乱局面当中，年轻的桃园天皇数年后即驾崩了，年仅二十二岁，其姐智子内亲王继位，是为后樱町天皇，登基两年后改元明和。明和四年（公元1767年），幕府又以大不敬的罪名，判处在江户的尊王论者山县大贰死刑，并将"宝历事件"中的漏网之鱼藤井右门（直明）处以磔刑——据说藤井右门前往投靠山县大贰，两人闲来无事，竟然谋划攻略江户城、推翻幕府的统治……

是为"明和事件"。受到牵连,竹内式部罪名加重,流放地改成了八丈岛(即宇喜多秀家的埋骨之地),结果走到半道上就咽了气。

然后宽政三年(公元1791年)又发生了"尊号一件",即指光格天皇欲图为生父典仁亲王加上天皇尊号,遭到幕府的强烈反对。这些事件都是幕府对朝廷中尊王派别的沉重打压,只是"野火烧不尽,春风吹又生",其结果只能是导致朝廷更进一步地离心离德。而恰巧就在这个时候,西洋列强也杀入了日本国内——波澜壮阔的幕末维新运动就此掀开了序幕。

番外篇

忠臣藏

"忠臣藏四十七义士"乃是日本家喻户晓的复仇故事,江户时期的竹田出云曾根据真实事件创作了歌舞伎剧本《假名范本忠臣藏》,一直流传至今,此外数百年来相关的文学和影视作品更是无可计数。人们普遍认为"四十七义士"为主家复仇乃是武士精神的鲜明体现,对他们无不抱持着深刻的崇敬和缅怀之情。那么,事件的前因后果究竟是怎样的呢?

故事开始于江户中期的元禄十四年(公元1701年)三月,东山天皇的敕使来到江户,第五代幕府将军德川纲吉就派赤穗藩主浅野内匠头长矩和吉田藩主伊达左京亮村丰担当接待工作,为怕这两名来自乡下的大名失礼,幕府同时派遣吉良上野介义央前往指点。传说吉良义央索贿不成,就百般刁难浅野长矩,甚至故意教导错误的礼节,使长矩在众人面前丢了丑。十四日早晨,再也忍无可忍的浅野长矩突然拔出腰佩的短刀向吉良义央头上砍去,幸亏被众人及时按住,义央只是受了点轻伤。

事件发生后，纲吉将军怒发如狂，立即派人彻查此事。按照幕府的一贯规定，引发事端的双方都应受到惩处，是为"喧哗两成败"，然而最终幕府却偏袒吉良义央，只是勒令其归家"谨慎"，对于浅野长矩却给予了切腹、改易的最严厉惩罚。

幕府兵马随即开到了赤穗藩，深为家主所受不公待遇而愤怒感慨的赤穗藩士纷起鼓噪，要和幕府军开战，然而笔头家老大石内藏助良雄却采取恭顺态度，约束部下，检点财物后便主动打开了城门。事后，包括大石良雄在内的赤穗藩士全都变成了浪人，被迫流亡各地。

大石良雄暗中联络有志复仇的同僚四十六人，最终在元禄十五年（公元1702年）率领这些人潜入江户城。十二月十五日午夜，他们趁着大雪纷飞，城内各处防备松懈之机突入吉良义央的宅邸，连杀数人，并最终砍下了义央的首级，为主家报了仇。事后，四十七义士将仇人首级供奉在浅野长矩的坟头，然后在幕府派来的追捕人马面前束手就缚。经过审讯，到了第二年，幕府勒令他们集体切腹——据说只有一个叫寺坂右卫门的侥幸存活了下来。

表面上来看，这是一个感动人心的脉络清晰的复仇故事，然而仔细研究，却有很多不可解之处。首先就是浅野长矩为何要突然向吉良义央挥刀，真的是因为遭到了戏弄吗？战国时代已经结束很久了，各地藩主早都变成了匍匐在幕府脚下的温顺小猫，他为何还有这等血气之勇，为何毫不考虑可能产生的严重后果呢？

德川纲吉的统治时代，是江户幕府由盛转衰的转折点，幕府财政捉襟见肘，被迫加大压榨百姓和诸侯的力度。本身浅野长矩等人所担当的工作就不是一桩美差，相关费用全都摊在接待人头上，幕府不出一分一毫，却又诸般挑剔。浅野长矩应该是在幕府的重压而非吉良义央的戏弄下才会精神失常，拔刀向人的吧。他之所以袭击吉良义央，恐怕目标并非义央本人，而是义央在此接待过程中所代表的幕府的权威。

或许正因如此，纲吉将军才会大怒如狂，轻饶了义央，却一定要严惩长矩。据说目付多门传太郎就曾经进谏说，按照旧例，对义央的处分不该如此之轻，对长矩的惩罚也不该如此之重，然而掌权的侧用人柳泽吉保却以将军之命不可更改为由拒绝了。柳泽吉保一惯豪奢受贿，倾轧同僚，或许他是从义央身上看了自己的影子，所以定要置长矩于死地而后快吧。

事件的第二个疑点，是从赤穗藩被改易到吉良义央被杀，中间相隔了整整一年半的时间，一个简单的复仇计划需要谋划那么长时间吗？事实上，大石良雄在离开赤穗以后，曾经到处拉人情，托关系，向幕府求情，要求恢复赤穗藩，但在柳泽吉保用事的背景下，他的种种努力全都化为了泡影，这才灰心失望，被迫铤而走险的。

在幕府和各藩都陷于严重财政危机的当时，除非名震天下的人物，浪人是没有多少机会出仕的。原本都是靠俸禄吃饭的赤穗藩士，主家被改易后变为浪人，根本毫无谋生的手段。如大石良雄之辈还能靠着一点点积蓄过活，中下级藩士则只有死路一条。与其饿死，不如复仇而死，让名声传遍天下——这才是所谓"四十七义士"最直接的想法吧，不必把他们过于高尚化。

事实上，在幕府统治下，经常有诸侯遭到改易，有很多武士变成浪人，凄惨度日，"忠臣藏"的故事只是比较鲜明的时代反映而已。

年表

年号	具体年份	幕府将军	事件
承应	1652年	德川家纲	幕府将"御三家"作为将军的候补；"承应之变"
明应	1657年		江户城发生火灾（明应大火）；德川光国开始编纂《大日本史》
万治	1658年		在江户城内设置"火消"（消防组）
	1660年		"伊达骚动"
宽文	1661年		京都大火灾，御所烧失
	1663年		改定《武家诸法度》
	1666年		酒井忠清就任老中

续 表

年号	具体年份	幕府将军	事件
宽文	1671年	德川家纲	"伊达骚动"终结
延宝	1676年	德川家纲	长崎代官末次平藏因走私贸易罪遭流放
	1677年		美浓郡上爆发一揆
	1680年		德川家纲殁,德川纲吉继任幕府将军;酒井忠清被罢免
天和	1683年		改定《武家诸法度》;对马藩与朝鲜签订《癸亥条约》
	1684年		大老堀田正俊遭到若年寄稻叶正休的刺杀
贞享	1685年		儒学者、兵法家山鹿素行殁
	1687年		颁布《生类怜悯令》;再次颁布《田畑永代买卖禁止令》
元禄	1688年	德川纲吉	柳泽吉保成为侧用人
	1693年		小说家、诗人井原西鹤殁;新井白石成为甲府藩主德川纲丰的侍讲
	1694年		俳人松尾芭蕉殁
	1695年		开始元禄货币改铸
	1699年		幕府开始修缮历代天皇陵寝
	1700年		德川光国殁
	1701年		浅野长矩袭击吉良义央,赤穗藩遭到改易
	1702年		浅野旧臣袭杀吉良义央(忠臣藏)
	1703年		大石良雄等被判切腹;关东大地震(元禄大地震)
宝永	1704年		德川纲吉收德川纲丰为养子,改名德川家宣
	1707年		富士山火山爆发,"宝永大地震"
	1709年	德川家宣	德川纲吉殁,德川家宣继任为幕府将军;废止《生类怜悯令》
	1710年		新井白石起草《武家诸法度》
正德	1712年		德川家宣殁
	1713年	德川家继	德川家继就任幕府将军
享保	1716年	德川吉宗	德川家继殁,新井白石被罢免;德川吉宗继任幕府将军
	1717年		大冈忠相就任町奉行
	1721年		幕府调查各国耕地面积;设置"目安箱",不问身份,皆可向将军投递意见书
	1724年		戏剧家近松门左卫门殁
	1725年		新井白石殁
	1728年		儒学家荻生徂徕殁
	1730年		"御三卿"之田安家创设
	1732年		"享保大饥馑"爆发
	1735年		青木昆阳完成《蕃薯考》
元文	1740年		"御三卿"之一桥家创设
宽保	1742年		幕府制定基本法典——《公事方御定书》

续表

年号	具体年份	幕府将军	事件
延享	1744年	德川吉宗	编纂法令集《御触书宽保集成》
	1745年		德川吉宗退位,德川家重继任为幕府将军
	1746年		"加贺骚动"
宽延	1749年	德川家重	"姬路藩宽延一揆"爆发
宝历	1751年		德川吉宗殁;大冈忠相殁
	1754年		医学者山胁东洋开始死尸解剖;"宝历郡上一揆"
	1755年		萨摩藩受命改修木曾川水利设施(宝历治水)
	1758年		"竹内式部一件"(宝历事件)
	1760年		德川家重退位,德川家治继任为幕府将军
	1761年		德川家重殁
	1762年	德川家治	医学家山胁东洋殁
明和	1767年		"明和事件";米泽藩主上杉治宪开始藩政改革
安永	1774年		兰学医杉田玄白刊行《解体(解剖)新书》
	1778年		俄国船抵达虾夷地,提出通商请求
	1779年		松前藩拒绝俄船通商请求;兰学者、画家、发明家、地质学家、戏剧家、俳人平贺源内殁
天明	1783年		俳人、画家与谢芜村殁
	1784年		田沼意知在江户城中被佐野政言所杀;"天明大饥馑"爆发
	1786年		田沼意次辞职;德川家治殁;林子平完成《海国兵谈》
	1787年		德川家齐就任幕府将军;松平定信就任老中,"宽政改革"开始
宽政	1790年		"宽正异学之禁"开始,加强出版监控;琉球使节觐见幕府将军
	1791年		江户町公共浴室禁止混浴;幕府对外国船出没沿海地区发布指导令
	1792年		林子平遭处罚;俄国使节护送漂流民大黑屋光太夫航来根室;"尊号一件"
	1793年	德川家齐	松平定信被迫辞职
	1797年		幕府命南部、津轻两藩协助防守虾夷地
	1799年		幕府开始逐一收回虾夷地为直辖领
享和	1801年		国学者、文献学者、医师本居宣长殁
	1802年		幕府设置虾夷奉行,后改称箱馆奉行
文化	1804年		俄国使节理查诺夫来到长崎,请求开港
	1807年		移封松前藩至陆奥伊达郡的梁川;俄国军舰先后袭击桦太和择捉,幕府要求东北诸大名出兵虾夷地
	1813年		幕府与俄国达成和睦协议,日本正式控制北方四岛
	1814年		泷泽马琴名作《南总里见八犬传》开始刊行

续表

年号	具体年份	幕府将军	事件
文政	1821年	德川家齐	松前藩转移回虾夷地
	1825年		幕府颁布《异国船打拂令》
天保	1830年		水户藩开始藩政改革，萨摩藩强化砂糖专卖；"天保大饥馑"发端
	1832年		历史学家、思想家、诗人赖山阳殁
	1836年		"天保大饥馑"
	1837年		大盐平八郎之乱；德川家齐辞去将军之职，德川家庆就任幕府将军
	1838年	德川家庆	长州任用村田清风，开始藩政改革；绪方洪庵创办"适塾"
	1839年		"蛮社之狱"
	1841年		德川家齐殁
	1843年		水野忠邦被罢免，阿部正弘继任为幕府老中
弘化	1846年		美国舰队航至浦贺；法国舰队航至长崎
嘉永	1848年		小说家泷泽马琴殁
	1850年		江川英龙在伊豆韭山修建反射炉

近世　江户幕府中期和后期

六章　攘夷和开国

"黑船来航"乃是日本迈入近代社会的重要标志。在政治上，美国人的节节紧逼，使得江户幕府权威扫地，尊王的呼声因此而高涨起来；经济上，被迫打开的港口使得洋货蜂拥而至，对原本自给自足的日本国内经济造成了强大的冲击；而在思想上，有识之士开始扫除锁国的迷雾，将目光投向整个世界……

黑船来航

人们一般都把嘉永六年（公元1853年）的"黑船来航"作为日本锁国体制崩溃的开端，然而事实上早在公元18世纪初期，西方列强就已经把矛头瞄准小小的岛国日本了。首先给日本带来威胁的是沙皇俄国，俄国船经西伯利亚南下，频繁出没于日本近海。对应这种举动，江户幕府向虾夷地区派出了探险队，并于宽政十一年（公元1799年）将北海道东部地区划归幕府直辖地，争取加以有效的控制。

俄国远洋船队数次来到日本，递交国书，要求通商，但这是和幕府锁国政策相违背的，因此遭到断然拒绝。当时日本内部有两种比较开明的声音：一是老中田沼意次，他曾想要和俄国人交易，以补充幕府的财政收入，但被群情汹汹压制下去了；二是工藤平助、林子平等有识之士，他们意识到继续锁国可能引发战争，就请求创建现代海军，巩固海防，但此议同样被束之高阁。

江户幕府既不肯开国，又只愿意进行陆上防御，文化四年（公元1807年），下令把北海道全境作为幕府直辖领地，原驻北海道的松前藩被移封到陆奥国伊达郡。日俄两国在北海道东北方频繁发生冲突，直至文化十年（公元1813年）才终于达成和睦协议，日本控制了北方四岛（择捉、色丹、齿舞、国后），俄国则占领了更东北方的得抚岛。

刚刚解决俄国人的问题，英国人和美国人突然间又从海上冒了出来。文化五年（公元1808年），英国军舰"菲顿号"追逐荷兰商船，侵入了日本的长崎港，几乎同时，大量美国捕鲸船也出现在日本沿海。幕府为此重申锁国政策，颁发了《异国船打拂令》，打拂就是驱逐的意思，命令除中国船和荷兰船外，其余外国船只要接近日本，一律予以击退，甚至不允许它们靠港补充食水和燃料。

天保八年（公元1837年）七月，美国商船"摩理逊"号来到日本，因为《异国船打拂令》的缘故，先后在相模浦贺和萨摩山川遭到炮击。事后，以渡边华山、高野长英为首的兰学者纷纷向幕府上书，认为此举过于蛮横，会遭到世界各国的谴责，希望撤销《异国船打拂令》。然而守旧派眼中只有日本、中国和朝鲜，哪里晓得"世界"是什么东西，对此根本置之不理。

天保九年（公元1838年）十二月，幕府为了防止外国船侵入日本沿海，命令鸟居耀藏和江川太郎左卫门二人测量和调查海岸线，江川太郎左卫门邀请渡边华山等兰学家相助，此事引起了鸟居耀藏的极大不满。耀藏是彻底的守旧派，又为了和江川太郎左卫门争权，就诬告渡边华山等人诽谤幕府，图谋不轨，由此掀起了"蛮社之狱"。

所谓"蛮社"，就是指渡边华山等人创建的兰学研究会"尚齿会"，因为当时称西洋人为南蛮人，故而又名"蛮学社中"。幕府老中水野忠邦轻信了鸟居耀藏的检举，派人查抄"尚齿会"，果然从华山的私人笔记中找到了对幕府的诸多不满言辞，就此兴起大狱。其结果是包括渡边华山、高野长英在内的二十多位著名学者都被逮捕，小关三英"畏罪"自杀。

"蛮社之狱"对兰学研究是一个沉重的打击，幕府也因此变得更为保守和腐朽。随即"大御所"德川家齐去世，将军德川家庆亲政，继而水野忠邦实行"天保改革"遭到惨败，灰溜溜地滚下台去。但锁国保守并不能消解西洋列强的觊觎之心，各国陆续向幕府递交国书，请求开港通商，在反复遭到拒绝后，终于决定用武力逼迫日本开国了。

清道光二十年（公元1840年），"鸦片战争"爆发，两年后，清政府被迫签订丧权辱国的《南京条约》。消息传到日本，幕府大受震动，以老中阿部正弘为首的开明派官僚纷纷表示，竟然连清朝都打不过洋人，则一旦洋人杀至日本，将给幕府带来严重危机，还是尽量别得罪洋人为好。于是当年就修改了《异国船打拂令》，允许外国船只靠港补充食水和燃料。

到了嘉永六年（公元1853年），西洋列强终于正式逼上门来——美国东印度舰队司令官马休·卡尔佩斯·培理亲率四艘军舰，气势汹汹地开到了距离江户不远的浦贺港，要求向幕府递交美利坚合众国总统米勒德·费尔摩亲笔签署的国书。因为美国军舰全都漆成黑色，所以这一事件就被称为"黑船来航"。

培理来到日本的时候，正巧德川家庆将军身染重病，卧床不起，于是千钧重担就此压在了首席老中阿部伊势守正弘的肩上。这位阿部老中本是福山藩主，年纪轻轻就当上了幕府的寺社奉行，管理宗教事务。天保十二年（公元1841年），他公正地审理了僧侣日启蛊惑和勾搭大奥女中（女官）的案件，从而声名鹊起，并且得到了家庆将军后宫妻妾们的敬仰。于是，两年后水野忠邦被赶下台，阿部正弘得以继任老中之职，年仅二十五岁。

弘化二年（公元1845年），阿部正弘升任首席老中，掌握了幕府的实权，然而他屁股才刚坐热，就发生了"黑船来航"的恶性事件。应当怎样处理这件事呢？老中们开了半天会，最终还是决定认怂——黑船如此庞大，且又浓烟滚滚（其中两条是蒸汽外轮船），上列无数大炮，瞧着肯定打不过呀，那还是先把国书接下来，瞧瞧他们要求点儿啥再说吧。

于是幕府下令给浦贺奉行，派了一名名叫中岛三郎助的与力前去交涉。培理打听清楚了中岛三郎助的官职和地位以后，深感不满——我一堂堂舰队司令，你就派个地方政府的小办事员过来，这也太不对等啦，当即要求亲自前往江户，把国书呈交给幕府将军。

长期锁国体制下的官僚们都有一种奇特心理，仿佛让主君跟外国人见面是一件多么严重的事情，也不知道是怕被吃掉还是怕遭污染——满清政府的很多大员，就宁可割地赔款，也不肯放洋人进京。江户幕府也是如此，老中们赶紧以将军正在病中为由，婉言谢绝了培理的要求。最终，他们只好委派两位浦贺奉行——户田氏荣和井户弘道——破例迎接培理上岸，按照礼仪接下国书，然后以如此大事幕府需要开会商讨为借口，劝司令官您还是先回去吧。

培理说行，那我就先离开日本，等一年以后再回来——到那时候，你们可得给我国一个满意的答复呀！

国书传递到江户，老中们一瞧，意料之中啊，是要求幕府解除锁国令，对外开港通商。阿部正弘此人的思想还是比较开明的，但锁国令终究是祖宗遗法，即便他身为首席老中，也不能一言而决，就此废除——非被那些保守派们千刀万剐不可。可要是断然拒绝呢？黑船一年以后还会再来，倘若日本政府的回复不能使洋人满意，对方很可能就直接诉诸武力了！阿部正弘踌躇难决，左思右想之下，最后终于被他琢磨出了一个"好主意"。

这个所谓的"好主意"促使日本迈上了近代社会之路，但更直接的结果，则是幕府的权威彻底垮台。

被迫打开的国门

黑船来航，几乎动摇国本，对于如此大事，年轻的首席老中阿部正弘不敢擅专，决定付诸公议。他首先向幕府中高层官僚和各藩大名通报了情况，然后又派特使前往京都觐见天皇，请求朝廷的宣谕。在此之前，相关国家大事，幕府从来都是独断专行的，很少听取诸侯们的意见，而至于听取朝廷的意见，恐怕自德川家康以来都是头一遭。

阿部正弘或许是希望借由把"黑船来航"之事告知全国，从而凝聚人心，统一思想，一致对外吧，但此举同时也导致幕府的权威扫地，而相对地，很多有力诸侯得以参与幕政，或者妄图参与幕政，就连失权多年的朝廷公卿也开始对天下大事指手画脚。日本自此就从和平时期迈入了一个新的动乱的时代，虽然暂时并没有爆发大规模内战，但人心乱成一团，各种学说纷至沓来，形成了很多个社会集群的相互对立。

且说幕府就解决黑船问题咨询大名和朝廷的意见，所得到的回复不外乎截然相反的两种，一是"攘夷"，一是"开国"。所谓"攘夷"，就是坚持锁国政策，把外国人统统赶出去，以保证日本国的"纯洁性"；所谓"开国"，就是打开国门，和西方列强互通贸易，平等建交，同时吸取对方的长处以改革本国的政治、经济和文化。

不过就理论上而言，这两种思潮原本并不该截然对立，因为开国可以是攘夷的手段，攘夷也可以是开国的辅助。简单来说，不先打开国门，学习西洋先进的政治、经济制度和科学技术，攘夷只是空中楼阁——根本打不过，攘不动嘛；而妄图大开国门，便可以从传统封建社会一步迈入近代资本社会，也是水月镜花，反倒容易瞬间便沦为列强的殖民地，因此必须有攘夷思想作为抵抗侵略的武器。只是，纯粹的思想家毫无能量，高张的旗帜背后往往暗藏着权力之争，双方互不让步，就此引发了激烈的对决。

首先占据上风的，是攘夷派——终究头脑清醒，认识到贸易有利国家民生的人并不是很多，甚至就连认识到日本很难以武力对抗西方列强的人也还不是很多——其代表人物，就是当时年轻的天皇——孝明天皇。

孝明天皇御名统仁，十三岁登基，本年也不过才二十二岁。此公优雅博学，但所学的全都是腐朽透顶的传统礼法，对国外形势彻底两眼一抹黑。再加上公武之间日行日远，他一听幕府方面的意思，似有开国的打算，那必然要跟对方拧着干啊——攘夷，把南蛮人全都轰出朕的神国去！啥，你说打不过南蛮人？那不正是幕府政治陈腐、因循苟且的结果吗？朕把天下交给你们治理，你们就是这么干的？

其实天皇和朝廷这种态度，阿部正弘早就应该料到才对，他就多余去问……

且说黑船离开后不久，德川家庆将军便去世了，第四子德川家祥继任为幕府将军，后来改名为德川家定。据说这位新将军身体非常孱弱，性格也超级别扭——还有说法是罹患"脑性麻痹症"，是个彻底的白痴。于是各方势力便皆蠢蠢欲动，想要趁机掌控幕政，根本就不可能上下一心来应对这千年未遇的大变局。

而且美国人也不给阿部正弘和江户幕府重整河山、抵御侵略的时间，翌年二月，一年之限未满，培理又大摇大摆地率领五艘军舰和四艘运输船来到日本，直接驶过浦贺，逼近江户，在一处名叫神奈川的小集市下了锚——距离江户城还不到三十里地！

幕府被迫派遣要员前去接待培理，双方经过一个多月的协商，根本不敢开战的幕府只得部分答应了美利坚国书中的要求。三月，培理率领五百名荷枪实弹的美国兵上了岸，迫使幕府签订了十二条《日美亲善条约》——也称《神奈川条约》。条约规定：两国平等建交；日本开放下田和函馆两处港口，允许美国船只靠港，补充食水、燃料和其他生活必需品，同时为了便于管理和协商可能发生的问题，美国可在上述两港设置领事。此外，美国还获得了单方面的最惠国待遇。

其实日本人运气不错，首先打开他们国门的是美国，而美国在亚洲并没有领土要求，只是想获得商业利益而已，比清政府直面英法等贪欲无限的老牌列强要幸福得多了。只是美国人既已捷足先登，原本没把小小日本放入视野的其他强国立刻不干了，纷纷乘虚而入，英、俄、荷等国也陆续和幕府签订所谓的亲善条约。这些亲善条约虽然并没有很具体的内容，但总算是敲开了日本的国门，使得幕府延续两百年的锁国体制濒临崩溃。或许是受此事刺激吧，安政二年（公元1855年），阿部正弘辞去老中职务，首席老中变成了堀田正睦。两年后，阿部正弘病殁，年仅三十九岁。

对于日本的近代化进程来说，这位阿部老中可谓功不可没，他不但放松限制，让诸侯和朝廷全都回归到政治舞台上来，并且为了重建幕府权威而大举起用人才，既包括幕府"直参"，还包括了很多"陪臣"（大名的家臣），比如川路圣谟、大久保忠宽（一翁）、江川太郎左卫门（英龙）、高岛四郎大夫（秋帆）、胜麟太郎（海舟）等等，其中很多都是著名的兰学者。

在这些新进幕臣的推动下，幕府设立了很多引进和研究、传播西洋科学的机构，比如江户的番书调所、讲武所，长崎的海军传习所等等。

尤其是利用荷兰国王赠送的军舰和派来的海军人员创设的海军传习所，甚至允许各藩藩士前往学习。

受到幕府这种行为的鼓励，水户、萨摩、长州等藩也开始加快自己领内的改革步伐，建立起崭新的钢铁厂、武器制造厂，甚至采用西方的军队建制。可以说，开办学校以研究西方学问、重用中下级武士、进而进行体制改革，这股时代的旋风是从雄藩开始刮起的，随即影响到了幕府，又再反过来刮回雄藩。

时代的大潮，已彻底无可阻挡。

一桥和南纪

美国人并不满足于只是轻轻敲开日本国的大门，安政三年（公元1856年），下田总领事哈里斯来到日本，要求幕府与之缔结新的条约。经过长时间谈判，最终议定的条款是对日本相当不利的，内容包括开放神奈川、长崎、新潟、兵库四港和江户、大坂二城，承认领事裁判权，日本关税需与各国协商决定等等。

老中堀田正睦不敢在这样丧权辱国的条约上签字，于是照猫画虎，把烫手山芋扔去了京都，请求朝廷"敕许"。这帮幕臣虽然僵化腐朽，倒也知道真打起仗来，自己不是洋人的对手，而朝廷公卿却全都没有见过大世面，只知道国体不能更改，国威不能受损，坚持传统的"攘夷"思想，毫无转圜余地，坚决不肯同意。

一直拖到安政五年（公元1858年），第二次鸦片战争以清朝再次惨败而告终，哈里斯趁机恐吓说："如果不答应我们的条件，等到英国人以武力攻来要求开港，日本就危险了。"于是幕府吓得再不管什么"敕许"了，匆匆忙忙地就在协议上签了字。此举立刻引发了轩然大波，本来幕府执掌国柄，你爱怎么干就怎么干，不必要朝廷点头，可是既然已经请求朝廷"敕许"了，却又违背朝廷的命令，在没有得到"敕许"的情况下便悍然签订条约，这根本是悖逆之举啊。一时间，群情激愤，所有矛头全都指向了江户幕府。

不过指示在条约上签字的并不是幕府老中堀田正睦，而是刚被任命为大老的井伊直弼。大老比首席老中还有权力，向来由德川家的谱代重臣来担任，比如首任大老土井利胜、宽永年间权倾一时的酒井忠胜等等。

且说这位井伊直弼大老，出自德川氏谱代的彦根藩，前藩主、兄长井伊直亮去世后继承了藩主之位——井伊直亮也曾经担任过幕府大老。黑船来航的时候，井伊直弼是少数开国派人士之一，因此，等他一当上大老之位，立刻就与尊攘派发生了严重冲突。

所谓尊攘，乃是"尊王攘夷"的简称，尊王是指奉戴天皇。当时幕府中尊攘派的首脑乃是御三家之一的水户藩主德川齐昭——就是那位"水户黄门"德川光国的后人，水户藩自光国以来，便世代秉持着朱子学的所谓"大义名分"，身为幕府亲藩却倾向于天皇朝廷，也算一大异数。

这时候德川家定将军体弱多病，瞧着随时都可能咽气，而又偏偏没有子嗣，于是德川齐昭便联合越前藩主松平庆永（号春岳）、萨摩藩主岛津齐彬、土佐藩主山内丰信（号容堂）、宇和岛藩主伊达宗城等人，企图靠着把一桥家当主庆喜推上将军宝座而掌握幕政——庆喜是过继去一桥家的，原本就是齐昭的七男。

要说这一阵营那可真是超级豪华，水户、越前都是亲藩，萨摩、土佐经过改革实力雄厚，而且在诸大名中，这庆永、齐彬、丰信、宗城四人又声望卓著，并称为"四贤侯"。德川齐昭心说我有了这票帮手，那大事还有不成的道理吗？只待掌控幕政，立刻便要掀起一系列的改革，把国家重新引导到正轨上来。

那么他所谓的正轨是指什么呢？当然不是恢复锁国体制啦——岛津齐彬是开国派的急先锋，其他几位也没那么多老脑筋、旧思想，否则根本"贤"不起来——而是部分地、缓慢地打开国门，趁机吸收西洋技术，做好抵御外侮的准备。

其实就对外政策而言，这票假打尊攘旗号的"一桥派"跟开国派的井伊直弼并没有本质上的不同，只是在对内政策上，双方却是彻底地敌对，几乎不死不休。"一桥派"之所以能够拉拢那么多"贤侯"加盟，是因为面对乱局，希望可以削弱幕府的独裁权力，而建立包括朝廷和雄藩在内的更广泛的统治基础——雄藩能够插手幕政，哪有不肯上船的道理呢？但是井伊直弼则坚持传统的政治态势，要继续把朝廷和诸藩隔绝在大政方针之外，一切还由德川氏幕府说了算。

因此，面对"一桥派"的图谋，直弼针锋相对地推举血统更近的纪州藩主德川庆福为将军继承人——是为"南纪派"。就这样，幕府一分为二，表面上是因为将军继嗣问题产生分歧，深层是开国与尊攘两种思潮之间的矛盾，而其实质则是统治日本的大权谁属的你死我活的权力斗争。

两派间的明争暗斗不必细表，总之就在"一桥派"以为大势底定之际，"南纪派"突出奇兵，井伊直弼利用其身份获得了大老的超级职务——老中、大老，例由幕府谱代担任，无论亲藩的德川、松平，还是外样的岛津、山内、伊达，却都是没有资格的。或许是为了提升幕府威信，也为了贯彻自己的理念，他不等朝廷下达"敕许"（也根本不可能下达）就匆忙地和哈里斯签订了《日美友好通商条约》，不仅如此，同一年还和荷兰、俄国、英国、法国缔结了内容相近的条约，史称"安政五国条约"。

并且，在日美签约的同一个月，井伊直弼顺利地扶立十三岁的德川庆福就任将军继嗣。次月，家定将军便去世了，井伊直弼立刻派遣使者前往京都，请求朝廷"宣下"，任命庆福为新的将军。然而孝明天皇因为不满幕府签订开国的条约，迟迟不肯颁发正式诏命，"一桥派"乘虚而入，萨摩、水户等藩驻在京都的藩士，如梅田云滨、赖三树三郎、西乡吉之助（隆盛）等人大搞串联，并且游说朝廷公卿，想要让朝廷下诏罢免井伊直弼，任命一桥庆喜为幕府将军，德川齐昭为副将军。

为了说明自己签订条约的理由和苦衷，也为了催促朝廷尽快"宣下"，井伊直弼委派老中间部诠胜前往京都游说，又派亲信长野主膳去监视尊攘派的动向。到了八月十日，尊攘派请到了朝廷谴责井伊大老的"敕掟"，并将此公文交给主子德川齐昭。齐昭皇命在手，变得更加不可一世，想要集合各地雄藩一起对幕府施压。虽说从黑船首次来航的时候起朝廷就开始插手政治，但越过幕府直接向诸侯下令，这还是第一次，朝廷的这种举动使得尊攘派士气高昂，而尊王倒幕的思想也开始甚嚣尘上。

井伊直弼得知此事后，要求德川齐昭交出天皇"敕谕"，并且惩处为了获得此公文而在京都大搞游说串联的各藩志士。此举激怒了尊攘派，水户藩士一千多人、尾张藩士近两千人浩浩荡荡前往江户城请命，另有二百多人增援京都，内战似乎一触即发。

只是对于这些势力，大权在握的井伊大老全都不屑一顾，他真正担心的，其实是来自西海强藩岛津氏的兵马……

西海枭雄齐彬

中国古代有"战国四公子"，但无论人品、能力，还是对时局所造成的影响，信陵君都要绝对凌驾于另三位之上。所谓的"幕末四贤侯"也是如此，相比萨摩藩主岛津齐彬来说，余三人亦皆碌碌之辈也。

如前所述，岛津氏的第二十五代当主，同时也是江户幕府萨摩藩的第八任藩主岛津重豪任用调所广乡改革藩政，重豪死后传位其子齐宣，齐宣再传其子齐兴，到了齐兴时代，广乡的改革措施终于全面开花结果。只是这么一来，贫穷的萨摩骤然变富，必然引起幕府的警惕，于是幕府便派齐兴之子齐彬前去调查此事。

按照幕府制度，各藩藩主的正室和嫡子都必须留居于江户城下，岛津齐彬也是如此，活到四十来岁，基本上就从来没离开过江户城，没踏足过萨摩藩，故此幕府对他还是比较信任的，才会派他去查老爹的黑账。这位齐彬公子天生聪敏、性格刚毅，并且博学多闻，他很快就把调所广乡各种瞒着幕府搞的鬼花样查了个底儿掉，不仅如此，还查出广乡有废黜自己继承人地位，改立兄弟岛津忠教为下任藩主的图谋。

齐彬大惊失色，他虽然非常敬佩广乡，对广乡的政策也皆赞同，但关系到自己的地位问题，那也不可能为其隐瞒了。于是将调查所得向幕府全盘托出，最终导致调所广乡服毒自尽。

调所广乡是为了藩主齐兴而死的。一方面，他的政策若没有齐兴的默许，怎么可能大胆推行呢？只要把责任推到主公头上，自己必然可以罪减一等；另方面，若非齐兴先起了废长立幼之心，广乡也是丝毫不敢动类似念头的。

然而调所广乡之死，却并没有打消岛津齐兴废黜嫡子的念头，反而使他更为厌恶齐彬。于是就在此后不久，萨摩藩内爆发了"奥由罗骚动"，又称"高崎之崩"或"嘉永朋党事件"。所谓"奥由罗"，就是指岛津齐兴的侧室、岛津忠教的生母由罗夫人，因为谣言说她暗中诅咒岛津齐彬，致使齐彬的儿子全都先后夭折，藩内拥戴齐彬的武士们联合起来，想要将其刺杀，进而逼迫岛津齐兴让位，阴谋败露后，愤怒的齐兴在藩内大开杀戒。齐彬闻讯，立刻向幕府汇报，请求幕府插手岛津氏的"御家骚动"，最终幕府下令，齐兴隐居，齐彬归藩继位。

幕府方面也很清楚，岛津齐兴就是调所广乡的黑后台，这人背着幕府自行其是，相当危险啊，还是借着这个机会把他赶下台，推上比较信得过的世子齐彬为好。

然而岛津齐彬跟幕府也不是一条心，他老爹齐兴并无远志，只想着搞活藩内经济，自己好踏实享福罢了，齐彬则放眼世界，秉持着开国的理念，想要插手幕政，用自己的力量把日本带向繁荣富强。所以齐彬才一继任藩主之位，立刻暗中恢复了调所广乡的很多政策，并且更为大刀阔斧地开始了改革。

岛津齐彬大量聘请兰学者，不拘一格选拔人才，他吸收西洋科技，建造新式的炼钢炉，大炼钢铁，建造工厂，生产新式武器，进而巩固海防，整修沿岸炮台，布设水雷，起造新式炮舰，在"富国强兵"的道路上走得虎虎生威，成效卓著。

对于齐彬所选拔的人才，有两位值得一提。一位是中滨万次郎，本出身于四国岛上一户贫苦渔民家庭，十四岁的时候出海打渔遭遇风浪，船覆后漂流荒岛，最终被美国的捕鲸船约翰·豪兰德号所救。美国船长非常喜欢这个聪明的日本少年，收留他做了水手，并且将其带回美国，获得了数学、测量、航海、造船等科目的系统培训。仅仅十年以后，万次郎就拥有了自己的远洋航船，并且正巧在岛津齐彬继承萨摩藩的嘉永四年（公元1851年）航行到了琉球国。

当时的琉球王国，名义上是清朝的藩属，实质却被萨摩所控制。琉球人发现新来的南蛮船长生着一张日本人的面孔，还说着流利的日语，心生疑窦，便将万次郎扣了下来，并且押送去了萨摩——按照幕府的锁国令，日本人是不得出国的，而一旦出国则不容返回，否则必遭严惩。

对于岛津齐彬来说，这正是天上掉下来的活宝，当即释放并重用万次郎，向他虚心求教西洋学问。不过万次郎在萨摩并没能居留太长时间，短短两年后，听闻了此事的土佐藩就来索取——此为我藩之民，萨摩不可强留。这时候国门已开，沿海各藩包括幕府，无不广招人才，学习西洋科技，所以土佐也留不住这个宝货，很快他又被幕府抢去，甚至授予了"直参"的身份。

万次郎本为渔民，是没有姓的，回到日本以后，曾自称"约翰·万次郎"，等当上幕府直参，干脆以出身的地名为苗字，即为中滨万次郎。

中滨万次郎离开之后，岛津齐彬又破格提拔了下级武士西乡吉之助（隆盛），作为自己的左右手。这位吉之助在担任"郡方书佐役"的小吏时代，就非常关注民生，还曾经写过一首讽刺藩臣欺压农民的诗："虫子呀虫子，不要去咬断草根，倘若草根断掉的话，大家就一起饿死了。"齐彬上台后，鼓励藩中武士上书言事，吉之助对于时局的卓越见解遂被他一眼相中，收为心腹，委以重任。

于是在齐彬的谋划、吉之助的奔走下，"一桥派"正式结成，齐彬还特意收同族的笃姬为养女，把她送入江户城，做了德川家定将军的"御台所"。他们想要利用笃姬吹枕边风，使得家定将军同意立一桥庆喜为继承人，而岛津等外藩便可以借着拥戴之功插手幕政了，只可惜井伊直弼老谋深算，最终挫败了这一图谋。

如前所述，"一桥派"妄图反攻倒算，岛津齐彬也准备亲率新编组的精锐兵马东进呼应，在此之前，先派西乡吉之助进京联络，安排相关事宜。然而吉之助到了京都，跟朝廷也搭上了线，跟其他"一桥派"的干将也都商量好了，却左等不见萨摩大军，右等不见主公齐彬，这究竟是发生了什么事情呢？

安政大狱

面对如此险恶的局面，幕府大老井伊直弼决定痛下狠手，严惩打着尊攘旗号的"一桥派"。安政五年（公元1858年）九月，在长野主膳、酒井忠义等幕臣的谋划下，幕府全面清算，兴起大狱：朝廷方面，支持尊攘派的尊融亲王被勒令永年蛰居，包括前关白鹰司政通在内的十六名公卿也先后遭到惩处；大名方面，德川齐昭永年蛰居，一桥庆喜被勒令隐居，山内丰信、德川庆笃（时任水户藩主，齐昭的继承人）等等都受到不同程度的处分；幕臣方面遭到处置的则有"一桥派"的岩濑忠震、永井尚志、川路圣谟等人。

受到最严重惩罚的还是各藩尊攘志士，安岛带刀、鹈饲吉左卫门、赖三树三郎、桥本左内等人均被判以死罪，梅田云滨死于狱中，其余受牵连者不计其数。就连尊攘派的精神领袖吉田松阴也被处以了极刑。

吉田松阴本名虎之助或者寅次郎，松阴是他的号，他是长州藩士杉百合之助的第二个儿子，过继给了叔父吉田大助贤良，成为贤良的继承人。据说松阴从小就聪明过人，二十一岁的时候遍历九州，和许多知名人士交上了朋友。嘉永四年（公元1851年），松阴跟随藩主毛利敬亲前往江户参觐，随即没有请假就自作主张前往东北地区游历，因此被削夺了士籍（武士资格），没收了世代的俸禄，被勒令归家反省。

毛利敬亲乃是当时著名的"贤侯"，他非常看重吉田松阴的才能，所以隔了不到两年便赦免了松阴之罪。松阴这次不敢再胡来了，提出请求去江户游学，在得到批准后就孤身前往江户，投在大儒佐久间象山门下。

这位佐久间象山乃是信浓国松代藩士，是阳明学派的著名学者，并且也接受了部分兰学思想，开国色彩非常浓厚。吉田松阴受到象山的影响，逐渐成为当时著名的尊攘派思想家，甚至可以说是尊攘派的始祖。

松阴的攘夷思想与锁国体制并不能简单地画上等号，他希望能学习西方的先进技术和制度，改革日本的内政，从而得以阻挡列强对日本的威胁。这种攘夷的"攘"，不是一概驱逐，而是抵抗侵略，与洋人平等建交。

为了看清世界，学习西方科技，吉田松阴曾经打算利用俄国船偷渡出国，可惜误了船期，其后他又趁着安政元年（公元1854年）培理二度来航的机会，想要混上黑船。这次的努力再度无可奈何地失败了，松阴也被遣返回藩，收押入萩城（长州主城）监狱。

下狱仅仅一年，松阴就因为身体原因而获得赦免，随即开办了松下村塾，收徒讲课，希望把自己的思想灌输给更多有志报国的年轻人。他的努力获得了回报，后来很多叱咤一时的长州藩志士，比如久坂玄瑞、高杉晋作、伊藤博文等等，全都出自松下村塾。

开办松下村塾的时候，正好是安政三年（公元1856年），同一年幕府设立了番书调所和讲武所，也尝试着吸收西洋科技，进行政治、经济和军事改革。这时候的吉田松阴,年仅二十六岁。

两年后,幕府签订"安政五国条约"的消息传到了长州,吉田松阴为此怒发如狂,他愤怒地斥责幕府:"不思国患,不顾国辱,不奉天敕,将军之罪天地不容,神人皆愤!"他的尊攘思想因此而产生了决定性的改变,即从尊奉天皇而并不反对幕府,转化为想要依靠天皇的权威来打倒幕府。作为尊攘派的祖师爷,松阴的思想立刻成为尊攘派的主流思想,幕府就此变成众矢之的。从此日本国内的思潮,从单纯的"开国"和"攘夷"之争,添加了更为复杂的"佐幕"和"倒幕"的对立因素。

故而井伊直弼对吉田松阴是恨之入骨啊——你宣扬攘夷没关系,宣扬开国更好,竟敢指斥幕府,真是罪不容赦!据说,松阴曾经策划刺杀老中间部诠胜,在"安政大狱"兴起以后,为怕连累同伴而主动投案自首,幕府考虑到他的谋划并未付诸实施,本打算网开一面,却被井伊直弼大笔一挥,定下了死罪。

安政六年(公元1859年)十月二十七日,吉田松阴在小塚原被处斩,临终前作诗道:"吾今为国死,死不负君亲。悠悠天地事,鉴照在明神!"

当然,也有很多尊攘志士东躲西藏,暂时逃过了大难,其中就包括萨摩藩的西乡吉之助。且说吉之助左等右等,等不到萨摩大军,细一打听,才知道井伊大老的运气也未免太好了——岛津齐彬就在发兵前数日突染重病,很快便与世长辞了,享年五十岁整。齐彬的儿子们全都夭折,没有继承人,于是临终前收其弟岛津忠教之子忠德为养子,传位忠德,并且委任忠教担任忠德的监护人。

虽然发生过继承人风波，但岛津忠教本人却并没有染指藩主的欲望，他对其兄齐彬非常崇拜和恭敬，因此齐彬才放心把国事都托付给他。然而可惜的是，忠教既是个好兄弟，同时也是个大孝子，兄长才一过世，立刻就把老爹齐兴给接了回来。岛津齐兴目光短浅，告诫忠教，说我等岂敢与幕府相争，齐彬的举动是肯定会把萨摩推上灭藩之路的呀！出兵之事再也休提，齐彬的政策一概废止，齐彬的亲信一概贬斥，还是立刻遣人向幕府谢罪为好。

消息传到京都，西乡吉之助大惊失色，正自彷徨无路之际，突然好友、京都清水寺成就院的住持月照和尚前来相投。这位月照和尚，乃是萨摩藩与朝廷公卿相联络的中间人，因此遭到幕府通缉，于是西乡吉之助赶紧保护着月照逃出京都，想要遁回萨摩藩内，将其藏匿起来。可是这个时候萨摩的政策已经彻底改变，藩臣勒令吉之助把月照交出来，押去幕府受审。

西乡吉之助不禁痛哭失声，他既慨叹国家多难，壮志难酬，又哀伤好友罹难，自己无力拯救，因此当月照不愿成为阶下囚，提出自我了断的时候，吉之助便把牙关一咬，将心一横——我跟你一起去死算了！

二人相约蹈海自尽，然而月照就此葬身洪涛，幸运的吉之助却奇迹般地被救了上来。

这一年，被杀的吉田松阴和获救的西乡吉之助都是三十岁，死者已矣，生者却还有很漫长而坎坷的道路要走。

樱田门外之变

井伊直弼为了巩固自己的权势，同时也提升幕府的威望，不顾朝野一致反对，悍然签署了"安政五国条约"，结果适得其反，使得舆论大哗，"一桥派"趁机煽风点火，想要把他轰下台去。然而这位井伊大老可不是吃素的，当即采取雷霆手段，把"一桥派"和被他们煽乎起来的尊攘派给一勺烩了。

井伊直弼乃是昔年德川家康麾下"四天王"之一井伊直盛的后裔，直盛所部骑马武士多将铠甲漆作红色，号称"赤备"，因此缘故，尊攘派便恶称直弼为"赤鬼"。老中间部诠胜党同直弼，乃是打击"一桥派"和尊攘势力的急先锋，据说因其面色发青，故此也落得个"青鬼"的诨名。

"安政大狱"果然吓倒了不少人，其中就包括以孝明天皇为首的京都朝廷，于是朝廷不敢再明着跟幕府对着干了，很快便降下了以德川庆福继任为幕府将军的诏旨——庆福随即改名德川家茂。只是井伊大老并没有高兴多久，很快他就变成了尊攘派的刀下之鬼。

且说在"安政大狱"兴起以前，水户藩很多激进的尊攘志士便齐集江户，大狱兴起后，井伊直弼向水户藩施压，要求召回这些过激分子。其中部分志士被迫归藩，部分人则干脆脱藩，在江户城中潜伏了下来，打算寻找时机为主家复仇。

次年为安政七年（公元1860年，后改为万延元年），三月三日上午九时，井伊直弼离开自己在外樱田地区的官邸，前往江户城中办公。据说行前就有人警告他，近来城中发现很多前水户藩士，行动诡秘，恐怕将不利于大老,请求增加警卫力量。然而井伊直弼却回答道:"人的命运由上天注定,如果真有刺客想要杀死我,他们可以寻找各种机会,加强警卫是没有用的。况且对于出行的队列,幕府有着严格规定,身为大老,我怎能率先破坏制度呢?"

大老的随从和警护人员一共六十人,簇拥着乘轿的井伊直弼通过江户市街,此时天降大雪,寒风卷着雪花扑向行进队列——因为寒冷,街上行人很少。在经过外樱田门前的杵筑藩藩邸之时,刺客们突然出现了。

刺客的首脑乃是水户藩的激进尊攘派金子孙二郎,他聚集了包括水户脱藩志士高桥多一郎、关铁之助,以及萨摩脱藩志士有村次左卫门等共十八人,早就埋伏在外樱田门外。当井伊大老的轿子到来之时,刺客们披风冒雪,一拥而上。大老的护卫虽然数量较多,然而事起仓促,加上天气寒冷,大多数刀还裹在布套中,双手还笼在袖子里,因此逐一倒在了血泊之中。轿中的井伊直弼匆忙掏出短枪,射倒了志士森五六郎,但随即就被五、六柄长刀刺中,一句话都没来得及说就咽了气……

这就是著名的"樱田门外之变"。

井伊大老的被刺,对于日本社会的转型起到了非常深刻的作用。一方面,气焰大降的幕府在安抚彦根藩士的同时,也处罚了被视为井伊派的纪州藩家老水野忠央,并且解除了对德川庆恕(又名庆胜,为尾张藩主)、德川庆笃、一桥庆喜、松平庆永、山内丰信等人的处分,实际上是在血的教训下被迫向雄藩们低下了"尊贵"的头颅。

然而在幕府作出让步的同时,各地雄藩也因为"安政大狱"而收敛了原本的狂妄姿态，转而向幕府靠拢。在井伊直弼之后掌握幕权的老中安藤信正改变了井伊大老的铁血手段，一方面停止对"一桥派"藩主们的迫害，一方面恭顺地对待朝廷，想要利用朝廷的权威来巩固幕府的统治。安藤老中提出迎娶孝明天皇的妹妹和宫为家茂将军的正室夫人，从此公家和武家联起手来应对乱局——这一举措被称为"公武合体"，受到了尊攘派各藩藩主和重臣们的一致赞同。

雄藩的上层就这样被幕府拉拢过去了，然而已经在各藩内崛起的中下级武士却对此事大感不满，尤其是吉田松阴的弟子们，他们秉承着被害恩师的思想，逐渐认为尊王则必须倒幕，绝不能向幕府妥协，绝不能再让幕府延续其腐朽的统治。上层尊攘派和下层尊攘派就此分裂为两个阵营。在这种态势下，文久二年（公元1862年），安藤老中在江户坂下门外遭到水户藩志士的袭击，虽然侥幸逃得了性命，却很快就被赶下了台。

水户藩尊攘先锋的地位自此次"坂下门外之变"后就逐渐丧失了，在藩主德川庆笃等人的着力压制下，逐渐地水户藩站到了幕府一边，反而成为"尊王佐幕"的急先锋，而代替水户藩举起尊攘派大旗，决定以武力推翻幕府的，则是西国的长州毛利藩和萨摩岛津藩。

顺便一提，以刺杀井伊大老为开端，各地大批尊攘志士脱藩，混入京都和江户城中，对他们所看不惯的大人物们挥舞刀剑，认为这才是救国之道。一时间，血雨腥风洒满了这两座名都，到处都是口呼"天诛"的志士，这些人被称为"人斩"。文久二年（公元1862年），土佐藩大思想家吉田东洋被本藩的那须信吾等人所杀；同年，佐幕派官僚岛田左近被萨摩藩志士田中新兵卫所杀；元治元年（公元1864年），主张公武合体和开国论的大思想家佐久间象山被熊本藩志士河上彦斋所杀……

为了扭转日益恶化的治安，恢复京都的秩序，幕府招募了大批浪人，组建起一支名为"浪士队"的准警察部队。其后"浪士队"改名"新征组"，被调往江户，很多成员不愿意离开京都而滞留了下来，为了避免这些浪人成为更大的祸害，于是新任京都守护职、会津藩主松平容保把其中部分人招募到麾下，组成了"新选组"。

新选组的中坚分子，乃是以近藤勇为首的来自武藏国多摩郡乡下的一批下级武士，这个组织以行动迅速，下手狠辣而享誉一时。但在恢复京都治安的同时，新选组逐渐成为佐幕派的一枚棋子，成为屠杀尊攘志士的刽子手，成为逆潮流而行的反动者，这实在是相当可悲的事情。

番外篇

村塾群像

声名赫赫的松下村塾，其实只是一座日本乡下很常见的木制平房，最初只有八张榻榻米大小的一间（约13平方米），后来又增筑了十张半榻榻米大小。

松下村塾的创建者并非吉田松阴，而是他的叔父玉木文之进——文之进出身杉氏，后来过继给玉木正路做养子，继承了玉木的家业。杉氏的家格为"无给通组"，属于下级武士，俸禄只有二十六石，而玉木家为"大组士"，俸禄四十石，比杉氏为高。但即便如此，玉木文之进的生活也是颇为艰难的，因此他便利用自己的私宅开办了私塾，也即松下村塾，用教书来补贴家用。

玉木文之进的长兄为杉常德，次兄过继给吉田家，改名吉田大助。吉田松阴本是杉常德的次子，过继给叔父吉田大助为嗣，幼名寅之助，后称大次郎，通称为寅次郎。不过他的本名（讳）叫做矩方，表字义卿，号为松阴、二十一回猛士。所谓"二十一回"，据说乃是把吉田二字拆开，分别为十一口和十口，加起来就二十一回了。

安政元年（公元1854年），吉田松阴因为妄图偷渡美国而遭逮捕，翌年被赦出狱，但仍被勒令返回杉家禁闭。安政四年（公元1857年），玉木文之进被任命为藩校明伦馆的塾头，于是便由侄子松阴继承了松下村塾。由此直到安政五年（公元1858年）松阴再度入狱，实际上他才执掌村塾一年多的时间。

然而就在这段短短的时期内，松下村塾却培育起了长州藩尊攘志士的核心力量。与藩校明伦馆只招收中上级武士子弟不同，村塾有教无类，不论武士还是町民，不论是中上级武士还是下级的卒族、足轻，全都可以入学。根据现存名簿可知，村塾学生总数约为五十名，其中最为著名的就是"村塾的双璧"高杉晋作和久坂玄瑞——时有"识之高杉，才之久坂"之称。

此外，还有"松阴门下三秀"的说法，在高杉和久坂外，再加上一个吉田稔麿——后遇难于"池田屋事件"；又有"村塾四天王"一说，则在前三人外增添入江久一——曾经参加过"奇兵队"，后在"禁门之变"中遇难。

松阴的其余著名弟子还有伊藤博文、山县有朋、品川弥二郎、山田显义、前原一诚、时山直八等等。桂小五郎（木户孝允）出身高贵，乃是明伦馆的高才生，并没有如同高杉晋作一般加入村塾，但他曾经向松阴求教过兵学。井上馨亦未能入学，但他与高杉晋作和久坂玄瑞关系良好，从此二人处得到了松阴的传授，可算私淑弟子。

江户幕府历任大老

姓名	老中、大老在职年份	姓名	老中、大老在职年份
土井大炊头利胜	1638~1644	酒井赞岐守忠胜	1638~1656
酒井雅乐头忠清	1666~1680	堀田筑前守正俊	1681~1684
井伊扫部头直兴	1697~1700	柳泽美浓守吉保*	1706~1709
井伊扫部头直兴	1711~1714	水野出羽守忠友*	1781~1785
井伊扫部头直幸	1784~1787	本多弹正大弼忠筹*	1790~1798
水野出羽守忠成*	1817~1818	井伊扫部头直亮	1835~1841
井伊扫部头直弼	1858~1860	酒井雅乐头忠绩	1865~1865

注：标*者为大老格。

七章　维新之岚

开国和攘夷的争论是就对外关系而言的，但经过长期摸索和碰壁，有识之士逐渐认识到不先改革内政，将无以凝聚全国人心一致对外，如此若攘夷则必然失败，若开国则会被迫沦为列强的殖民地。新的思潮就此产生并开始了激烈的交锋，那就是——尊王倒幕与公武合体。

"国父"上洛

文久二年（公元1862年）元月，老中安藤信正在坂下门外遭到袭击；二月，德川家茂将军与御妹和宫正式举办婚礼；四月初，萨摩藩重新编组大军，由"国父"岛津久光亲自统率，浩浩荡荡地杀向京都而去。

如前所述，岛津齐彬去世以后，御隐居岛津齐兴重掌藩政，全盘推翻齐彬的政策，大肆迫害齐彬的亲信，西乡吉之助即被逼得要跟月照和尚一起蹈海自尽，在被救上来以后，经过大久保正助（利通）等好友的多方奔走，最终仅被判以流放之刑。

好在老头子齐兴已是风烛残年，仅仅把持藩政一年多的时间便也呜呼哀哉了，权柄就此落到了他第五个儿子，同时也是新任藩主岛津忠德之父的忠教手中。岛津忠教原本出继分支的重富岛津家，就此复归大宗，改名为岛津久光，并且自称"国父"——也就是国主之父的意思。

岛津久光虽然是个大孝子，却并不赞成老爹那一套，尤其他年轻气盛而又野心勃勃——我西海名门岂能一味仰承幕府的鼻息过活？还是兄长齐彬的政策更能振兴萨摩藩。目光敏锐的大久保正助看穿了久光（忠教）的这份心思，因而紧着抱上了他的粗腿。

这位大久保正助乃是西乡吉之助的好友，同样出身下士家庭，"奥由罗骚动"中受到牵连，与其父一起被处以谨慎之罚，等到岛津齐彬上台后才被解禁，出任御藏役的低级职务。他与西乡吉之助、有村俊斋等志同道合者一起组建"精忠组"，类似于齐彬的粉丝团。

岛津齐兴复辟以后，"精忠组"受到打压，智谋多端的大久保正助便用围棋做敲门砖，首先巴结上了岛津忠教的棋友、吉祥院主持乘愿和尚，接着请乘愿把他相关国事的意见书呈递给了忠教。忠教因此而召见正助，对他的聪敏赞不绝口，当即加以提拔，很快便引为亲信。等到忠教改名"国父"久光，掌握藩政之后，立刻恢复了齐彬在位时的很多政策，还特意赐名正助，改大号为大久保一藏。

通过大久保一藏和家老小松带刀（清廉）等人的努力，西乡吉之助终于被从流放地召了回来。正好传来"坂下门外之变"消息，幕府的权威几乎跌落谷底，岛津久光一见有机可趁，于是在上述人等的煽动下，打算继承兄长的遗志，率军进京，觐见天皇，进而利用天皇来压制幕府，迫使幕府分权给朝廷和强藩。

一句话："一桥派"卷土重来了。

四月三日，萨摩藩的激进尊攘派有马新七、田中谦助等人想要趁此时机举兵倒幕，他们在京都旅馆寺田屋集结，计划首先杀死关白九条尚忠和京都所司代酒井忠义。此事为岛津久光得知，即命大久保一藏派遣奈良原喜八郎等九人前往弹压，双方发生冲突，结果有马新七等六人当场死亡，另有两人翌日即被勒令自杀——是为"寺田屋骚动"。

萨摩人为什么要打萨摩人呢？其实原因很简单，岛津久光所代表的尊攘派上层，是不主张以武力推翻幕府统治的，他们只是想向幕府施压，从而分润权柄，达成"公武合体"、雄藩参政的目的而已。"寺田屋骚动"恰好说明了公武合体派和倒幕派之间的分歧已经无可磨合，虽然同样打着尊王攘夷的旗号，但两派根本上就已经分道扬镳了。

无论魄力、野心还是好学程度，岛津久光都不在乃兄齐彬之下，但区别也是很大的，岛津齐彬精通"兰学"，岛津久光却精通"国学"，说白了，齐彬是开国派，久光却是攘夷派。因此最终久光向朝廷请得的敕旨，其主要内容包括：改革幕政，使"一桥派"全面上台；将军家茂前往京都朝觐，以提升朝廷的威望；幕府明令攘夷。

其后，岛津久光即率军卫护敕使前往江户，幕府被迫对其强横态度作出妥协，颁布了一系列政治改革令，主要包括：设置政事总裁职以取代老中会议，由松平庆永担任；设置将军后见职，由一桥庆喜担任；设置京都守护职以守护朝廷并稳定京都局势，由"南纪派"的会津藩主松平容保担任；放宽参觐交待制度，由隔年一参觐改为三年一参觐，每次居留江户百日，并且允许诸大名的妻、子返乡；推进对洋学的研究，向国外派遣留学生；进行军事改革；简化传统宽大而不便行动的礼服等等。

并且幕府还答应，家茂将军将于次年也即文久三年（公元1863年）

上洛觐见天皇,正式宣布攘夷——是为"文久的改革"。

"一桥派"重掌大权,岛津久光志得意满地返回了萨摩。翌年三月,家茂将军如约上洛,并于四月确定了攘夷的期限——五月十日。此诏一下,幕府权威陡然提高,各地尊攘志士无不欢欣鼓舞。然而这种攘夷事实上就是把外国人全部赶出日本,基本恢复幕府旧有的锁国体制,它是根本背离时代发展潮流的,因此也必然引发始料未及的严重后果……

无谋的攘夷

文久年间的"攘夷",后来被称为"无谋的攘夷",也即根本上缺乏统一指挥和细致规划,不考虑军事代差,幕府一声令下,诸藩便各行其是,悍然向洋人挑起战端——因为幕府并没打算真的主动动手。那么这种无谋攘夷之失败,也便是意料中事了。

首先动手攘夷的是激进尊攘派的大本营长州藩,藩主毛利敬亲下令,下关炮台严密监视和封锁马关海峡,凡见到有外国船开过,不管是商船还是军舰,不管是美、英、法、荷哪一国的,一律发炮击沉之。

马关海峡今名"关门海峡",是指本州岛最西端和九州岛东北端之间一条狭窄的水路,也是从日本海进入濑户内海的重要通路。五月十日,乃是预定的攘夷日期,长州激进尊攘派的领袖、松下村塾的高徒久坂玄瑞当即下令向通过的美国商船彭布罗克号开炮,并且指挥两艘新式炮舰——庚申丸和癸亥丸——左右夹攻,迫使彭布罗克号仓皇退去。到了五月二十六日，长州再度悍然炮击荷兰军舰梅杜莎号，当场打死荷兰水兵四名。

列强对此自然不会视而不见，首先跑来报复的是停泊在横滨港的美国军舰怀俄明号。六月一日，怀俄明号开入马关海峡，在海岸炮台的射程外航行，引诱长州军舰前来驱逐，结果因为没有岸炮的支援，被装备精良、航速较高，又训练有素的怀俄明号先击沉壬戌丸，再掉过头来击沉庚申丸，重创了癸亥丸，大败长州海军。

四天后，法国海军准将朱利斯率领两艘军舰来到下关，先重创了沿岸炮台，随即派遣陆战队上岸，击退长州武士，把炮台彻底夷为平地。长州军急忙修复炮台，并且派兵渡过海峡，占领了对岸小仓藩的沿岸阵地，誓将海峡封锁战进行到底。于是翌年七月，英、法、美、荷四国集中了十七艘战舰、五千兵力，以英国海军中将奥古斯特·库珀为总司令官，从香港出发，浩浩荡荡开入马关海峡。激战三天后，四国联合舰队不但轰平了海峡两岸炮台，还攻陷了下关城。

毛利敬亲闻报大惊失色，只好派遣重臣高杉晋作前去与洋人和谈——攘夷的急先锋长州，首先认怂了。

第二个和西方列强全面交火的则是萨摩藩。不过萨摩人没长州人那么激进，本来并不打算动手的——要当炮灰也得他藩或者幕府先上，咱不能在打仗上当出头鸟——可是没想到，洋人倒主动逼上门来。

战争肇因于"生麦事件"。且说当岛津久光先上洛再往江户，成功地逼迫幕府进行改革，并且承诺攘夷后，这位"国父"大人便得意扬扬地取道归藩。行列在途经横滨港附近生麦村的时候，遇见三男一女四名旅游观光的英国人，因为未按规矩避道——大名的行列通过时，只有等级更高的大名才能阻拦，其余武士也好，庶民也罢，都必须避至道边等候——而被萨摩藩臣拔刀相向，当场砍死一人，砍伤两人。

这一恶性事件发生后，岛津久光也知道曲在己方，生怕英国派军队前来报复，因而归藩之后，便立刻加固沿岸炮台，做好了开战的准备。等到了攘夷令生效后的六月份，果然七艘英国军舰气势汹汹地杀将过来，舰队司令为奥古斯特·库珀中将——他要到第二年才去攻打的长州——派人向萨摩提出严惩"生麦事件"的凶手，并赔偿两千五百英镑抚恤金。

本来这一要求并不过分，却被岛津久光一口给回绝了。有一种说法，说是负责翻译的福泽谕吉（日本近代著名思想家、教育学家，现在一万日元纸币上所绘的就是他的头像）一时紧张，把"请萨摩藩主逮捕严惩肇事者"误译成了"逮捕严惩肇事者萨摩藩主"，久光一听啥，要严惩我儿子，是可忍孰不可忍！

谈判就此破裂，七月二日，战争正式爆发。英国舰队首先突袭捕获了停泊在港口的三艘萨摩蒸汽船，随即与岸上炮台展开了激烈的交火。一直战至黄昏时分，英舰一艘重伤，两艘中度受创，损失非常惨重——事后英国方面的借口是：海上风浪太大，影响了舰炮的瞄准和舰只的规避，更要命的是英舰正好停在了萨摩炮台日常训练的标靶物所在地……

但是萨摩方面虽然死伤人数较少，却也并不好受。他们本以为经过多年学习西方先进科技，苦心经营的沿岸炮台可以抵挡住英军炮火的，谁料激战过后，毁坏了将近半数，并且英国舰炮射程较远，很多炮弹直接越过炮台，落入了萨藩本据鹿儿岛城内，瞬间引发大火，数百年古城几成废墟……

于是只得与英国人在横滨议和，萨藩向对方赔偿两万五千英镑的巨款——不过经过大久保一藏的协调，这笔费用最终转嫁到了幕府头上。这场"萨英战争"极大地刺激了大久保等萨摩藩尊攘志士，也让岛津久光初尝苦果，他们原本狂热的头脑逐渐冷静了下来，思想开始从攘夷向开国转化。

然而在那些头脑僵化的局外人看来，目前的形势一片大好嘛，就连老牌列强英国的舰队，不也被萨摩一藩给击退了吗？只恨幕府指挥不力（其实是根本就没有指挥），诸藩观望的多，真正动手的少，倘若真能把全国的军事力量全都凝聚起来，又岂有攘不了夷的道理呢？好，既然幕府不愿或无力担当攘夷领袖的重任，那咱们就换一个来！

要换谁做领袖？当然只有天皇朝廷啦。此际激进尊攘派甚嚣尘上，已然逐步控制了京都朝廷的权力，在朝有三条实美、姊小路公知等朝臣，在野有久留米藩士真木和泉（保臣）和长州藩士久坂玄瑞，几个人碰头会商，提出了天皇"攘夷亲征"的计划。

所谓"攘夷亲征"，当然不会让孝明天皇亲统大军去跟洋人死磕，而是借着天皇行幸贺茂神社和石清水八幡宫，进行"攘夷祈愿"的机会，使得天子摆脱朝中顽固派和京都幕府官员的控制，进而彻底推翻朝廷委任幕府处理政务的旧体制，从而达成上下一心，全面攘夷的目的。

可是孝明天皇虽然坚持攘夷，却并没有推翻幕府，自己亲掌国政的心思，对三条实美等人的谋划是不理不睬。三条等人无奈之下，被迫铤而走险，计划挟持天皇离开京都。可惜消息败露了，千年古都很快又将沦陷为血与火的战场……

逃出池田屋

文久三年（公元1863年）八月十八日凌晨一时，中川宫朝彦亲王、前关白近卫忠熙、右大臣二条齐敬，以及京都守护职松平容保一起入内参觐，获得了孝明天皇的允可。于是到了四时左右，会津、萨摩、淀、德岛、冈山等藩兵数千人汹涌冲向皇宫，接替了各门的守卫。随即天皇下诏，要求在京各藩藩主全都入内觐见，同时免除了激进尊攘派公卿三条实美等人的职务，命其在家禁闭。

这是公武合体派对激进尊攘派——或者也可以说是具备一定倒幕倾向的尊攘派——的全面反攻。很快，朝命下达，对于不尊王命的长州藩主毛利敬亲、定广父子加以惩罚，免除长州兵警卫御门的任务，勒令限期离京，同时放逐包括三条实美、三条西季知、东久世通禧等七名与长州藩关系密切的公卿。

这就是"文久政变"，又称"八月十八日的政变"。那七位公卿狼狈逃出京都，只好跑去依附长州，史称"七卿落难"。

松平容保的会津藩乃是幕府亲藩，淀藩是幕府谱代，德岛等藩虽为外样，但一贯恭顺，他们为了维持江户幕府的存续发动政变尤有可说，可是萨摩藩为啥要跑来添乱呢？其实原因也很简单，自从攘夷之诏下达后，长州便成了尊攘派尤其是激进尊攘派的大本营，毛利父子的声望一时无两——他们是第一个向洋人开炮的，为此还曾经受到过天皇的表彰——这使得岛津久光大为不满。外样诸侯当中，岛津久光是自命魁首的，怎能容许长州毛利氏爬到自己头上去呢？

再加上自从久光率兵上洛，获得天皇敕旨，压服了江户幕府以来，孝明天皇即对其青眼有加，寄予厚望。当激进尊攘派掌控朝政之后，天皇便多次传旨久光上洛，为他澄清朝局，只可惜久光因为"萨英战争"而不克抽身。所以当近卫忠熙等人以天皇御意去游说萨摩藩驻在京都的总负责人西乡吉之助时，吉之助秉承"国父"旨意，当即一口答应下来。

如此一来，原本乘着攘夷东风在京都呼风唤雨的长州势力被一扫而空，以会津、萨摩为首的佐幕诸藩彻底控制了局面。激进尊攘派当然不甘心就此失败，他们陆续在各地起事以反抗幕府的统治，想要杀回京都去。其实早在"八月十八日的政变"以前，公卿中山忠光就组建了"天诛组"，在大和举兵，以呼应所谓的"攘夷亲征"；政变爆发后，筑前藩士平野国臣又占领了但马国生野代官官署（生野之变）。但这些起义陆续都被幕府指挥各藩围剿，血腥地镇压了下去。

而受到最大打击的长州藩，则正策划着更为危险的举动，他们打算从内部扰乱进而占领京都，挟制天皇，让天皇下诏讨伐江户幕府——这一行动被称为"夺玉"，"玉"指的就是当时在位的孝明天皇。

翌年六月五日，负责京都治安的新选组逮捕了一名化装成武具商的尊攘志士古高俊太郎，俊太郎受刑不过，供出当晚将有长州、土佐、肥后等脱藩志士二十余人聚集在京都三条河原町的旅馆池田屋开会，打算在京都纵火，然后趁乱攻入皇宫，挟持天皇。并且与会名单上，竟然还有"桂小五郎"的名字！

桂小五郎原为长州藩医和田昌景之子，过继给大组士桂家做了养子，后来受到长州藩主毛利敬亲的青睐，赋予重任，并且成为藩中尊攘派的领袖人物，与主掌藩政的长井雅乐（时庸）展开了长期的斗争。

长州藩最初的藩论是倾向于锁国佐幕的，就在"樱田门外之变"前后，长州藩内制定了三条基本纲领，那就是：一，尊王；二，佐幕；三，恪守藩祖（毛利辉元）以来的忠义之心。然而重臣长井雅乐却跳出来大唱反调，向藩主毛利敬亲提出了《航海远略策》，指出毁约攘夷是没有好结果的，只有公武一心，开国进取，才能挽救艰危的时局。在得到毛利敬亲的首肯后，他前往江户说服了老中安藤信正和久世广周，又进京说服了天皇和许多公卿，为把公武两家拉上同一辆战车而费尽了心机。

桂小五郎等人针锋相对地提出吉田松阴的"航海雄略论"，以对抗长井的"航海远略论"，这两种方针就表面上看起来非常近似，却也存在着两个截然不同的差异点。其一，"远略论"更重韬晦，认为在力量不足的情况下，暂且与列强签署不平等条约乃是不得不为之事，但"雄略论"却认为绝对不可原谅；其二，"远略论"主张公武合体，而吉田松阴在临终前却已经产生了倒幕的思想，传留给其弟子们的遗产，就是对幕府极度的反感，进而认为所谓公武合体只不过是幕府以退为进，欲图苟延残喘的鬼花招罢了。

故此以桂小五郎和久坂玄瑞等人为首，纷纷提出必须先攘夷，后开国，想在不先解决内部矛盾、改革政治以前就向西方列强敞开大门，根本就是开门揖盗。曾经支持过吉田松阴的重臣周布政之助也站在小五郎等人一边，于是众人齐心协力把长井雅乐赶下了台，并导致长井雅乐在文久三年（公元1863年）的二月份切腹自杀。

拉回来再说池田屋的密会，其实桂小五郎恰好在这个时间点上洛，并且同意与会，还真不是来挑事儿的。且说去年攘夷之战开始以后，长州藩内尊攘派三巨头高杉晋作、桂小五郎和久坂玄瑞逐渐走向两个不同的阵营，高杉和桂终于认识到了自己与洋人之间的差距，就此反对无谋攘夷，主张慎重处事。当"八月十八日"的政变爆发后，长州藩内群议汹汹，纷纷要求发兵上洛，向朝廷申诉，桂小五郎左拦右阻，最后提出，不妨由自己先上京去看看风色，咱们才好谋定而后动啊。

所以小五郎这次与会，不但不是来煽风点火的，反倒是希望来灭火的。只可惜新选组并不清楚此事，一心想若擒获甚至斩杀小五郎，便可极大削弱反对幕府统治的势力。于是他们在通报了京都守护职松平容保以后，快速展开行动，乘夜奇袭了池田屋，包括宫部鼎藏、吉田稔麿在内的七名志士被当场斩杀，其余数人遭到逮捕——是为"池田屋事变"。

然而新选组却并没有发现桂小五郎的踪迹，据说小五郎发现情势不对，根本并未出席，直接就闪人了，就此侥幸留得一命，随即被迫化装成乞丐,悻悻惶惶地逃出了京都。

对于长州藩来说,"池田屋事变"更是火上浇油,再加上桂小五郎不在藩内,仅凭高杉晋作一人,实在无法独撑大局,于是最终,长州大军开拔了,浩浩荡荡地杀向京都而来……

禁门之变

元治元年(公元1864年)六月五日爆发的"池田屋事变",使得长州激进尊攘派的活动从地下转入地上,毛利家三名尊攘派的家老——益田右卫门介、福原越后和国司信浓——在中下级武士的煽动下,决定指挥兵马进京,对"八月十八日的政变"提出申诉。这种轻率的举动受到了高杉晋作等稳健派的反对,然而他们的努力劝说最终化成了泡影,长州军还是出动了,将领除三家老外,还包括久坂玄瑞、"游击队"队长来岛又兵卫等人。

"游击队"乃是长州诸队之一,这些队伍并非正规藩兵,而是编组的民间武装。且说当长州开始封锁下关海峡,炮击过往洋船以后,屡经战阵,损失惨重,毛利敬亲深感旧日的藩兵不堪使用,于是便授命亲信高杉晋作去组建新式陆军。

这位高杉晋作是个很特别的人,从小才具无双,眼高于顶,一副风流名士的派头。与绝大多数尊攘志士不同,晋作出身于中上级武士家庭(其实桂小五郎也是,他本家和田,后来成为桂氏的养子,桂氏的始祖乃是毛利元就麾下大将桂元澄）。因为高杉氏的家纹为"丸之四割菱"，所以有传说出自甲斐武田氏，先祖是战国时代的备后国高杉城主武田小四郎春时。晋作的父亲高杉小忠太领二百石俸禄，就其在长州藩内的身份来说，可比德川幕府的旗本。晋作初名和介，自小便在藩校"明伦馆"中取得了优异成绩，得到毛利敬亲、定广父子的称赞。

当时在"明伦馆"中还有一个高材生，同时也是高杉晋作的好友，那就是久坂玄瑞，经过玄瑞的介绍，晋作与其同时投拜在吉田松阴门下——照理说，松下村塾所招收的大多是中下级武士学生，晋作本来是不可能想到要去那样一个乡下学校进修的。

在松下村塾的日子里，高杉晋作受到吉田松阴的深刻影响，同时他还四处游历，先后向思想家佐久间象山、横井小楠等人求教，思想倾向逐渐转变为尊王攘夷。而因为他的学习成绩良好，遂被与久坂玄瑞，入江久一、吉田稔麿并称为"村塾四天王"。

文久元年（公元1861年），晋作被选为世嗣毛利定广的小姓役，也就是青年侍卫官，随即他获得许可，乘坐木船"千岁丸"渡海前往上海考察和学习。此时正值太平天国运动席卷中国东南半壁，西方列强协助清政府镇压这次运动，从而更进一步地把中国半殖民地化，上海是全中国苦难的最鲜明的缩影。在上海的这段日子里，晋作的思想开始发生转化，一方面产生严重的危机感，深知日本若不革新自强，结果必将比清朝更惨，另方面，他的对外倾向也逐渐转向开国。

回藩后，高杉晋作提出"大割据"策略，想要以长州藩为基地率先进行改革，从而逐渐向外影响整个日本。在他的建议下，毛利敬亲答应组建一支新式陆军，和旧有的藩兵不同，这支部队不论出身，其中既有武士，也有很多商人、城市平民和农民的子弟。当时藩中主力部队名为"选锋队"，选锋的意思就是正面突击，他们蔑称这支平民武装为"奇兵队"，意思是只能搞搞偷袭啥的。

高杉晋作不以为侮，便自称"奇兵队开辟总督"，自号东行，毛利敬亲则名其为东一（东邦第一人）和谷潜藏（深谷潜龙）。

受到"奇兵队"的影响，长州藩内各种半军事性组织逐一被建立了起来，比如来岛又兵卫的"游击队"，伊藤俊辅（博文）的"力士队"，吉富藤兵卫的"鸣城队"，品川弥次郎的"御楯队"，还有"荻野队"、"膺惩队"、"第二奇兵队"等等。其中就人数和军事实力来说，当然以"奇兵队"为其翘楚，落难长州的公卿三条实美就曾经欣然为"奇兵队"题词"忠义填骨髓"。

再说长州军总计三千人，分海陆两道杀往大坂，随即以伏见的长州藩邸为据点，大举向京都进发。当时守卫京都的是包括萨摩、会津在内的共三十个藩的部队，就兵力来说，长州军完全落在下风。然而被热血冲昏了头脑的长州激进尊攘派却根本看不清形势，在他们想来，只要通过公卿上奏天皇，说明自己的尊攘大义，天皇自然会站到自己一边，到了那个时候，萨摩、会津等藩的武士，难道还敢违逆天皇的旨意而行吗？

然而事实上当时的孝明天皇并无从幕府手中收归权力的野心，同时因为去年几场失败的攘夷战争，也已经很明确地表过态："征服丑夷乃国家之大典……无谋之攘夷实不为朕之所望……"所以天皇是根本不会主动走出皇宫，接纳长州志士们的所谓忠心的。

皇宫四周布列着各藩军队，而长州军则分扎在嵯峨天龙寺、山崎天王山和伏见三处，与各藩遥遥相对。六月二十七日，松平容保命令各藩部队加强皇宫各门的警备，勿使长州一人一骑进入。七月三日，他又写信给福原越后，要求长州军尽快撤出京都附近地区，否则后果自负。

长州军不甘心就此退出洛中，可是面对数倍于己的兵力，也不敢贸然发动攻击。就这样，随着时间的流逝，形势对幕府方越来越有利，七月十八日夜晚，松平容保终于请到了幕府讨伐长州的敕命，随即带病出阵，指挥各藩军队向长州军发起猛攻。

长州军得到消息后，骑虎难下，被迫分道杀向皇宫，激烈的战斗就这样打响了。山崎方面屯扎着长州军的主力，主要将领有久坂玄瑞、益田右卫门介，以及久留米藩浪人真木和泉等，首先遭到诸藩联军的进攻，被迫向后退却。为了掩护主力部队，同时扭转战场形势，另外两路长州军大踏步地向皇宫挺进，先锋来岛又兵卫亲率两百名部下直冲蛤御门。

当时守备蛤御门的乃是八百名会津藩兵，看到长州军汹涌杀来，匆忙奋起迎战，双方就此在御门前展开了激斗。作为天龙寺方面主将的国司信浓紧跟在来岛又兵卫之后加入战团，高呼"杀败会奸，冲进皇宫去求见天皇陛下"等口号拼死奋战，会津军力不能敌，节节败退，眼看御门就要被长州军攻破了。

然而就在这个时候，一直驻扎在附近、守护乾御门的萨摩军却开始行动了。萨藩主将正是西乡吉之助隆盛，在他的指挥下，两百余名萨摩藩兵救援蛤御门，突然出现在长州军的背后。遭到前后夹击的长州军瞬间崩溃，素有"鬼来岛"之称的勇士来岛又兵卫身中数弹，自度不得幸免，于是含恨切腹而死。

就这样，长州军最后一线转败为胜的希望就此破灭，三路军兵陆续都被击溃。久坂玄瑞被迫闯入公卿鹰司府邸，想要负隅顽抗，结果被萨摩、会津、桑名等藩兵团团围住。恶战一场后，玄瑞和好友寺岛忠三郎一起含泪对刺而死。

最后毙命的长州军大将是真木和泉，他依靠天王山地势之险，一直固守到八月二十一日，掩护三位家老顺利撤退，然后也被迫自尽了。这就是著名的"蛤御门之变"，也称"禁门之变"，长州藩第一次明确地打出了尊王倒幕的旗帜，但因为准备不够充分，敌我力量对比过于悬殊，最终以全面溃败而告终。据说经此一战，长州藩尊攘志士战死达三百余人，藩中舆论也为之大变。

丈夫为之岂屈志

"禁门之变"爆发后，幕府传令各地诸侯，以前尾张藩主德川庆胜为总督，越前藩主松平茂昭为副将，联军讨伐长州。然而此时幕府权威已堕，诸侯各抱观望之心，都不肯使出全力，担任讨伐军总参谋的萨摩重臣西乡隆盛（吉之助）遂提出一计，要"以长州人来处置长州人"——

这一计划取得了完美的成功。

且说讨伐军是元治元年（公元1864年）八月二日出动的，然而还没等走到长州，如前所述，八月五日，英、美、法、荷四国联合舰队驶入关门海峡，对长州重镇下关展开了猛烈的炮击，长州军损失惨重。于是藩内保守派椋梨藤太等人趁机向毛利敬亲提出，只有排斥尊攘派，并且立刻向幕府谢罪，"纯一恭顺"，才能挽救毛利家濒临灭亡的命运。

在这些保守派，也被称为"俗论派"的打击下，家老周布政之助被迫自杀，激进攘夷派的代表井上闻多（馨）遭到"选锋队"的袭击，伤重而遁。于是毛利敬亲勒令益田右卫门介、国司信浓、福原越后三家老自尽，同时破弃重镇山口城，交出落难的五位公卿（七卿或死或走，留在长州的还有五个），亲笔写信向幕府谢罪，用这些屈辱的条件勉强劝退了讨伐军。

这就是第一次"征长之战"，在西乡隆盛的谋划下，长州藩不战而败，藩内尊攘势力几乎被扫荡一空。然后，就该轮到狂飙突进的高杉晋作出场了。

此前高杉晋作正奉了毛利敬亲之命，在与西洋列强展开和谈，随即因为长州军在"禁门之变"中攻击御门，并向皇宫开炮，被定为"朝敌"，幕府趁机发动了第一次征长战争。消息传来后，晋作为了抵挡幕府军的攻击，挽救长州藩的危局，匆匆赶回本据萩城，提出"武力恭顺"的主张，也即阳奉阴违，表面上向幕府低头，实际却厉兵秣马，寻机再举。

然而"武力恭顺"被"纯一恭顺"压倒，俗论派趁机上了台，开始残酷镇压尊攘志士，晋作也被迫亡命北九州。但他并未就此失望颓唐，在舟中作诗述志道："君不见楠公护凤辇，更有尊氏反；又不见南宋衰乱间，生一文文山。顺逆赏罚寻常事，丈夫为之岂屈志！"于是他在九州仅仅躲藏了一个月，便又悄悄遁回下关，图谋夺回"奇兵队"的掌控权，发动起义。

当时"奇兵队"的指挥者，一为总督赤根武人，二为军监山县狂介。山县狂介本名小辅，吉田松阴评价他"志向高远，可称一个'狂'字"，因此赐名狂介——也就是后来的日本陆军大将山县有朋。当高杉晋作秘密前来，和他商量"必须打倒俗论派，掌握藩政，否则就无法挽救长州，更无法挽救整个日本国"的时候，此人大违其"狂"名，在赤根武人等谨慎派的挟制下，竟然犹豫不决，不肯协同起义。晋作一怒之下拂袖而去，说："就算只有我一个人，也必定会完成起义大事！"

虽然没能拉动"奇兵队"的老部下，但高杉晋作通过不懈努力，却终于说服了"力士队"队长伊藤俊辅、"游击队"新队长高桥熊太等六十余人（一说为八十人）。他们于十二月十六日冒雪在下关功山寺起义，主力进攻正在新地会所驻扎的藩兵，另有十八名武艺高强者组成敢死队，突击三田尻的长州海军局。正逢天降大雪，藩兵们毫无防备，晋作这如同晴空霹雳般的猛然一击，彻底把他们给打垮了。很快，起义者就控制了新地会所和海军局，并且不流一滴血就接收了停在港口的三艘军舰。

听到高杉晋作举兵的消息，长州藩内的尊攘派志士们纷纷赶来会合，最终就连山县狂介也坐不住了，率领奇兵队跑来请求加入。就这样，只短短一天的时间，高杉晋作就控制了整个下关。

"俗论派"闻讯大惊失色，急忙派遣藩兵三千人前往镇压，高杉晋作身穿祖先传留下来的绀丝威铠甲，头戴乌帽子形兜，沉着应战，很快便将来敌杀得大败，随即挟得胜之势，直指本据萩城。

当然啦，基于当时的社会形态，晋作并没有推翻毛利家取而代之的心思，在率兵进入山口城后，他立刻向藩主毛利敬亲呈交了"兵谏"的建议书。毛利敬亲无奈之下，只得驱逐"俗论派"，授命晋作改革内政、整编诸队。然而晋作虽然一度掌控了藩政，但他提出开放下关港，主动与洋人接触的主张，却不仅仅"俗论派"，就连往日的攘夷同志们也都接受不了，双方竟然联起手来，想要派人刺杀晋作。

晋作被迫逃往四国，在友人日柳燕石的家里躲藏了起来。

好在此后不久，桂小五郎经过长期流亡，终于跑回了长州，毛利敬亲正夹在"正义"、"俗论"两派斗争之中，觉得朝不保夕，如同揪住一根救命稻草一般，当即把藩政一以委之。小五郎为人谦抑温和，绝非目无余子的晋作可比，加上口才很好，善于说服人，于是在他的主导下，终于再次推倒"俗论派"，并且统一了"正义派"的思想——那就是：武备恭顺、尊王、攘夷，外加倒幕。

可是为了加强武备，扩充实力，为将来推翻幕府做好准备，你不跟洋人接触，不学习先进技术，终究是不行的啊。经过桂小五郎的斡旋，晋作终于得以重返长州，任用军事家大村益次郎，开始了对藩中兵马的全面革新和整备。

龙马奔腾

"功山寺起义"的第二年是庆应元年（公元1865年），五月，一个名叫"龟山社中"的商会悄然建立了。日本的这场近代变革，产生了所谓的"维新三杰"，而在此之前，还有所谓的"前三杰"声名更为烜赫，那就是高杉晋作、幕臣胜海舟，以及"龟山社中"的创办人坂本龙马。

坂本龙马本名直柔，出身非常低微，他的祖父直益本是酒店"才谷屋"的少东家，后来过继到土佐藩一个下级武士家庭，才始取得"乡士"资格。成年后，龙马获得藩内允准，前往江户游学，不但修习了"北辰一刀流"的精妙剑术，还拜在大学问家佐久间象山门下，精研儒学、军事和兰学。

所以说，相对这时期绝大多数尊攘派的年轻武士来说，龙马接触西洋学问是比较早的，了解也是比较深的，虽然同样主张攘夷，但对开国的抵触并不强烈。

土佐藩的始祖，乃是丰臣秀吉的亲信山内一丰，"小山评定"之际，一丰主动站出来支持德川家康，并且提出献出自己的居城挂川，请德川军入驻。因此"关原合战"后，他被家康封以土佐一国，领地九万八千石。

一丰十五传而至山内丰信，是幕末"四贤侯"之一，起用开国派重臣吉田东洋，进行藩政改革，成效卓著。"安政大狱"中，山内丰信受到打击，被迫让位给前藩主山内丰惇之弟丰范（丰信是以旁支入继宗家的），自己退居二线，号"忍堂"，后改"容堂"。井伊直弼对洋人的卑躬屈膝，与对"一桥派"和尊攘志士的残酷迫害，直接刺激了土佐藩中广大年轻武士，于是他们联合起来，组建了一个"土佐勤王党"。

"土佐勤王党"的首脑，乃是激进尊攘派的武市半平太（瑞山），坂本龙马幼小时即与半平太相交莫逆，因此也在盟誓的文书上签上了名字。此后不久，半平太找到龙马，请他前去刺杀吉田东洋，欲图以此契机来控制藩政。

龙马的思想在攘夷和开国之间徘徊，也不愿伤害对土佐藩做出过重大贡献的东洋，被迫脱党，甚至脱藩而去。不过最终，武市半平太还是找到一个名叫那须信吾的剑术高手，斩杀了吉田东洋，并且如其所愿，很快便推翻了旧的藩政府，把权力牢牢掌握在自己手中。

放下武市半平太不提，再说龙马脱藩以后，便前往九州考察，随即返回江户，在剑道师父千叶定吉的介绍下，前去拜会新任政事总裁松平庆永。庆永虽然颇为欣赏龙马的才干，但二人的地位天差地别，身为幕府首脑，不便破格提拔一名浪人，于是又介绍他去拜见军舰奉行胜麟太郎义邦（海舟）。

这位胜海舟，据说本出自一个高利贷者家庭，其父靠着金钱把儿子送去幕府御家人胜家做婿养子，继承了胜氏的家名。"黑船来航"之后，胜海舟受到幕府海防挂大久保忠宽（一翁）的赏识，进入长崎海军传习所任职。万延元年（公元1860年），幕府为了《日美修好通商条约》的换文，派出赴美使节团，使团成员乘坐美国军舰帕沃坦号，此外海军传习所的教练舰"咸临丸"也跟同护卫——使团翻译，就是大名鼎鼎的中滨万次郎，而"咸临丸"的副舰长就是胜海舟，那位萨摩藩的福泽谕吉，也混了个同船前往的位置。

"文久的改革"中，幕府任命胜海舟担任军舰奉行，等同于海军部长。所以松平庆永一瞧这位名叫坂本龙马的年轻浪人颇为精通兰学，便让他直接去找海舟谋职。海舟是彻底的开国派，龙马心中不能毫无芥蒂，勉强前往，反倒三言两语就被海舟给说服了——不开国则无以强国，不强国，所谓攘夷只是痴人说梦而已。随即胜海舟开设了神户海军操练所，也就是官办海军学校，委任坂门龙马担任塾头（类似于教务主任）。

胜海舟和坂本龙马一心培养出日本自己的海军人才，建立一支真正现代化的海军，但可惜好景不长，因为学员当中有很多人都与激进尊攘派有着千丝万缕的联系，因此"八月十八日的政变"后，胜海舟受牵连而被罢免了军舰奉行的职务，神户海军操练所经费断绝，也被迫关门。

此时的坂本龙马，已经构思出了他独特的共和政体论，在离开神户海军操练所后，他率领一些学员先是投奔萨摩藩，随即便在长崎创立了"龟山社中"，后改名"海援队"。"龟山社中"名义上是个普通的对外商务贸易组织，实际上乃是尊王志士们的总联络站和总情报站，利用这个组织，龙马把大量精力和金钱都投入到尊王倒幕运动中去。

只是龙马并不赞成武力倒幕，他认为只有各地雄藩联合起来，才能逼迫幕府自动地"大政奉还"，也即把权力返还给天皇朝廷，完成不流血的革命。为了达成这个目的，他决定首先要让尊攘派的两大魁首——长州和萨摩——携起手来。

萨摩藩本是尊攘派的重要基地，但公武合体的色彩更为浓厚，当坂本龙马和好友中冈慎太郎来到萨藩的时候，掌握藩中实权的乃是大久保利通（一藏）和西乡隆盛——此二人与长州的桂小五郎（后改名木户孝允）并称为"维新三杰"。

萨摩藩前此所以会协助幕府与长州军交战，本是为了掌握京都的实权，完成藩主岛津久光公武合体和"雄藩公议"的政治理想。可是幕府在战败长州以后却卸磨杀驴，加速恢复幕权，同时故意搅黄朝廷明令召开的"参预会议"。在这种情况下，西乡隆盛、大久保利通等人的思想逐渐倾向于武力倒幕。于是，经过龙马和慎太郎的反复劝说，西乡隆盛终于答应和长州联起手来，伺机推翻幕府的腐朽统治。接着，两人又来到长州游说，虽说长州人恨透了"会奸"、"萨贼"，但眼界开阔的桂小五郎和高杉晋作还是力排众议，决定争取萨摩这个强有力的外援。

经过反复磋商，萨摩和长州首先联起手来，其后又有土佐和肥前加入——通称"萨长土肥"，这就是最终推翻幕府统治的西南"四强藩"。

奇才大村益次郎

如前所述，在坂本龙马和中冈慎太郎的反复奔走游说下，庆应二年（公元1866年）正月，长州重臣桂小五郎再次秘密潜入京都，在萨摩藩邸与萨藩重臣西乡隆盛会面，签署了共同进退的同盟协议。幕府对此秘密同盟懵然无知，他们只看到了高杉晋作的"功山寺起义"，看到长州藩的割据倾向，于是悍然决定发动第二次"征长战争"。

幕府首先向长州藩发去了诘问书，要求藩主毛利敬亲、定广父子退隐,并且将领地削减为十万石,移往他处,如此则可保证毛利氏的家名不被绝灭。如此苛刻的条件,就算掌握藩政的依然是"俗论派",也是很难答应的。幕府正要他们不答应,这样就可以名正言顺地号召诸藩联兵讨伐,从而一举灭亡毛利氏,解决长州问题。

萨摩藩的西乡隆盛、大久保利通等人竭力阻挠幕府征伐长州,前者甚至亲自领兵进入京都,号召召集有力藩主开会,共商长州问题。然而江户幕府终究"瘦死的骆驼比马大",德川家茂将军还是拼凑起了各藩联军十五万之众,分从山阴、山阳、濑户内海和北九州四个方向合围长藩。幕府先锋总大将是纪州藩主德川茂承,家茂将军则离开江户,亲自坐镇大坂城遥控指挥。

消息传来,长州藩内大为震动,桂小五郎、高杉晋作急忙召集群臣商议。根据所得到的情报,幕府方三万陆军从山阴方向走石州口,五万陆军从山阳方向走艺州口,两万水陆联军从长门南方登陆走大岛口,另外主力五万以北九州的小仓城为基地走九州口,目标直指长州重镇下关和本据萩城。对比幕府的十五万大军,长州可战之兵才不过区区四千人。

四千对十五万,这场仗真的很难打,然而军师大村益次郎却胸有成竹,辅助高杉晋作拿出了超级狂妄的分兵四战的策略,也就是把四千人分为四队,各堵一路幕府军,面对数十倍于己的敌人,希望能够通过短期和局部决战,便达到各个击破的目的。

这位大村益次郎本名村田藏六,是长藩周防国吉敷郡铸钱司村一个名叫村田孝益的汉方医(中医)的长男。十九岁的时候,藏六拜藩内著名兰方医（西医）梅田幽斋为师，后来又进入大坂绪方洪庵的适塾深造。

绪方洪庵可称是当时日本一流的兰学家和兰方医，而身兼东西方医学之长的村田藏六因为学习成绩优异，也很快就成为适塾的"塾头"。嘉永六年（公元1853年），三十岁的藏六受老师绪方洪庵的推荐，出仕宇和岛藩藩主伊达宗城，帮忙在宇和岛藩内讲解兰学，并翻译西方军事书籍。

治病的医生第一次接触到杀人的学问，进步之神速却出乎所有人意料之外。很快，幕府开设了蕃书调所和讲武所，特意聘请村田藏六前往担任教授。等到了万延元年（公元1860年），桂小五郎因事前往江户，亲眼观看了村田藏六执刀进行人体解剖，心想如此人才，怎么竟然流落外藩呢？于是经小五郎反复劝说，藏六答应辞去宇和岛和幕府的优厚待遇，回归长州藩，担任"博习堂"的兰学教授。长州藩主毛利敬亲颇为器重他，让他继承了名门大村氏的苗字，改名为大村益次郎。

一直到这个时候，这位大村益次郎就表面上看来还不过一介翩翩文士而已，虽然对于东西方的各门学问都很精通，但从未领兵打过仗，说不上有什么经天纬地之才。只有桂小五郎认为益次郎才堪大用，等到"正义派"夺回藩政以后，他就委派大村益次郎进行藩内的军事改革。

大村益次郎的所作所为，着实让所有人全都大吃一惊。首先，他彻底抛弃了刀枪弓箭，拿出藩库中的多年积蓄购买了很多最新式的西洋枪炮，然后竟连士兵的服装也全都改了，废弃传统盔甲，一律改成黑色的便于活动的西洋式军服。上述两条还只是表面上的变革，在更深的层次上，益次郎废除了长州藩八家重臣世袭藩主马迴众的制度，打破传统的将、兵界限,全面引进西洋军制。

可以说,高杉晋作创建"奇兵队",首次打破旧有的"士农工商"的等级制度,而大村益次郎的军事改革则使中下层民众得以成为将领,一扫长州藩内的封建势力,由此而产生的社会影响是非常巨大的。

正因如此,当幕府十五万大军汹涌攻来的时候,大村益次郎临危不乱,分析说:"各藩联军配合度差,士气低落,将领们多怀攘夷之心,不愿攻打长州,而士兵们人人思家,不肯长年在外作战。我以整编过的新式军队相迎,可以轻松取得胜利。敌人虽多,却不足惧!"

长州重臣会议决定,以高杉晋作担任海军总督兼九州口参谋,前往迎战坐镇九州小仓城的幕府军大将小笠原长行,大村益次郎则担任石州口参谋,迎战石见国津和野方向的敌人,其余两路也各遣将相敌。

就这样,第二次"征长战争",也称"四境战争",正式爆发了。

四境战争

庆应二年(公元1866年)六月七日,幕府方的"富士山丸"等四艘新式战舰驶入关门海峡,配合陆军进攻大岛炮台——大岛口之战打响了。高杉晋作闻报,急忙乘坐战舰"丙寅丸"前往救援。

这艘"丙寅丸"战舰是两个月前才刚从英国人手中购得的。本来自从第一次"征长战争"以后,幕府就禁止长州藩再进口武器,于是高杉晋作通过坂本龙马的"龟山社中",以萨摩藩的名义,花费了三万多两的巨资购得此舰。龙马同时还为长州运来了最新式的米尼埃步枪四千三百支、格拜尔步枪三千支，总花费高达九万二千两。

且说高杉晋作乘坐"丙寅丸"来到前线，观察到幕府方的舰只防备松懈，便妙想天开地趁夜前往突袭。"丙寅丸"撞入停泊在海岸边的幕府舰队当中，两侧炮门全开，拼命轰击。幕府军猝不及防，竟然乱成一团，结果在互相射击中伤亡惨重，被迫退回九州。

高杉晋作乘胜追击，通过九州口直取小仓城。他首先用海军吸引幕府方战舰和海岸炮台的火力，然后派山县狂介率军登陆，彻底破坏了小仓城附近的炮台。这是六月十一日之事，七月三日，长州军发起第二次登陆作战，突破了住吉原和大里的幕府方防御阵地，幕府大军在千余长州军的攻击下竟然节节败退，被迫退守小仓城。长州军随即凯旋回归下关，就此彻底解除了来自西、南两个方向的威胁。

再说此前的六月十三日，艺州口方面的长州军以"游击队"为主力，主动越过藩境杀入安艺国，随即遭到幕府方先锋大将德川茂承的反击，后退到小濑川西岸，隔河对峙。虽然兵力对比悬殊，但幕府军士气低落，暂时还不敢发动大规模的进攻。

在此前后，大村益次郎率领"南园队"、"精兵队"和长州支藩清末藩的部分兵马，一共七百余人，开到了石州口。虽然麾下士兵大都身着全新的西式军服，扛着洋枪，作为总指挥的益次郎却仍作文士打扮，身披浴衣（和式简装），戴着斗笠，腰挂短刀。从当时遗留下来的照片来看，这位总指挥相貌丑陋，面色惨白——据说是晕船所致。

面对新式装备的长州军,紧邻长藩的津和野龟井藩不敢抵抗,六月十七日,他们秘密送出降书,允许大村益次郎所部安全通过领内。随即益次郎便大踏步挺进,猛攻幕府亲藩石见滨田藩,当时滨田藩领内驻扎的除本藩藩兵外,还包括前来会合的备后福山、纪州等藩藩兵,总兵力为五千人,总大将是幕府所派遣的军监三枝刑部。

六月十六日夜晚,大村益次郎改扮成农民模样,孤身一人进入诸藩兵马驻扎的益田町,详细调查了敌军兵力配属情况。大概因为他相貌丑陋,毫无威势,装农民实在装得太像,所以竟然丝毫也没有被敌人察觉,侦查完毕后安然退回本阵。益次郎是很注重战前侦察的,此外他还曾说过这样的名言:"吃败仗的时候与其无谓地继续抵抗,不如早早撤退为好。"这句话彻底颠覆了以战死为荣耀的传统武士精神。

次日凌晨,大村益次郎兵分三路突入益田町。长州军武器精良,射程较远,同时在益次郎的苦心训练下,利用町内各种掩体作战的技术也比幕府军为高,因此以寡击众,仍然很快便赢得了胜利,敌将三枝刑部亦中弹殒命。据说坂本龙马曾受桂小五郎之邀观看了"四境战争"的整个过程,他留下笔记说:"长州军绝不布设密集队形,而是分散冲锋,使得中弹的人很少。"

这是一场新旧军队之间的战争,在长州军新式武器和新式战法的攻击下,传统的武士战法如同石下之卵一般被彻底粉碎。据说滨田藩士岸近江本是"宝藏院流"的枪术名家,藩中数一数二的勇士,但在长州军乱铳射击下眨眼就被打成了筛子。

败退的幕府军后退到滨田城西面十二公里外的山区，企图凭借大麻山、云雀山、鸢巢山等天险阻遏长州军继续挺进。但是大村益次郎调来了数门新式大炮，对上述山头进行猛烈轰击，最终大麻山、云雀山次第陷落，鸢巢山的幕府军一哄而散。七月十八日，长州军开始猛攻滨田城，滨田藩主松平武聪等人慌忙经海路逃往松江。

七月十九日，大村益次郎率领长州军进入滨田城，在城下町中各处都竖立起"长州支配"的木牌，并且随即占领了附近幕府直辖的石见银山。滨田城的陷落，标志着幕府军石州口一路的彻底失败。

幕府军气势汹汹四路来攻，结果除艺州口一路仍在对峙外，其余三路全都遭逢惨败。即便如此，高杉晋作依然不肯罢休，他于七月二十七日亲率"奇兵队"八百人再征小仓。没有了实力强劲的萨摩藩参战，各藩藩兵完全不是长州军的对手，纷纷后退，直到雄藩肥后派兵前来救援，才勉强止住了颓势。然而就在这个时候，突然传来了家茂将军在大坂去世的消息，七月三十日晚间，幕府九州方面的总大将小笠原长行抛弃军队，乘坐军舰逃回大坂，肥后、久留米、柳河等藩兵马也各自退去。八月一日，小仓城中燃起熊熊烈火，藩中家老以破弃城堡为条件请求与长州缔结和约。

长州之所以能够在"四境战争"中取得胜利，原因是多方面的，最主要在于幕府的腐朽，诸藩联军的装备既差，配合度又不高，而长州则经过军制改革，装备精良，同时上下一心，士气高涨。此外，萨摩以及英国对长州的暗中支持也起了很大的作用。

当时英法两国争夺对日本的控制权，英国认为幕府已经彻底腐朽，无法利用它来统治整个日本，因此转而支持藩政开明、并且逐渐打开国门的萨摩、长州等藩，希望实现以天皇为中心的雄藩联合体制。而法国看到英国这种态度，反倒加强了支持幕府的力度。可以说，如果没有英国人掺和，长州未必能够轻松打赢"四境战争"，而如果法国人不在其中搅事，大概高杉晋作在战胜后定会乘胜追击，直薄京都去吧。

且说这位志气冲天的高杉晋作，并没能看到维新的曙光，他在"四境战争"结束后不久便呕血卧床，随即在第二年也就是庆应三年（公元1867年）四月十四日永远闭上了眼睛，享年仅二十九岁——查其病因，乃是慢性的肺结核。

高杉晋作是非常具有战略眼光的一代雄才，他所主导的"功山寺起义"和"四境战争"彻底扭转了全日本佐幕和倒幕两派的力量对比，为最终推翻德川氏幕府扫清了道路。然而"明治维新"以后的相当长一段时间内，人们对晋作的评价却并不甚高。一方面，很多武士失去了世代相传的俸禄或土地，失去了他们统治者的身份，对于最先打破"士农工商"身份限制的晋作恨入骨髓；另方面，晋作本人也有着让人非常迷惑的坏毛病存在。

高杉晋作虽然鼓吹"四民平等"，吸收农民和町人参加"奇兵队"，但他本身却往往摆出一副上级武士的臭架子。生前，他自称"奇兵队开辟总督"，率扈从、携艺妓、张羽伞，悠然醉步于下关街头，并告诫其妻雅子"须牢记武士之妻与町人百姓之妻的身份区别"。在他死后，雅子也因此始终不肯接受身居高位的伊藤博文与山县有朋等人的资助，说："武士之妻，再穷也不能靠足轻辈的接济过活。"

番外篇

新选组悲歌

"新选组"也写作"新撰组"，是在文久三年（公元1863年）四月正式成立的。

且说会津藩主松平容保在前一年的闰八月就任京都守护职，负责京都的治安，为了增强警备力量，他经过幕府的同意，授命鹈殿长锐、清川八郎、佐佐木只三郎等人招募浪人，组建了"浪士队"。但因为浪士队内部品流复杂，大量攘夷志士也蜂拥而入，使得容保等人害怕这支队伍无法维持京都治安，反而变成动乱之源，于是在文久三年年初将其取缔，主力调往江户，编成"新征组"。

浪士队被取缔后，队员芹泽鸭、近藤勇等人前往求见松平容保，陈述了自己对幕府的赤胆忠心，容保深受感动，就允许二人创建新选组。新选组设立之初由三驾马车共同指挥，也即上面提到过的芹泽鸭和近藤勇，还有一位新见锦。然而到了当年的九月，内部纷争暴起，首先是新见锦被勒令自杀，随即芹泽鸭在与情人幽会岛原料亭的时候，被近藤一党的土方岁三、山南敬助、冲田总司等人刺杀。

从此近藤勇成为新选组的唯一首脑——局长，实际主导队务的则是副长，人称"智囊"的土方岁三。近藤勇出自武藏多摩地区，本是小剑术流派"天然理心流"第三代近藤周作的养子，后来继承为第四代传人，新选组内很多成员也都是他的同门。

当初德川家康建都江户时,为防一旦有变,可以使后代将军安全撤至甲府,因此采纳了大久保长安的建议,在多摩八王子地方布下一哨人马,这哨人马由原住民五百人,加上武田遗臣五百人组成,称为"八王子千人队"。传说新选组中坚力量大多是八王子千人队的后裔,因此对德川幕府秉持着强烈的忠义之心——六番组长井上源三郎已被证实确为这种身份。

新选组创建以后,即在京都各町巡逻,一开始的目的是捕拿妄图闹事的宵小,但因为很多尊攘志士都想在京都掀起纷乱,以便混水摸鱼地夺"玉",所以很快的,新选组就成为了尊攘派的死敌。元治元年(公元1864年)六月五日,发生了"池田屋之变",新选组随之名声大噪。

新选组对内管理严格,法度森严,对外则行动迅速,血腥无情,在他们的管制下,京都治安略有好转。然而随着德川幕府的垮台,新选组也日趋走向没落。在倒幕维新的戊辰战争中的每一仗,几乎都可以看到新选组成员的身影:先是鸟羽·伏见之战,江户无血开城后还有上野之战、会津之战和最后的箱馆之战。最终在新政府军攻打五稜郭的时候,人称"鬼副长"的土方岁三中弹身亡,标志着新选组的彻底覆灭。

除土方岁三外,新选组其他重要成员的下场是:近藤勇曾在关东地区组建甲阳镇抚队与新政府军对抗,战败后被处以斩刑;一番队长、剑术高手冲田总司在戊辰战争爆发后不久就因肺结核而死;参谋伊东甲子太郎和五番队长武田观柳斋等人在内部斗争中被整肃;总长山南敬助和八番队长藤堂平助等人脱队后遭到斩杀或被勒令切腹。

只有二番队长永仓新八和三番队长斋藤一侥幸活了下来。永仓新八在戊辰战争前就脱队而去,自组"靖兵队"与新政府军对战,会津战争后被赦免,恢复了松前藩籍。斋藤一曾在会津城下代替土方岁三指挥战斗,兵败后遭到流放,战争结束后,他改名藤田五郎,进入警视局,退役后就任女子高等师范学校的校工,直至病殁。

年表

年号	具体年份	事件
嘉永	1851年	中滨万次郎乘坐美国船来到琉球；萨摩藩"奥由罗骚动"，岛津齐彬旋即继任为藩主
	1852年	荷兰商馆长向幕府禀报美国使节即将来日，幕府向各大名传达此信
	1853年	"黑船来航"；德川家庆将军殁，德川家定继任幕府将军
安政	1854年	培理再度航来日本；《日美亲善条约》签订；日英、日俄亲善条约陆续签订
	1855年	开设长崎海军传习所；江户大地震（安政大地震）
	1856年	开设蕃书调所和讲武所；美国领事哈里斯来日；吉田松阴开设松下村塾
	1857年	阿部正弘殁；哈里斯登城觐见家定将军；幕府开始与哈里斯商谈《日美友好通商条约》事项
	1858年	孝明天皇拒绝签订《日美友好通商条约》；井伊直弼就任大老；确认德川庆福为将军继嗣；德川家定殁，德川家茂（庆福）继任为幕府将军；"安政五国条约"陆续签订；"安政大狱"开始；岛津齐彬殁
	1859年	神奈川、长崎、箱馆开港；桥本左内、吉田松阴等被判死罪
万延	1860年	胜海舟等乘坐咸临丸前往美国考察；"樱田门外之变"，井伊直弼遭到暗杀；朝廷颁布"和宫降嫁"的敕许
文久	1861年	长州藩士长井雅乐提出《航海远略策》
	1862年	"坂下门外之变"；岛津久光率军上洛，"寺田屋骚动"；"文久的改革"；"生麦事件"
	1863年	将军家茂上洛谒见；长州藩封锁下关海峡，炮击外国船只；"萨英战争"；"天诛组之变"；"八月十八日的政变"；"生野之变"
元治	1864年	"池田屋之变"；水户藩天狗党举兵；四国舰队炮击下关；"禁门之变"，第一次征长战争爆发
庆应	1865年	"功山寺起义"，高杉晋作、桂小五郎掌控长州藩政；第二次征长战争开始
	1866年	萨长密结盟约；"四境战争"；德川家茂殁，德川庆喜继任为幕府将军；孝明天皇驾崩

近代明治初期

八章 戊辰战争

- 末代将军登场
- 王政复古
- 此时口舌无用
- 御旗扬起
- 大江户无血开城
- 东武皇帝
- 从长冈到若松
- 最后的五稜郭

末章 迈向罪恶的军国时代

- 东京行幸
- 废藩置县和征兵令
- 环球大考察
- 征韩和使韩
- 有司专制
- 大西乡倒下
- 藩阀和财阀
- 军阀的暴走

八章　戊辰战争

明治维新从戊辰年的倒幕战争开始，然而拥有四百万石天领和八万旗本的幕府垮台之速，却是人们始料所未及的。如何才能在新时代、新政府中占据一席之地呢？每家诸侯、每个势力都忙着打自己的小算盘，这就使得在幕府正式宣告灭亡以后，战争依然延续了相当长的时间……

末代将军登场

孝明天皇庆应二年（公元1866年）六到八月间爆发第二次"征长战争"，以十五万幕府军被四千长州军击败而告终，从此幕府威望直落谷底。

当时德川家茂将军坐镇大坂，遥控"四境战争"，可是仗还没打完，他便因病辞世了，年仅二十岁。继承征夷大将军之位的，乃是大家茂九岁的德川（一桥）庆喜。

不过这个时候"一桥派"已经彻底分崩离析了。"一桥派"究其实质，不过是德川齐昭拉拢几家亲藩和外样，妄图扩大幕府的统治基础，使其在动乱中得以安然延续下去的一个政治联盟而已，说白了，"一桥派"是在公武合体和雄藩公议的雏形阶段产生的夺权班子。这个班子的领袖是德川齐昭，哄抬出来当旗帜的，则是一桥庆喜。

然而庆喜此人野心勃勃，他不但想要重振江户幕府的独裁体制，甚至打算排除老中会议或其后的政事总裁职，恢复到幕府初期将军个人大权独揽的局面。所以当"一桥派"卷土重来，各雄藩藩主弹冠相庆，认为可以顺利参与幕政的时候，庆喜却悍然站到了盟友们的反面。

"八月十八日的政变"之后，朝廷下诏，召集各雄藩大名上京共商国是，是为"参预会议"，成员有：一桥庆喜、松平庆永、山内丰信、伊达宗城、松平容保和岛津久光——也就是"一桥派"的基本盘，再加上一个年轻的会津藩主松平容保。但是这一新的合议体制很快就被孝明天皇与一桥庆喜给搞崩溃了。

事情源起于孝明天皇下诏质问幕府，既已决定攘夷，为何各处开放港口还不尽速关闭？随即他下令"参预会议"商讨此事，是否可以先从"横滨锁港"开始，一桥庆喜对此表示赞同，松平庆永和岛津久光却认为此事并不可行，就此引发了激烈的争论。结果在某次中山宫朝彦亲王举办的宴会上，庆喜假作酒醉，破口大骂庆永、久光等人。岛津久光一怒之下，离开京都返回萨摩，松平庆永也被迫辞去了幕府的政事总裁职。

继任政事总裁职的，乃是武藏川越藩主松平直克。一桥庆喜苦心拉拢直克，并且与鸟取藩主池田庆德、冈山藩主池田茂政等人结盟，脱离"一桥派"，组建了一个全新的政治团体，基本上掌控了幕政。因此，等到德川家茂将军去世后，老中们便顺理成章地拥戴庆喜继任幕府将军，庆喜还假装三推四辞，可是出乎意料地，朝廷倒抢先下达了任命。

从来幕府将军继任，名义上要得到朝廷的允许，其实只是走个过场而已，朝廷自知无力反对，只好敷衍拖延，以求获得更多的政治献金。这本人还没答应呢，朝廷便主动下诏，虽非绝无仅有，却也并不多见啊。

究其原因,孝明天皇仍想维持旧有的政治架构不变,只求幕府分润些权力而已,眼见幕府风雨飘摇,除了庆喜也无人能够支撑大局了,故此才急下诏命。

于是一桥庆喜复归本宗,改名德川庆喜,继任为江户幕府第十五任,也是最后一任的征夷大将军。

庆喜一上台,便大刀阔斧地改革幕政,内容包括购买武器,改革军制,改组幕府,以五位老中分掌五局等等,在法国人的帮助下,颇有振作自雄,重新建立以幕府为中心的统一国家的意愿。当然啦,他把从前的盟友,那些雄藩藩主,全都排斥在了政权之外——史称"庆应的改革"。

然而历史大潮浩浩荡荡,顺之则昌,逆之则亡,德川庆喜想要独自一人挽救腐朽的幕府统治,注定是要失败的。他将军的位子还没坐稳,就被迫要把雄藩再次请回到政治舞台上来。

事情源起于"兵库开港"——无谋的攘夷已成笑柄,横滨锁港也不了了之,洋人很快又卷土重来,催促新任幕府将军德川庆喜,要求按照条约开放兵库港。庆喜不敢不答应,可又不愿如同昔日的井伊直弼一般独背恶名,只得上奏朝廷,在被严词驳回后,便干脆提出召集有力大名会商此事——你们不是鼓吹雄藩公议吗?那我就付诸公议,看朝廷还有什么话说。

于是"参预会议"得以再次召开——不过庆喜本人已经晋位将军啦,松平容保则罹患重病,不克与会,最终出席者只有松平庆永、山内丰信、伊达宗城和岛津久光四人,史称"四侯会议"。

德川庆喜对他那些旧日盟友还是比较了解的,知道他们并非朝廷公卿那般墨守成规之徒,对国际形势也比较了解,自以为公议的结果,必然是赞同"兵库开港"。可是他料想不到的是,虽然四侯都不反对开港,但岛津久光却悍然夹带上了私货——久光提出,兵库开港之事非常重要,可是幕府对长州的处罚也不可拖延,咱们两事儿一起来谈吧——那意思,若再想严惩长州,我就不答应兵库开港,政治协商嘛,就得各让一步,大家伙儿各取所需。

久光建议,既然幕府军打败了,那么减封之事再也休提,只要勒令毛利敬亲退隐,传位继承人定广,就算是给幕府一个台阶下了——还想严惩长州,你们有那个实力吗?

虽然经过长时间的辩论,久光最终得偿所愿——幕府同时向朝廷递交了宽赦长州和兵库开港的决议书——但他同时也认清了德川庆喜的强硬嘴脸,从此对幕府不再抱有任何幻想,就此放弃了公武合体和雄藩合议的空中楼阁,正式与长州一起迈上了倒幕之路。

且说"四侯会议"的时候,盘踞在天皇宝座上的,已经不再是孝明天皇统仁了——就在德川庆喜继任幕府将军后不久,当年十二月二十五日,孝明天皇猝然驾崩,终年三十六岁。

孝明天皇是坚定的攘夷论者,但同时也是佐幕派,他仍想维持传统的幕藩体制,只不过希望幕府对朝廷的态度更为恭顺,自己对政治有更大的发言权而已。尊攘派数次遭到迫害驱逐甚至杀戮,除了幕府在挥舞屠刀外,孝明天皇其实也"功不可没"。因此从某种意义上来说,这位天皇才是倒幕派的最大敌人，所以也有天皇实际是被倒幕派暗杀的说法流传至今。

继承天皇宝座的乃是孝明天皇之子睦仁亲王，继位一年零九个月后改年号为明治，故称明治天皇，日本迈入近代社会的所谓"明治维新"，正式拉开帷幕。

王政复古

明治天皇睦仁继位时年仅十六岁，说不上年幼无知，可也并没有明确的政治倾向，这使得倒幕派大为欢喜，认为这才是自己应该夺取的一块良"玉"。

因而新天皇才一继位，倒幕派公卿立刻便行动了起来，其核心人物乃是蛰居在家的下级公卿岩仓具视。岩仓具视本为中纳言堀河康亲的次子，后来过继给岩仓家，因为受到关白鹰司政通的器重而担任朝官。他原先支持公武合体论，并且因为推动"和宫降嫁"而成为尊攘派的眼中钉，被褫夺官位，勒令蛰居。大概遭此大难后，具视终于看清了天下大势，认识到公武合体断不能行，而尊攘派势力逐渐强大，并且日益倾向颠覆幕府统治，这是历史潮流，根本无法阻挡，于是思想逐渐转向尊王倒幕。

庆应三年（公元1867年）元月，明治天皇登基，有栖川宫炽仁亲王掌握了朝政。据说这位炽仁亲王曾与和宫有过婚约，但被幕府横插一刀，搞了个"和宫降嫁"，把未婚妻掳到江户去了，亲王当时是敢怒而不敢言，等到孝明天皇一咽气,立刻便跳了出来,把矛头直指幕府。在炽仁亲王的努力下,朝廷颁下诏旨,赦免了从前被处罚和放逐的大批公卿,岩仓具视以及流亡在外的三条实美等人乃得以重归政治舞台。

且说当年"七卿落难",逃离京都,往依长州毛利氏,但随即因为第一次"征长战争",幕府勒令长州交出还活着的五卿,把他们流放去了北九州。庆应三年(公元1867年)三月,在炽仁亲王和山阶宫晃亲王的奏议下,这五卿终于重归朝廷,三条实美和岩仓具视等人就此和萨、长势力联起手来,准备收拾残局,推翻幕府统治——这一派人提出的新口号是"王政复古"。

所谓"王政复古",表面上的意思是恢复古代的天皇制,在天皇朝廷和百姓之间既不再插进武家的幕府,也不再插进公家的摄关,天皇成为实至名归的国家领袖和政府最高首脑——其实当年后醍醐天皇的"建武政权"便可冠以这一名号,只是虽云复古,其实天皇真正掌握中央和地方最高权力的时代,在日本历史上从来也没有出现过,仅为传说罢了。

当然啦,此时日本国内外的形势,已与镰仓之末、室町之初全然不同了,不但无法达成真正天皇执政下的中央集权,就连后醍醐的"功业"亦难以重现。三条实美、岩仓具视等人只不过打着天皇的旗号来倒幕,想要建立一个近代化的、西式的君主立宪国家而已。

于是在朝廷的支持下,上下两股势力开始积极活动。在上,岛津久光、伊达宗城、松平庆永等强藩藩主先后率兵上洛,尊攘派基本控制了京都及其附近地区,打破了旧有的"一会桑体制";在下,萨摩、长州、土佐、安艺等藩的实权人物先后达成联兵倒幕的密约。

——所谓"一会桑体制",是指"禁门之变"以后,一桥庆喜辞任将军后见职,就任禁里御守备总督兼摄海防御指挥二职,与担任京都守护职的会津藩主松平容保、担任京都所司代的桑名藩主松平定敬,以及朝廷首脑中川宫朝彦亲王、关白二条齐敬联起手来,掌握住了皇宫和京都的警卫权。

庆喜、容保、定敬,代表着佐幕势力,中川宫、二条齐敬则代表着朝臣中的守旧派,都是倒幕派急欲打倒的人物。"一会桑体制"的崩溃,代表着佐幕势力被赶出京都,全国性的倒幕大势即将成型。然而就在这个时候,西南雄藩中的土佐藩却突然逆潮流而动,在前任藩主山内容堂的领导下,重新捡起了已被扔进历史垃圾堆里的公武合体论。

山内容堂据说酒量很大,人称"鲸海醉侯",本就是公武合体论的积极鼓吹者。传说水户藩尊攘派领袖藤田东湖与他交好,曾经秘密对他说:"我藩是御三家之一,不能采取过激行动,而作为外样的土佐就当以谋反为主要目标了。"容堂闻言哈哈大笑,说:"诚之进(东湖)又在胡说八道了。"

如前所述,"安政大狱"中,山内容堂遭受迫害,被迫退居二线,趁着他不在位的这段时间,武市半平太率领"土佐勤王党"掌控了藩政。容堂对这些激进尊攘派痛恨入骨,复归以后便着力打压,终于在庆应元年(公元1865年)的闰五月,也就是第二次"征长战争"爆发前不久,将武市半平太下狱处死,一扫激进尊攘派的势力,改以态度温和的后藤象二郎主持藩中政务。

据说后藤象二郎与坂本龙马相交莫逆，二人曾一起草拟了"船中八策"，想要通过不流血的革命来完成政治改革。八策的基本内容是：

一，天下大政奉还朝廷，政令宜出于朝廷；

二，设上下议政局，设置议员参赞议事，万机宜决于公议；

三，将有才之公卿、诸侯及天下之人才备为顾问，赐以官爵，宜除以往有名无实之官；

四，与外国交际，广采公议，新立至当之规约；

五，折中古来之律令，新撰永恒之大典；

六，宜扩张海军；

七，设置亲兵，守卫帝都；

八，金银货物宜与外国设定平均之法。

"船中八策"深得山内容堂之心，为了避免倒幕派引发战争，容堂就派后藤象二郎拿着自己的计划书去京都游说。这套计划的中心思想为"大政奉还"，即让幕府把现有的统治权名义上奉还给天皇朝廷，由天皇指定设立一个以幕府将军为议长，包括各地雄藩大名在内的"列侯会议"。山内容堂认为这样做便可以在不引发流血战争，不颠覆幕府，"忠义两全"的情况下改革朝政了。

明眼人都看得出来这一套分明还是"公武合体"的旧花样，所以后藤象二郎到处游说，却到处碰壁，就连土佐藩军事总裁坂垣退助也说："奉还大政之言虽美，却全是空话。德川氏从马上得天下，若不能在马上将其夺回，就不能打倒其数百年来的霸业！"山内容堂大骂退助所言是"暴论"，立刻将其解职，同时命令后藤象二郎以土佐一藩的名义直接把计划书提交给朝廷和幕府。

幕府立刻牢牢抓住这一根救命稻草，庆应三年（公元1867年）十月十四日，德川庆喜将军上奏请求"大政奉还"，并表示愿意辞去征夷大将军之位。面对幕府这种伪装出来的恭顺姿态，部分决心不够坚定的倒幕派公卿和大名表示可以接受，而态度坚决者则趁机更加紧对京都地区的控制。十一月十三日，萨摩藩主岛津忠义率兵上洛，要求朝廷召开会议，下达"王政复古"的大号令。

此时口舌无用

后藤象二郎和坂本龙马共同草拟的《船中八策》，其实是一部初级立宪指南，核心思想是建立以天皇为立宪君主的，统治基础涵盖旧公卿、旧诸侯和旧武士的过渡性近代国家。因为内容过于简明扼要——故此山内容堂才会命后藤象二郎直接将其作为"意见书"上呈朝廷——并没有明确江户幕府和德川家族在新国家、新政府中的地位，这便引发了倒幕派的强烈不满。

难道只要幕府在名义上将大政返还朝廷，便可以和平过渡到以天皇朝廷为名义领袖，以西南强藩为实际核心的新国家吗？不要忘了，朝廷的御料地少得可怜，江户幕府却有四百余万石的"天领"，占全日本土地的四分之一强！八万旗本，甘心就此交出政权吗？四百万石土地的产出仍归私人，新政府还如何存活下去？

故此，在新政府建立之后，《船中八策》或可为指导立宪的纲领性文件——其中许多条文，确实在日后被原封不动地搬入明治新政府的宪法和各种法律规章中去——但在新政府组建之前，不过空中楼阁罢了。不仅如此，他更给了幕府拖延时间，整顿军备，进而全面反攻倒算的机会。

于是坂本龙马便在此种背景下离奇地去世了。

时为"船中八策"完成后的当年十一月十五日，龙马在京都近江屋遭到一名自称大和十津川乡士的刺客的突袭，眉心中刀，当即死亡，同时一起殒难的，还有他生死与共的挚友中冈慎太郎。那名刺客，据传是"新选组"前身"浪士队"的首领之一佐佐木只三郎——但细察情势，当时许多人——既包括佐幕派，也包括倒幕派——都有杀害龙马的动机，他究竟死于谁手，或许永远都会是一个难解之谜吧。

龙马可以说是日本历史上最幸运的人，因为他死后大名传播天下，甚至蜚声海外，深受各阶层的爱戴——大众百姓认为他是拯救日本的平民英雄；资产者认为他是近代日本商业的始祖；民主派认为他是民主先驱；保守派认为他是尊皇的忠臣；军国主义者认为他是帝国海军的保护神。因此，龙马的名声远在"维新三杰"，甚至高杉晋作和胜海舟等人之上，不能不说是个异数。

再说中冈慎太郎，乃是著名的"陆援队"的开创者。"海援"、"陆援"，互为表里，虽然慎太郎之创立"陆援队"，灵感是来自"龟山社中"，但龙马之把"龟山社中"改编为"海援队",实际是仿效"陆援队"。相比之下,"海援队"更像商团,龙马更像辩士,而"陆援队"仿佛军队,慎太郎无疑是名战士。虽然有关"龙马的主要目的是赚钱,慎太郎的主要目的才是维新"的论调简直是屁话,但中冈慎太郎在明治维新中所起的作用确实并不弱于坂本龙马。

二十三岁的时候,中冈慎太郎加入了武市瑞山(半平太)为首的土佐勤王党。庆应元年(公元1865年),也是他首先建议发起萨长联盟运动,并在龙马的帮助下获得完全成功的,同年,他还完成名著《时势论》,鼓吹改革的中心在一个"战"字。

因此对于佐幕派来说,相比龙马,中冈慎太郎更是他们的眼中钉、肉中刺,故而也有一种说法,即刺客的主要目标是慎太郎,龙马只是受好友连累罢了。

再说庆应三年(公元1867年)十二月九日早晨,三条实美等倒幕派公卿控制下的朝廷终于颁布了所谓的"王政复古令",同时在小御所召开会议,齐集公卿百官和有力大名,商讨改组政府的问题。最终决定,接受德川庆喜辞任征夷大将军的上奏,废除京都守护职和京都所司代,撤销传统的摄政、关白和各种养老令官职,以总裁、议定、参与三职为核心组建新政府。

新政府总裁的位置,自然而然落到了皇族有栖川宫炽仁亲王头上;议定相当于新的最高权力机关,由公卿中山忠能、正亲町三条实爱等人,以及大名岛津忠义、松平庆永、山内容堂等人担任——与过去的"公武合体论"不同，这里面根本没有德川氏宗家的位置；参与负责具体事务，包括朝臣岩仓具视、大原重德，以及萨摩藩的西乡隆盛、大久保利通等，土佐藩的后藤象二郎等，尾张、越前、艺州三藩亦各有成员加入。

会议开了一整天，到了晚间，开始商讨如何处置江户幕府的问题，岩仓具视侃侃而谈，提出勒令幕府"辞官纳地"，即要求德川氏辞去世袭的征夷大将军职务和朝廷所授予的其他官职，同时交出所有幕府直辖地，等候新政府裁处。

不把四百万石"天领"交出来，就如同一柄利剑高悬在新政府头上，是无人能够安寝的。

然而此言一出，山内容堂第一个跳出来表示反对，说这分明是一场政变，是"暴举"，随即前越前藩主松平庆永也指责这是"刑名为先，道义为后"，要求立召德川庆喜与会——德川庆喜本人和佐幕的急先锋会津藩主松平容保、桑名藩主松平定敬害怕遇害而躲在二条城内不敢出席小御所会议——否则就是不公平。

西乡隆盛并没有正式参与会议，而负责在外守卫宫门，他在听说上述争吵后，冷冷地说道："此时口舌无用，当用刀剑！"有了这位实权人物撑腰，岩仓具视的态度更为强硬了，后藤象二郎急忙提醒家主山内容堂："大势已定，强争无益。"山内容堂被迫退缩，于是公武合体派全面罢战，倒幕派把握了主动权，最终通过了"辞官纳地"的决议。

小御所会议的决定传到二条城，德川庆喜茫然无措，而其手下幕臣则大多怒发如狂。幕府时代改易大名，造成很多藩士变成生活窘迫的浪人，没想到这种境况今日会返还到幕府身上，当真报应不爽。倘若真的把"天领"全都交了出去，则旗本们还有什么活路呀？

德川庆喜虽然是数代以来最为强势的幕府将军，却也不敢彻底违逆幕臣们的意愿，更不甘愿就此交出权柄和土地，于是面对朝廷"辞官纳地"的诏命，他玩开了软硬两手。软的一手，他上奏朝廷，以家中不稳为借口要求延期，同时授意山内容堂、松平庆永等人四处游说，请朝廷收回成命；硬的一手，庆喜立刻前往幕府集结了重兵的大坂城，并且更将会津、桑名等佐幕各藩的兵马亦陆续召至大坂，直接威胁京都的安全。

这两手一玩，才刚组建，本来就品流混杂、各怀鬼胎的新政府立刻就慌了，于是二十三、二十四日再度召开会议，山内容堂等人占据了主导权，不但决定将"辞官"之官改为"前内大臣"，"纳地"之地改为"政务费用"，甚至要求将德川庆喜也召入新政府担任议定。眼看小御所会议所取得的成果即将全面流产，西乡隆盛便指示尊攘志士在江户城内引发暴动，逼迫幕府抢先开战。

于是庆应四年（公元1868年）元旦，幕府正式发布《讨萨表》，命令诸藩联合出兵，把萨摩藩的势力从京都驱逐出去。这一年的九月改元明治，农历是戊辰年，倒幕战争终于全面爆发了，史称"戊辰战争"。

御旗扬起

庆应四年（公元1868年）年初，倒幕战争正式爆发。一月三日，幕府旗本、会津、桑名藩兵，以及准警察部队新选组、见迴组等等，总数一万五千人，平均分为三部，一部在大坂守护将军德川庆喜，另两部经鸟羽街道浩浩荡荡地北上进攻京都。此时守卫京都南门的倒幕方只有长州军一千五百人和萨摩军三千五百人，处于绝对劣势。

据说新政府方面已经做好了战败的准备，计划一旦事急，便将天皇仪仗转至比睿山，以迷惑敌军，同时由三条实美等保护着换穿女装的明治天皇逃出内里，暂往长州栖身——也不知道为什么，包括老祖宗二条天皇、后醍醐天皇在内，曾有多位天子男扮女装逃亡过，已经成了传统……

从大坂城前往京都，必经伏见口和鸟羽口——此二处皆为京都的南大门——于是就在鸟羽口四塚关门前，妄图冲向京都的幕府军首先遭到萨摩藩士椎原小弥太所部的阻拦，战斗于一月三日下午五时正式打响。几乎同时，守备伏见御宫的长州军也和幕府部队交上了火。

是为维新第一战的"鸟羽·伏见之战"。

以萨摩、长州藩兵为主力的新政府军，虽然在数量上处于绝对劣势，却因为武器精良、组织严密，加之士气高昂，利用关卡附近地形狭窄，不利大军展开的特性，顽强阻挡住了来势汹汹的幕府军。战斗在黄昏时分打响，一个多小时后天色已黑，幕府军被迫暂且罢兵退去，两个关口，竟然一个也没有丢失。

消息传到京都，新政府成员们终于见到了一线曙光。于是翌晨召开会议，商讨应对之策，以明治天皇的名义正式下达了对德川氏的讨伐令，任命仁和宫嘉彰亲王为总大将，统率守卫内里的数千兵马增援前线。遵照已几乎失传的旧例，年轻的明治天皇主持了出征式，并授予嘉彰亲王御剑和十二面锦旗。

那并非普通的锦旗，而是岩仓具视和大久保利通早就准备好的皇室"御旗"，上绘代表皇家的日轮或十六瓣菊花的纹样。据说当年后鸟羽上皇发动"承久之乱"，谋划打倒镰仓幕府的时候，就曾向部队颁发过"御旗"，其后后醍醐天皇也玩过这一招；历史真是惊人的相似，现在萨、长联军也打出了这些旗帜。

新政府下令，宣布德川氏为"朝敌"，幕府军为"贼军"，与其相对，打着御旗的新政府主力萨、长联军自然就是"官军"了。"御旗"在前线高高举起，受过多年朱子学尊王思想洗脑的幕府军见之大惊失色，士气瞬间崩溃，于是狼狈后撤。

新政府军欢呼胜利，从后猛追。幕府的残兵败将首先逃往附近的淀城，然而身为谱代的淀藩稻叶家却紧闭城门，不敢相救，于是被迫转向逃入安浓津藩。六日，新政府军调来大炮，猛轰安浓津城，幕府军就此全面崩溃。消息传至大坂，德川庆喜肝胆俱裂，不顾大坂城防坚固，尚有五千人马，竟然当夜便与松平容保等人秘密逃出城去，乘坐军舰"开阳丸"一路逃回江户去了。主帅临阵脱逃，幕府军更无复振的希望，将士们纷纷议论："大树（指幕府将军）已去，咱们还怎么打仗？"于是四散逃离。

就这样，仅仅经过了四天的激斗，"鸟羽·伏见之战"便以新政府军大获全胜而告终，随即西国、近畿各藩全都声明拥护新政府。在一月七日的小御所会议上，商议追讨幕府之事，山内容堂还想顽抗，高叫说："庆喜不是贼臣，这是萨、长引发的私斗！"结果遭到岩仓具视的怒斥，最终被迫俯首认输。

新政府决定剥夺德川庆喜、松平容保、松平定敬等二十六人的官职，将旧幕府"天领"直接划归朝廷直辖——你既然不肯"辞官纳地"，那我就直接剥夺好了。同时新政府还下令以炽仁亲王为东征大总督，发兵从东山、东海、北陆三道并进，以讨伐德川氏，誓要一举将旧幕府的势力铲除干净！

且说德川庆喜是一月十一日回到江户城的，他立刻召集群臣商议对策。经过去年的幕府改革，此时那些世袭老中、重臣已经没有什么发言权了，掌握幕府军队权力的分别是勘定奉行小栗忠顺、步兵奉行大鸟圭介、海军副总裁榎本武扬，以及军舰奉行胜海舟等。前三人主战，只有胜海舟一人主和。

德川庆喜是一个非常矛盾的人物，一方面他出身水户藩，深受朱子学影响，并无与朝廷对抗的勇气，同时却又妄图复兴江户幕府，甚至复兴将军本人的独裁权。和平时期，庆喜手腕老辣、态度强硬，多次亲手破灭雄藩参政的欲望；可是等到战事一起，他却变得犹豫、软弱起来，先是放弃大坂，逃归江户，进而对战局彻底丧失了信心，罢免主战的小栗忠顺，而听从胜海舟之言，一心求和。

后世以结果倒推原因，便有人为德川庆喜涂脂抹粉，说全靠他步步退让，才避免了全日本都被卷入长期战火，因此对维新是立有大功的。然而若庆喜真以大局为重，并无与朝廷对抗之心，又何必派发兵马打响"鸟羽·伏见之战"呢？好吧，就算他是受到强硬派幕臣的挟持，才被迫向新政府掀起反旗，那又何须等待败报传来以后才逃出大坂城？而他既能逃归江户，何不直接逃上京都去请罪？

若说庆喜之于维新有功，就如同说满清的保皇党之于革命有功一样——若非彼等倒行逆施而又颟顸无能，清政府哪有那么快就被推翻的道理？

大江户无血开城

二月十二日，新政府大军尚未离开京都，开始东征，远在江户的德川庆喜便听从了胜海舟的谏言，一方面上书向朝廷请罪，一方面主动离开江户城，前往上野的宽永寺"谨慎"。

十五日，新政府集结了数万大军，迈上东征之途，主力经东海道而进，三月五日进入了骏府城，把此处设定为进攻江户的大本营。消息传来，小栗忠顺前来拜见被德川庆喜授予留后重任的胜海舟，提出放新政府军通过箱根天险，然后派遣海军突袭骏河湾，断其后路的毒计。据说事后，就连大村益次郎听闻此计都不禁额头汗出，承认倘若此计得售，则新政府必败无疑。

然而胜海舟根本就不想打仗——他虽为幕臣，却并不仅仅考虑到江户幕府的存续和德川氏的荣辱，而更进一步地考虑到日本的未来。以幕府仍存的实力，击败新政府军或许不易，将其拒之于关东平原之外，其实不难，只是如此一来，兵连祸结，日本必将陷入长期的战乱，唯独可以从中渔利的，却只有以英、法为首的西洋列强而已。因此胜海舟一口便回绝了小栗忠顺的请求。

胜海舟多次派遣包括僧侣在内的社会人士前往骏府，请求议和退兵，都被东征大总督炽仁亲王严词拒绝了。无奈之下，只得搬出了"精锐队"头领山冈铁舟。

胜海舟、山冈铁舟与另外一位高桥泥舟，并称为"幕末三舟"。且说这位山冈铁舟奉命前去和东征军参谋西乡隆盛交涉——炽仁亲王虽为主将，却丝毫不懂军事，只是一面代表朝廷的旗帜而已，实权都掌握在西乡隆胜手里——铁舟的态度不卑不亢，时人都称"朝敌德川庆喜有家臣山冈铁舟盛风凛凛"。在他的努力下，西乡隆盛最终答应维持德川家系，并且留下德川庆喜一条小命，送他去水户藩待罪；而幕府方则答应打开江户城门，把包括军舰在内的所有武器全都移交给新政府军。

三月十四日，胜海舟亲往江户城下萨摩藩邸会见西乡隆盛，最后敲定了"江户无血开城"——本来次日就是新政府军对江户展开全面进攻的日子。思想开放，曾经暗中支持过尊攘派，同时也是幕府海军的缔造者的胜麟太郎海舟，因为此举挽救了无数人的性命而得以垂名青史。

然而这并非战争的终结。且说新政府军一进江户城，立刻派尾张藩兵巡查城防，派肥后藩兵收缴武器和收容旧幕府军，但结果肥后藩兵一共才找到七百二十二梃各式火铳和收容了两百名旧幕府士卒。武器和人都到哪里去了呢？

原来德川庆喜跑去上野宽永寺"谨慎"的时候，幕臣十七人组成了"尊王恭顺有志会"，立誓要维护幕府的统治。二月底，这个组织扩大到两百余人，随即由涩泽成一郎和天野八郎将其改组为正式武装，固守宽永寺警护将军，起名为"彰义队"。江户无血开城，德川庆喜前往水户以后，"彰义队"仍然不肯散去，聚众两千余人，在江户城内为非作歹。

胜海舟前去警告西乡隆胜，要求取缔"彰义队"，但西乡隆胜却正忙着追讨退至宇都宫据守的旧幕府步兵奉行大鸟圭介，无力解决城内问题。一直到四月底，自东山道开来的新政府军与主力合流，攻克了宇都宫城，西乡隆胜才终于下定决心，正式下令取缔"彰义队"。

天野八郎率领"彰义队"离开江户城，退至德川庆喜曾经居住过的上野宽永寺，拥戴主持轮王寺宫公现法亲王为天皇，勾结仍在周边地区闹事的旧幕府残党，向新政府军树起了反旗。江户城内的新政府军兵力不足，数次进剿全都铩羽而归，而且前线尚在追击残敌，匆促间亦难以调回——西乡隆胜陷入了捉襟见肘的两难境地。

消息报至京都，闰四月，朝廷任命大村益次郎为军防事务局判事，单骑东下，前来解决上野"彰义队"的问题。于是西乡隆盛将军事指挥权移交给大村益次郎，商定调动主力从西、南两面进攻宽永寺，于五月十五日晨展开猛烈进攻。

宽永寺防备严密，两千余"彰义队"固守西、南方向各门。新政府军总共三千人，大村益次郎安排战斗力最强的萨摩、肥后、因幡三藩兵马攻击南方的黑门，对战敌军主力，长州军则进攻西方的清水、谷中二门以为牵制，此外，肥前、尾张、备前等藩兵马在宽永寺西南方向构筑炮兵阵地，掩护前线部队的进攻。

三千攻，两千守，本来这仗是很难打的，然而因为肥后等藩的远程炮火支援，使得武器装备较差的"彰义队"很快就落在了下风。战斗从早晨七时打响，到了午后，长州军终于突破谷中门进入宽永寺，正在与萨摩军鏖战的"彰义队"腹背受敌，在下午五时左右扔下两百多具尸体，四散奔逃。

"彰义队"的首脑天野八郎逃进江户城中躲藏了起来，数日后被新政府军搜出关入监狱，不久后死于狱中。

前面提到过，"彰义队"的开创者本是涩泽成一郎，他因为受到天野八郎的排挤而被迫退出，另外组建了"振武军"。"彰义队"在五月十五日覆灭，余党很多都加入了"振武军"，数量激增到一千余。五月二十三日，大村益次郎率领三千新政府军猛攻"振武军"，将其击溃，涩泽成一郎逃亡东北地区。就这样，江户周边地区终于基本稳定了下来。

东武皇帝

旧日本的统治者是德川幕府，其统治中心在江户城，所谓的"王政复古"以后，仍以天皇为名义上的国家领袖，而以萨、长、土、肥等西南藩阀为核心的新政府在京都成立。随即新政府挥师东征，庆应四年（公元1868年）三月进入江户，可以说新旧两大势力的斗争至此大局已定，战争应该可以结束了。

然而日本东部的诸侯们可以容忍新政府的产生，却不能容忍新政府大权都掌握在西南藩阀手中，他们要求有自己的一席之地。倘若那些倒幕派志士真的为国为民，毫无私心的话，这一问题本来是很好解决的，然而站在当时人的立场上来考虑问题，那却是完全不可能的事情。萨、长之间矛盾重重，大久保利通、西乡隆盛一直想要把实权都抓在萨藩志士手中，着力排挤和打压长藩志士，而长藩的大村益次郎数次指挥战斗，却都以萨摩兵为先导，表面上"好钢要用在刀刃上"，实际却是想用萨摩人的性命为长州执政铺平道路。新政府甫一成立，自己人就开始争权夺利了，怎么还可能容许外人来分一杯羹呢？

——我们忠诚尊王，不惜抛头洒血，你们东国各藩一直当幕府的走狗，现在却想摇身一变成为新政府的一员，世上哪有这种惠而不费的美事？西南藩阀们一定都是这样想的吧。

且说"鸟羽·伏见之战"结束后，京都新政府羽檄四驰，四面出击，很快便统一了整个关西地区，同时分派大军从东海、东山、北陆三道，浩浩荡荡杀向东日本。然而就在大村益次郎率兵横扫关东平原的时候，北陆道方面军却陷入了苦战之中。

北陆道方面主要的进攻目标乃是佐幕方的中坚力量——陆奥会津藩和出羽庄内藩。

桃山时代，首先封在会津的乃是织田信长的女婿蒲生氏乡，氏乡去世后遭到改易，随即把上杉景胜从越后移封过来。"关原合战"后，上杉的领地被压缩到了米泽，蒲生秀行因为加入东军有功而得以复归。但不久后，蒲生氏再遭打压，被迫与伊予松山的加藤嘉明互换领地。宽永二十年（公元1643年），加藤家也被改易，保科正之入主会津。如前所述，保科正之本是德川秀忠的私生子，因而二传到其子正容的时代，即被允许复归本宗，得到了松平苗字，算是亲藩。幕府对会津藩向来倚为栋梁，青眼有加，此藩表高二十三万石，实高却超过了四十万石。

庄内藩的先祖则是做过幕府大老的酒井忠胜，是谱代大名中的佼佼者，表高十七万石。幕末时代，曾任命会津藩主松平容保为京都守护职，组建新选组，以维持京都的治安，同时委托庄内藩领导新征组，维持江户市内治安。如前所述，众多尊攘志士、脱藩浪人潜入京都和江户，对开国或佐幕人士展开血腥的暗杀活动，陆续遭到新选组和新征组的镇压，所以萨、长等藩对会津、庄内那是恨之入骨啊，必要彻底覆灭之以消心头之恨。

两藩的态度，最初是"武力恭顺"，也即表面上敷衍新政府，但力求维持旧有的势力，为此松平容保还年纪轻轻地便让位给养子松平喜德，自己主动"谨慎"。但是新政府方面不依不饶，非要两藩投降不可，奥羽镇抚总督九条道孝下令给附近的米泽上杉、仙台伊达两大强藩，要求他们率先发兵，攻打会津和庄内。

然而仙台藩主伊达庆邦、米泽藩主上杉齐宪却亲自写信向九条道孝请命，希望能够宽大处理两藩。其实仙台、米泽这些外样又何有爱于亲藩的会津松平、谱代的庄内酒井呢？他们不过是借此来观察新政府的态度，看看新政府将会怎样处理东北各藩而已。结果九条道孝悍然拒绝了两家的请求，于是本着唇亡齿寒的道理，两家瞬间翻脸，反倒与会津、庄内勾结起来，组成了"奥羽同盟"。

以这四个藩为核心，"奥羽同盟"很快囊括了东北地区的绝大多数诸侯势力，共二十五藩。新政府所设置的奥羽镇抚总督府成员、下参谋世良修藏就曾经密书京都，有"奥羽皆敌"之语——就是因为这封密书，修藏旋为仙台藩士姊齿武之进等人所暗杀。

据说，同盟还曾经与普鲁士公使交涉，以割让北海道的箱根、留萌二地为条件，请求支援——可惜普国政府懒得插手。

这时候，宇都宫战事结束，于是新政府军东山道方面军转而北上，配合北陆道方面军向越后中西部挺进，与"奥羽同盟"的兵马在小出岛、雪峠、鲸波等地展开激战，同盟军不支败退。闰四月二十七日，新政府军占领了小千谷地方，传令附近诸侯迅速表明态度，是支持新政府，还是支持朝敌"奥羽同盟"。

消息传到七万石的幕府谱代、越后长冈牧野藩，家老河井继之助召集群臣商议对策，部分家臣倾向于新政府，部分倾向于旧幕府，相互攻讦，争论不休。最终河井继之助敲定了"武装中立"的方针，并且亲自前往小千谷去与新政府军谈判。

河井继之助希望新政府军考虑长冈藩内舆论无法统一的矛盾处境，

暂且绕过长冈藩东进，然而这个要求却被东山道先锋总督府监察岩村精一郎（高俊）一口回绝了。继之助劝说道："德川氏已经表示恭顺，江户城也打开了城门，时至今日，战争已经毫无必要了。如果开战，只能导致生灵涂炭和国家疲弱，西方列强乘虚而入。贵军暂且绕路而行，以待本藩内部继续讨论对策，又有何不可呢？"

继之助所言很有道理，然而从新政府军的角度来看待问题，是不能在长冈藩向背不明的情况下轻率东进的，那样等于在自己背后埋下了一颗定时炸弹。因而最终谈判破裂，恼羞成怒的河井继之助回到长冈后，立刻秣马厉兵，准备和新政府军恶战一场。

当然，以区区长冈七万石，虽然经过河井继之助多年经营，兵强马壮，也终究是无法与新政府大军相抗衡的，于是继之助便遣使奥、羽，求取援兵，以阻遏新政府军前进的脚步。

随着长冈河井继之助的加入，"奥羽同盟"很快便将势力扩展到越后，又加上越后长冈、新发田等六藩，以及上总国请西藩，就此组成了"奥羽越列藩同盟"。这个同盟很有意思，虽然与新政府对抗，却不再高举佐幕的大旗——因为就理论上而言，江户幕府已经彻底解散了，新政府下令，将德川家降格为骏府七十万石，变成了普普通通的一镇诸侯。

所以再打德川家的旗号，未免名不正、言不顺，正巧这个时候，轮王寺宫公现法亲王从上野宽永寺逃了出来，遁入奥羽，列藩同盟得此宝货不禁大喜，当即拥戴他为名义上的领袖，甚至还给上了尊号为东武皇帝，改元大正。

就此,"一天二帝南北朝"的局面竟然得以重现——东武政权也自称"北方政权"。

从长冈到若松

"奥羽越列藩同盟"也即所谓的"北方政权",与京都新政府之间的战争,主要包括越后中西部和东北地区两大主战场,几乎同时打响。

越后方面的同盟军主将乃是长冈藩家老河井继之助,而新政府军的实际指挥者是北陆道镇抚总督府参谋、长州重臣山县狂介。双方于五月十日首先在信浓川边交上了火,第一回合,因为尾张藩兵的临阵退缩,新政府军吃了个大败仗,随即山县狂介率领长州军于十一日展开全面反攻,占领朝日山制高点,扭转了败局。

十三日凌晨,同盟军对朝日山发动猛烈攻击,新政府军不敌败退。十九日,山县狂介率军绕道奇袭并且攻占了长冈城,给同盟军造成了心理上的沉重打击。

战至六月,奥、羽、越各地同盟诸侯的援军纷纷开到前线,而解决了上野"彰义队"问题的新政府东海方面部队也陆续向北增援,双方实力同时壮大,新的激战一触即发。七月二十四日,河井继之助利用对周边地理非常熟悉的优势,亲自领兵穿越沼泽,奇袭长冈,顺利夺回了藩城,山县狂介狼狈而逃。然而正当继之助想要乘胜追击,彻底击溃新政府军的时候,却发现战斗力闻名天下的萨摩军大举来援,于是匆忙向西方的新发田沟口藩求救。

新发田藩主名为沟口直正,他在接到河井继之助的求救信后,当即点集兵马、整备粮草,打算亲自统军前往增援。然而出阵当日,藩军却突然遭到领内数百农民的拦阻,这些农民以大庄屋(地主)小川五兵卫为首,手持木棒和竹枪,拦在城门前高呼道:"不能和官军为敌,否则定将灭亡!"沟口直正无奈,只得黯然退入城中,随即便与山县狂介暗通款曲,投降了新政府军。

新发田藩的倒戈不但使得长冈腹背受敌,还产生了连锁效应,多家诸侯亦紧随其后,向新政府军敞开了城门——北陆形势急转直下。七月中旬,在与萨摩军的恶战中,河井继之助腿部中弹,被迫退离战场。失去了主将的同盟军就此分崩离析,各藩逐一被新政府军或攻破,或逼降,二十九日,新政府军第二次攻占长冈城,首先宣布了"北越战争"的终结。

河井继之助在战败后逃到会津藩领内,八月十六日因伤势恶化而撒手人寰,享年四十二岁。虽然被迫做了阻挡历史车轮前进的绊脚石,但作为一藩家老,继之助这种可悲的命运恐怕是无法随心改变的吧。

再说奥羽方面,自大村益次郎结束上野战争以后,东山道和东海道两军就陆续北上进攻东北地区,五月夺取了南陆奥的重镇白河城,七月攻占二本松城,直薄会津藩领,希望能够在年内结束这场战争。而等到"北越战争"胜利结束后,山县狂介征尘未洗,便又挥师东北,欲待翻越高山挺进出羽国。消息传来,大村益次郎传令各部暂停进攻,因为他预计等北陆的援军赶到时已是冬季,东北地区寒冷的气候将使来自西南地区的萨、长等军寸步难行。既然如此,不如等到明年开春后再进攻会津藩本据若松城不迟。

然而土佐的坂垣退助和萨摩的伊地治正知却站出来反对大村益次郎的决定。他们一方面想尽快结束战争,另一方面也希望能够为本藩抢得首功,于是建议不等北陆道方面军前来会合,而由东山道方面军单独进攻会津领。大村益次郎虽然认为此着过于凶险,但在萨、土两藩的压力下,还是被迫同意了他们的请求。

八月二十日,新政府军三千人从二本松城出发,直扑地势险要的母成峠。当时守备母成峠的乃是大鸟圭介的传习步兵队,以及会津、仙台等藩兵,新选组和二本松藩的残兵,总共八百人左右。

这位大鸟圭介原本是播磨国赤穗郡医师小林直辅之子,名叫小林庆太郎。他曾跟随绪方洪庵学习过西洋医学,跟随中滨万次郎学习过英语,还受萨摩藩的聘请当过翻译。后为胜海舟等开明幕臣所赏识,获得旗本身份,"鸟羽·伏见之战"后升任步兵奉行,乃是坚定的主战派。

江户无血开城以后,大鸟圭介率领以江户町平民组成的"传习步兵队"退守宇都宫城。西乡隆盛挥师猛攻,最终在中山道方面军的援助下攻克城池,圭介被迫退至陆奥,依附会津藩。此时奥、羽同盟诸侯的目光都盯在西面,集合重兵防备山县狂介进入出羽,对南线的母成峠则重视不够,只派了些散兵游勇配合传习步兵队前去守备。

此前幕府在法国人的支持下购进了大量新式武器,这些武器大多掌握在大鸟圭介和传习步兵队的手中,所以两军一交上火,新政府军便吃了很大的亏。不过列藩同盟的会津、二本松等兵马却毫无战意，甫一遇敌便仓皇撤退，使得大鸟圭介也只得在激战后放弃了母成峠。随即新政府军又攻占了十六桥，控制交通要道，前锋直指会津藩城若松。

会津藩表面上家大业大，其实内囊都是空的——此前松平容保担任"京都守护职"，瞧着风光无限，但他率领一千藩兵屯驻京都，同时还必须养活"新选组"等准警察部队，全都必须自掏腰包，幕府却不给报销分文。因此等到容保与一心求和的德川庆喜分道扬镳，返回会津若松城以后，虽欲整兵经武，以应乱局，却悲哀地发现领内贫困，府库皆空。

无奈之下，容保只好一方面退位隐居，向新政府做出恭顺姿态，一方面授权家老西乡赖母进行政治、经济方面的改革，以便积聚财富、充实藩力。然而容保料想不到，新政府方面咄咄逼人，誓要灭己而后快，更想不到新政府军进展如此神速——这时候再搞改革，根本就缓不济急了呀。

且说母成峠和十六桥失守的消息传来，容保大惊失色——同盟主力都在西线以防山县狂介，匆促间根本难以调回——无奈之下，只得把老弱妇孺全都赶上了战场。且说会津藩前此进行军制改革，设立了青龙、玄武、朱雀、白虎四支部队，其中白虎队相当于少年预备队，都由十五到十七岁的少年藩士组成，总共三百人。到了这个节骨眼上，这些少年也全都被拉上了战场，他们头缠白带子，奋勇为藩主而战，最终大多或战死或切腹，成为封建愚忠的牺牲品。

九月八日，睦仁天皇下诏改元为明治，是为明治元年（公元1868

年)。此前的四日,米泽藩降伏,其后的十二日,仙台藩降伏,然后到了二十二日,山穷水尽的会津藩也终于被迫打开了若松城门——"奥羽越列藩同盟"就此瓦解,东武皇帝成为俘虏,荒诞的"北方政权"也就此黯然退离了历史舞台。

最后的五稜郭

明治元年(公元1868年)九月,"北方政权"落幕,然而日本的内战却还并没有就此彻底终结。大鸟圭介、榎本武扬等旧幕臣并不甘心失败,他们撤退到虾夷地也即北海道地区继续顽强抵抗新政府军,并且还建立了一个奇怪的"虾夷共和国"——史称"箱馆战争"。

且说为了消除抵抗势力,尽快稳定局势,明治新政府于庆应四年(公元1868年)五月二十四日宣布了对德川氏的最终处分决定:勒令德川庆喜隐居,由田安家的龟之助继承德川宗家家督之位,改名为德川家达,改封骏府附近七十万石。然而这一决定并未能使不满西南藩阀掌握新政府的旧幕臣们安下心来,八月十九日深夜,前幕府海军副总裁榎本武扬突然发动叛乱,率领八艘战舰拔锚北上,前去与会津等奥羽诸侯会合。

榎本舰队的旗舰"开阳号"本是幕府在戊辰战争前不久才从西方购得的新式战舰,可以说是当时日本战斗力最强的水面舰艇了。榎本就这样几乎把新政府的海军力量全都掏空,他于九月三日航至仙台藩的青叶城,与大鸟圭介、土方岁三等旧幕府残余军队会合。经过几个人的反复商讨，最终决定前往虾夷地创立新的国家、新的政府，以与明治政府分庭抗礼。

临近冬季，天气寒冷，加上海上风暴不可预测，当榎本舰队于十月二十日终于在虾夷地内浦湾靠岸的时候，八艘战舰只剩下了五艘。不过两千多旧幕府军还是士气昂扬地登上了陆地，十月二十六日开进了防备松懈的五稜郭，新政府委派的箱馆府知事清水谷公考被迫放弃箱馆城，乘船逃回本州去了。

五稜郭乃是江户幕府在安政四年（公元1857年）开始动工建造的西式要塞，其目的是阻遏沙皇俄国染指虾夷地。整个要塞呈五角形状，每个角上都设置有新式炮台，外有深深的战壕围绕，可谓是易守难攻的无敌坚城。

榎本等人占领五稜郭后，立刻进兵松前藩的福山城——松前藩曾一度被移封至出羽，其后不久又挪了回来——毫无准备而又兵少将弱的福山城很快便陷落了。十二月十五日，榎本武扬等人发表《箱馆宣言》，宣布成立虾夷共和国，选举榎本武扬为总裁，大鸟圭介为陆军参谋，土方岁三为陆军奉行并（辅佐官）。

然而这个虾夷共和国，可悲地从成立之初便笼罩在重重乌云之中，首先是在宣言发布的一个月前，旗舰"开阳"触礁沉没，其次在宣言发布后，西方列强不肯承认虾夷政府是德川幕府的继承者，从而放弃了局外中立的立场，彻底倒向明治政府一边。十二月二十八日，美国把一艘铁甲巨舰卖给了明治政府，旋即这艘军舰就被定名为"甲铁"，明治政府决定以此舰为主力，击破榎本舰队，攻克虾夷地，完成国家的统一。

明治二年（公元1869年）三月二十日，榎本舰队的三艘战舰——回天、蟠龙、高雄——离开箱馆南下，准备奇袭并捕捉北上的甲铁。然而倒霉的是，三舰还没能看到甲铁的影子，先就碰上了暴风雨，蟠龙和高雄全都不知道漂到哪里去了。剩下的回天舰在舰长甲贺源吾的指挥下，依旧执着地想要完成使命，于是在三月二十五日单独冲入宫古湾，向以甲铁为首的明治政府八艘战舰发动了奇袭。

虽然甲贺源吾及其部下士气高昂，抱定了必死的觉悟，但想依靠一艘老式木体舰，以传统的接舷战方式去俘虏铁甲舰甲铁，本身就是一件很可笑的事情。而且甲铁的形状也很奇特，舰艏向下倾斜，形成巨大的冲角，导致舰桥相当低矮，与回天舰桥相差竟在三米左右——很多共和国的水兵在跳舷战过程中直接就跌断了腿。

回天是孤军作战，甲铁身边却还有七艘护卫僚舰，双方的实力对比是相当悬殊的。因此战斗仅仅持续了三十分钟，就以甲贺源吾等十三人战死，三十余人负伤，回天舰狼狈而逃宣告了计划的失败。

经过此战，新政府军顺利抢得了制海权，随即便于四月九日在青森靠岸，登陆虾夷地，对"虾夷共和国"发动了猛烈的进攻。经过松前、木谷内、矢不来等多场激战，新政府军势如破竹，很快便收复了福山城，逼近共和国的首府箱馆。

五月十一日，总攻开始了，在甲铁等战舰的炮击配合下，新政府军首先攻陷了五棱郭西南方控扼海面的弁天岬台场炮兵阵地，进而夺取五稜郭北方新近修建的防御工事"四稜郭",把五稜郭团团包围了起来。

土方岁三率领"额兵队"冲出五稜郭,想要夺回弁天岬台场,结果不幸中弹身亡。惨烈的战斗一直延续到五月十八日,政府军派出黑田清隆等人前去和榎本武扬谈判——这位黑田清隆本是萨摩藩士,曾经作为西乡隆盛的使者前往与长州藩秘密接洽——已经穷途末路的虾夷共和国政府被迫低头,五稜郭终于打开了大门。

就这样,延续了整整一年半的戊辰战争终于结束了,日本全境得到统一——但这一切,都还仅仅是开始,而非结束。

番 外 篇

"赤报队"的悲剧

推翻德川幕府的封建统治,将日本带入近代社会的明治维新,可以分为前后两个阶段,第一阶段就是戊辰战争,前后不过持续了一年半的时间,然后就是漫长而艰难的制度改革、经济改革阶段。对比世界各国的近代资产阶级革命,往往血流成河,战争旷日持久,新旧势力反复拉锯,日本的这场革命无疑要迅速得多,也温和得多。然而,不管采取了何等过激的手段,各国革命中总能让人看到虽然可能很幼稚也可能很僵化,却总闪烁着宝贵的理想主义的光芒。这种光芒在日本是很微弱的,明治唯新中罕有一心为国的充满理想主义的仁人志士——偶尔有,也都被毫不留情地干掉了。

就以"赤报队"和相乐总三为例吧。相乐总三原名小岛四郎左卫门将满,是下总国相马郡乡士小岛兵马的儿子,通称四郎。受到樱田门外事变的影响，年仅二十二岁的四郎萌生了尊王攘夷，挽救国家民族危亡的念头，于是拿出家中所有积蓄招募同志。文久二年（公元1862年），他加入了"慷慨组"，在上野国赤城山起兵倒幕。

这次起兵失败后，四郎逃归江户，不久后又加入水户"天狗党"，在筑波山举义。"天狗党"遭到镇压，四郎在江户也存身不住，于是东上京都，在那里认识了萨藩的尊王派首脑西乡隆盛和土藩的尊王派首脑坂垣退助等人。庆应三年（公元1867年），西乡隆盛派四郎秘密潜回江户城，组织"浪士队"，骚扰德川幕府统治的中心区域。"浪士队"的种种举动使得幕府大怒如狂，于是在强硬派幕臣小栗忠顺的指挥下，当年十二月二十五日，幕府军攻击并烧毁了江户萨摩藩邸，成为戊辰战争的导火索。

战争爆发后，四郎率领"浪士队"的同志重新在京都集结，并且奉侍从绫小路俊实、滋野井公寿为主，组成了"赤报队"，四郎改名相乐总三，担任"赤报队"一番队的队长。"赤报队"领自新政府的主要任务是什么呢？那就是作为东山道方面军的先锋，率先进入信浓、上野等国，一路宣扬新政府的仁政，号召附近诸侯归附，联兵倒幕。

所谓新政府的"仁政"，主要是指"年贡半减"，这是相乐总三提出建议，受到西乡隆盛等人同意的政治口号。总三认为，各地农民已在幕府多年的横征暴敛下苦不堪言，如果新政府答应减少一半年贡，他们肯定会群起响应，则幕府的统治必将瞬间倾垮。

然而到了庆应四年（公元1868年）的一月下旬，京都却开始流传出"赤报队"竟然"恐吓民众，掠夺财物"的谣言，听到这种谣言，已经进入信州的"赤报队"二番队、三番队在两位公卿头子的率领下，立刻转身跑回了京都。相乐总三茫然无措，于是孤身前往东山道总督府去澄清谣言。

就趁着相乐总三离开的机会，信州各藩纷纷对"赤报队"发起突袭，将其半数杀死，半数逮捕。等到总三在东山道总督府申诉成功，乐呵呵回到信州的时候，不禁被眼前的情景给惊呆了。经过他反复游说和催促，各藩终于答应将所逮捕的"赤报队"一番队队员全部释放——但这只是一个缓兵之计而已,"赤报队"的彻底覆灭就在眼前。

原来,有关"赤报队"竟然"恐吓民众,掠夺财物"的谣言,根本就是新政府派人放出去的,其原因就在于新政府财政拮据,无法承担庞大的军事开销,被迫向三井等大财阀借款,而这些大财阀为了聚敛钱财,根本上反对"年贡半减"政策。基于这一因素,新政府不惜食言而肥,失信于天下百姓,"赤报队"就此变成了可悲的政治牺牲品。

庆应四年（公元1868年）三月,东山道总督府突然逮捕了再度前来申诉的相乐总三及"赤报队"残余队员,随即以"伪官军"的罪名将总三及其亲信八人在信州下谏访处以斩刑——相乐总三享年仅三十岁。明治政府是以此向农民们表示：政府根本就没有发出过"年贡半减"的承诺,这都是"赤报队"那些伪官军混淆视听的谣言。咱们仗照打,幕府照倒,年贡照收,以为在新政府统治下农民们能过好日子,那只是不切实际的妄想!

一直到六十年后的1928年,日本政府才终于为相乐总三和"赤报队"恢复了名誉。这一场延续了半个多世纪的冤狱,非常鲜明而透彻地揭示了明治维新以及维新政府的反动本质。

十津川武装集团

日本的信史时代,基本上是从奈良时代开始的,我们知道,奈良朝因为定都在奈良盆地而得名。奈良盆地的具体位置,是在奈良县（古代叫大和国）的西北部,而在奈良县南部,存在着一个可能历史较奈良朝还更为古老的奇特村落——十津川村。

根据传说,当神武天皇东征之际,在熊野的荒津坂登陆前往大和,途中迷失方向,天照大神便派遣"八咫乌"（即三足乌）前来指路,其后天皇即在十津川村附近竖立起了八咫乌的图腾。估计在大和王朝建立的时候,这个小村落也跟着产生了，成为皇家的直辖领地。"壬申之乱"、"平治之乱"当中，村中男丁全都应召为朝廷作战，建立起了赫赫功勋，由此获得了租税减免的特权。一开始还只是因功受奖，后来逐渐成为不成文的惯例，无论谁统治畿内，都必须对十津川村另眼相看，甚至丰臣秀吉进行"太阁检地"的时候，都直接下令免除了十津川村的年贡。

到了大坂之阵的时候，据说十津川村一下子涌出来一千多号人，协助德川军镇压了周边亲丰臣势力煽动起的一揆。于是德川家康大笔一挥，将十津川村归为幕府天领，永远免除年贡，并且给全村人都赐予了乡士的资格。

啥叫乡士呢？广义而论，从织田信长开始，为了削弱地方势力，牢固地控制麾下武士集团，遂下令武士们都必须脱离旧有土地，进入城下町居住，俗称城下士，与城下士相对的，仍然居住在乡间的，那自然就叫乡士啦。而就狭义来说，其实不是住在乡下的武士全都可以叫乡士，必须具备一定的特性，才能被冠以乡士之名。这些特性包括：拥有自己的土地，从事农业生产，获得减免年贡的资格，在地方上具有相当的权威和影响力。

说白了，所谓乡士，就是传统地侍阶层还没有彻底蜕变成幕藩体制下的新类型武士的那一部分。

拉回来说，十津川村的村民既然全员都被赐予了乡士身份，也就注定他们不会向和平时期的文吏化武士转化，而仍然保留着古老的亦耕亦战，既种地也训练的习惯，从而成为畿内最优质的兵源产地。因此幕末时代，长州、萨摩等西南强藩一度受命警护皇宫，他们的激进尊攘思想让保守派公卿大感不快，于是就从十津川村召了一票村民过来加以制约。这些十津川乡士们深受德川的大恩，尊王是流淌在他们血液中的基因，但倒幕之事却是不肯干的。

戊辰战争的时候，新政府创建了京都警备队以警护首都，后来改名叫做"御亲兵"，其中除各强藩"献纳"的兵马之外，就也包括了十津川乡士，足足有四百多名。这些十津川乡士还跟随着参加了北越战争和会津战争，并在战争结束后，又被全员赐予了士族身份。

倘若不是新的征兵令颁布，大概这个乡下武装集团还将长久地保存下去吧。

末章　迈向罪恶的军国时代

江户幕府的垮台，并不能使日本一夕之间便即摆脱传统禁锢，迈入近代社会，在仁人志士面前仍然有相当长的道路要走。而在是否要彻底与过去说再见，以及将如何面对未来，选择哪条道路迈向明天的问题上，旧日的同志们又开始了血腥的厮杀。最终，大西乡倒下了，大久保也倒下了，伊藤博文等小字辈们走上了前台，开始决定日本未来的命运。

东京行幸

戊辰战争开始于庆应四年（公元1868年）一月二日，也即公历的1月26日，当晚，幕府方两艘军舰悍然炮击停泊在兵库冲的萨摩军舰，掀开了大战的序幕，然后如前章所述，翌日午后，"鸟羽·伏见之战"打响。战争一直延续到明治二年（公元1869年）的五月十八日（公历6月27日），土方岁山战死，榎本武扬代表虾夷政府正式向新政府军递交降表，也即"箱馆战争"的终结。前后长达一年零五个月的时间。

然而作为日本从传统的封建社会迈入近代资本主义社会的"明治维新"，却并不能与戊辰战争画上等号，不是说战事一息，立刻除旧布新，日本社会瞬间来个大飞跃。戊辰战争只是明治维新的第二步而已。

第一步当然是指新政府的组建，故此一般认为，明治维新开始于戊辰战争之前不久，即以幕府"大政奉还"和朝廷"王政复古"为肇端，经过小御所会议，正式组成以明治天皇为国家领袖、有栖川宫炽仁亲王为政府首脑（总裁）的维新政府。接着，经过将近一年半的战争，新政府终于击败了守旧的江户幕府势力，并且重新统一四分五裂的国家。

然而这时候的日本，仍然还只是个传统的封建国家，政府总裁由亲王担任暂且不论，议定的成员皆为朝臣和藩主，参与的成员亦为公卿与各强藩的藩臣，其间没有任何一位代表新阶级的利益——当然啦，这时候也还没有完整的资产阶级一说，遑论其代表人物了。

日本的政治架构仍然是封建分封制，群藩林立，战争结束后，新政府仍然以土地作为奖惩手段。比方说，赏赐岛津久光父子、毛利敬亲父子各"永世禄"十万石，赏赐山内容堂父子"永世禄"四万石、松平庆永父子一万石等等。

有奖自然有罚，如前所述，德川宗家由占有幕府天领四百余万石，被降格为骏府七十万石的普通诸侯。此外，仙台从六十二万石减封为二十八万石，米泽从十八万石减封为十四万石，庄内从十七万石减封为十二万石，长冈从七万四千石减封为二万四千石……最惨的是会津松平，被转封偏远贫瘠的陆奥斗南三万石。

不过总体而言，奖得不多，罚得也不多，绝大多数诸侯都获得了"所领安堵"的承诺，跟当初"关原合战"后德川家康搞的那一套绝不可同日而语。朝廷本来就没多少土地，这回新政府顺利吃下的也大多为旧幕府天领，就表面形态来看，跟江户幕府换成"京都幕府"没多大区别——换言之，封建体制基本不变。

这叫"维新"吗？新在何处？

所以真正的维新，要等战争结束后才开始。

不过在战事终结之前，新政府就开始了一项巨大工程，那就是——迁都。为什么要迁都呢？因为新政府的实权都握在那些参与，也即各强藩重臣，以及下级公卿岩仓具视等人手中，但参与们头上除了个空头的亲王总裁外，还顶着一大堆议定呢。议定中的旧藩主们还则罢了，那些公卿却都蠢蠢欲动，想要把权力重新掌握到朝廷手中。

不是"大政奉还"了吗？不是"王政复古"了吗？新政府不新政府的，只是一个虚名而已，这天下难道不应该复归到幕藩体制之前的形态吗？公卿们纷纷弹冠相庆，觉得终于该到咱们露脸的时候啦。

然而大久保利通、桂小五郎他们可不是楠木正成，没想着真把大权都交还给天皇，更不打算让那票腐朽无能而又目光短浅的旧公卿卷土重来。为了削弱旧公卿对天皇的影响力，真正消灭"朝廷"这个封建时期的怪物，建立新时代的国家政府，这些人便提出迁都的建议，目的是离开京都，彻底摆脱守旧势力的掣肘。

最初的设计是迁都大坂——大坂距离京都不远，迁都的阻力可能会比较小，而且大坂商业发达，拥有优良港口，也便于新政府冲出列岛，走向海洋。于是他们以对敌作战的需要为借口，首先策划了天皇的"大坂行幸"，然而朝廷中的守旧势力仍很顽强，结果明治天皇跑大坂城待了四十多天以后，仍然被迫返回了京都。

等到"大江户无血开城"以后，大久保等人就又动心眼儿，打算奉着天皇迁都江户——江户是两百多年来实际上的日本首都，其繁华程度远非京都、大坂可比，兼之并未遭受太大的战火，城建设施还保留得很完善，若能迁都江户，则既可以顺利镇定旧幕府的中心统治区域，又距离京都更为遥远，何乐而不为呢？

当然啦，连大坂守旧派公卿们都不让你去，江户那么远的地方，他们肯干才有鬼呢。好在这时候，佐贺藩两名重臣突然跳将出来，提出"东西两都"建议书，为新政府解决了这个难题。

佐贺藩就是"萨长土肥"之肥——肥前藩，按照当时的习惯，也可以依据藩主的苗字称为"锅岛藩"，因为本据为肥前国佐贺郡的佐贺城，所以叫佐贺藩——就好比萨摩藩也可以叫岛津藩、鹿儿岛藩。佐贺藩祖便是战国末期大名鼎鼎的锅岛直茂，受丰臣秀吉赐封肥前三十五万七千石的领地，江户幕府时期的初代藩主，则是直茂之子胜茂。

当然啦，肥前并不仅仅锅岛一家诸侯，但锅岛的封地是最大的，并且享受国主格待遇，因此才能以国名指代。

拉回来说，佐贺藩传至第十代藩主锅岛直正（闲叟）的时候，利用沿海的便利，大肆吸收西洋科技，进行藩政改革，直正以西法炼钢，制造大炮、蒸汽机、玻璃制品，甚至引进电信技术，成为幕末首屈一指的近代化强藩。第一次长州战争后，鉴于全国性的战事已不可避免，直正的继承人锅岛直大又全面改革军事制度，建立起了一支近代化的常备军。正因为有此实力，才能在西南四强藩中稳居一席之地。

不过因为"入伙"比较晚，而且此前佐贺藩一直埋头搞生产，很少掺和京都的乱局，所以议定和参与都没能混上。等到战争爆发以后，佐贺藩兵自然成为新政府军的中坚力量，于是佐贺藩臣们亦都水涨船高，得以陆续挤入新政府中枢。前面所说的那两名佐贺重臣，一位是军务官判事（国防部参谋）大木乔任，另一位是东征大总督府监军江藤新平，他们提出"东西两都"的建议，即仍然保留京都的国家首都地位，但同时设置江户为陪都——日本的土地那么狭长，关东地区又长期在德川氏统治之下，短期内很难彻底稳固，在江户设个陪都很有必要啊。

于是这一年的七月十七日，朝廷正式下诏，改江户为"东京都"（简称东京），并决定明治天皇将于十月十三日"行幸"东京都——你瞧，不算正式迁都，咱们仍然只是去转悠转悠而已，你们就别再反对啦。

真正的改革，可以说即从这并不挂着迁都名义的迁都开始。

废藩置县和征兵令

如前所述，幕末时代的主流思潮，首先是"开国"和"攘夷"的对抗，但逐渐地，攘夷派的中坚力量认识到不开国便无以攘夷——延续锁国政策固然是自蹈死路，打算先把洋人全都赶出去，咱们再自情自愿而不是被迫地开港通商，那也不现实——同时又认识到在腐朽的江户幕府统治下，日本永远也别想真的迈入近代化社会，得以跟列强平等建交，所以才引发了戊辰战争，彻底推翻幕府的统治。

那么等到战争结束以后，就该全面进行社会改革，以期修改与列强的不平等条约，把日本推向新的时代啦。而在此之前，战争之初，新政府即请求天皇颁布《五条誓文》，吹响了改革的号角。

《五条誓文》的内容为：一，广兴会议，万机决于公论；二，上下一心，以盛行经纶；三，公武一途，乃及于庶民，使各遂其志，勿使人心倦怠；四，破除旧来的陋习，秉持天地之公道；五，求知识于世界，以大振皇基。

誓文只是口号而已，而要达成口号的目的，首先就必须打破封建采邑制，也就是把各藩的土地收归政府所有，使得新政府的执行力可以覆盖至全日本的每个角落。这一举措，主要是通过劝说和赎买来完成的，首先在战争结束前的明治二年（公元1869年）一月，在大久保利通、木户孝允（桂小五郎）、板垣退助和大隈重信等各藩重臣的分别劝说下，萨、长、土、肥四强藩领头向朝廷"奉还版籍"，也就是说，把名下土地的所有权归还给朝廷，自己只保留暂时的管理权。

在明治维新之前，可以说"日本"在更大范围内只代表了一个地区而非一个完整的国家，幕府对外交往（朝廷都不拥有这一权力）固然打着日本国的旗号，但对于广大武士和百姓来说，他们首先想到的是我乃德川之臣、乃萨摩之人、乃长州之人等等，而并没有身为日本人的自觉。这种自觉要到戊辰战争的诸藩联合中才逐渐深入人心，有识之士莫不呼吁一个完整的近代化的国家政权之诞生。

各藩重臣首先迈出了关键性的一步，虽然以萨、长为首的各藩之间仍然存在着激烈的现实矛盾和浓厚的竞争意识，但其基础逐渐地更多来自于藩臣团体而非藩本身，说白了，他们不再认为本藩的利益可以凌驾于全日本利益之上——除非藩政府能摇身一变成为国家政府，但那根本就不现实，即便德川宗家都不可能单独统治日本，遑论西南强藩之一呢？

而且这些各藩重臣，通过戊辰战争逐渐掌握了新政府的实权，尤其是军事统辖权，使得他们可以独立于旧的诸侯体制之外，对于本藩藩主仍然维系着感情上的牵绊和礼节上的敬意，却逐渐摆脱了传统的封建义务。权力从江户幕府转移到明治新政府，首先是从德川宗家转移至西南强藩，继而从西南强藩的藩主手上，转移到了大久保利通、桂小五郎等藩臣出身的新政府要员手中。

在此种前提下，这些要员"下克上"，明为劝说实为威逼他们的主家向朝廷"奉还版籍"，试图终结旧有的分封制，那也便顺理成章了吧。

当然啦，任何改革都不可能一蹴而就，封建采邑制的消亡经历了颇长的时间，并且分为数个大的阶段。第一阶段，即为四强藩藩主的"奉还版籍"，第二阶段是其他各路诸侯有样学样，纷纷仿效。

江户幕府三百藩，除了少数强藩外，绝大多数这时候都已经混不下去啦，本来藩内便频发政治危机和经济危机，如今再经过一年半的战争，或者参与讨伐，或者遭到讨伐，藩库陆续被搬空，已经濒临破产的边缘。所以他们的"奉还版籍"，既是因应时势需要、顺天应人之策，同时也是不得不为的无奈之举。

就此经过大约半年的准备，当年六月，新政府正式宣布废除分封制度，从此将各藩藩主与直辖领地的地方长官同等对待，改称为"藩知事"。

第三步，在岩仓具视、大久保利通等人的谋划下，陆续胁迫藩知事上书新政府，请求干脆"废藩"算了——不仅名义上，而且实质上把藩的土地纳归政府统一管理。于是到了明治四年（公元1871年）七月，政府最终用赎买的方式和承担各藩债务为承诺，彻底废除了分封制度，全国统一设定都、道、府、县的行政区划——即东京都，北海道，大坂、京都两府及四十三个县。史称"废藩置县"。

与"废藩置县"几乎同时完成的，还有军事制度的改革。就理论上而言，新政府必须掌控全国最为强大的武装力量，就如同昔日幕府拥有"旗本八万骑"一般，如此才能稳定局势，避免地方割据和作乱。可是新政府本身就是西南强藩和朝廷公卿开场小会拼凑出来的，根本没有一兵一卒可用啊，戊辰战争中用来征讨德川氏、奥羽越列藩同盟，以及虾夷共和国的，其实都是各藩联合军而已。

所以战争一结束，改革军事制度就必须提上议事日程来了。明治二年（公元1869年）六月，召开了"兵制会议"，商讨组建国防军的问题，萨、长两派各执一端，在会上几乎大打出手。

我们知道，长州兵的品流非常复杂，作为藩兵主体的"选锋队"早就不堪使用了，后来参与四境战争和戊辰战争的兵马，大多来源于高杉晋作登高一呼所组建的以"奇兵队"为首的诸队，其中商人、町民和农夫占据了绝大多数。所以长州人据此经验，认为应当不论出身、门第，采取普遍的征兵制度。而萨摩军的主体仍然是旧武士阶层，故此萨摩藩的大久保利通和西乡隆盛等人自然反对普遍征兵制，认为只要把诸藩兵马收归国有，直接改组为国家军队，那不是既省力又省钱的事情吗？

当兵打仗，还得靠武士啊，那些老百姓哪有丝毫作战技能？要训练他们守纪律，更不知道需要花费多少时间和精力，又何必多此一举呢？

这就是"藩兵论"和"农兵论"的大论争——其实关键问题不在于军事，而在于政治，"农兵论"是要从根本上挖断武士阶层存在的根基，这是西乡隆盛等人所无法接受的。

一开始"藩兵论"占据了上风，业已迁都东京的新政府首先征召屯驻在京都附近的萨摩、长州、土佐三藩兵马东下，改组为第一支国防军。好在很快风向就变了，新政府的架构做了大范围改组，七月确定了"二官六省制"，六省中的兵部长官为兵部卿，由仁和寺宫嘉彰亲王担任，其实只是一个摆着好看的样子货，实权都落在了新任兵部大辅，同时也是"农兵论"的急先锋大村益次郎手中。

大村益次郎一朝权在手，立刻开始了大刀阔斧的军事改革——这是我兵部该管之事，我不找你们商量，你们也便无由置喙。他首先在京都设置河东操练所，作为军官培养机构，初期学员全都来自于长州诸队。随即他又设置了"大坂出张所"，把京都和大坂作为编组新式陆军的根据地——部分目的，也是为了制压逐渐尾大不掉的西南诸藩。

大村的改革触到了旧武士阶层的神经，九月四日，他突然遭到数名旧武士的袭击，身负重伤，终于药石罔救，一命呜呼了。

大村虽死，但他的改革措施却在长州诸人的努力下得以延续下去，再加上"废藩置县"的完成——藩都没有了，遑论藩兵呢？最终在继任兵部大辅的山县有朋的策划下，明治四年（公元1871年）十一月，明治政府下达"征兵告谕"，翌年一月正式颁布"征兵令"，不问出身、门第，开始了普遍征兵。

环球大考察

明治新政府的主要架构经过一系列改革，最终确定为"二官六省制"。

在新政府内部，最初总裁、议定、参与三职的设置，职权很不明晰，其实只类似于过渡时期的政府筹备会议而已。于是到了明治二年（公元1869年）一月，首先在三职下设置了神祇、内国、外国、海陆军、会计、刑法和制度七个科室，统称"三职七科"。明治三年（公元1870年）二月，改科为局（其中海陆军科改称军防事务局），并且增加一个总裁局，统称"三职八局"。所谓总裁局，就是辅佐政府总裁处理政务的机构，我们知道，炽仁亲王这个总裁的头衔本来就是虚的，而且不久后总裁一职即被废止，所以政府的真正首脑，就此变成了总裁局的两名副总裁——议定岩仓具视和三条实美。这可以说是日本国的第一届政府班子。

然而这仍然是个过渡，既然要开国，要"文明开化"，要与西方列强平等建交，那么人家搞的"三权分立"那一套，就不能不好好学上一学喽。很快，原有的三职（总裁已撤，其实只剩下了二职）便转化为"议政官"，掌握立法权，由两名辅相（副总裁）加上原本的议定组成上院，原本的参与（主要为各藩藩士）则组成下院；刑法局独立出来，成为"司法官"，掌握司法权；除总裁、刑法二局外的其余六局合并为行政、神祇、会计、军务、外国五个官厅，作为"行政官"掌握行政权——两名辅相同时兼任行政长官。

唉，三权分立是新花样，可是这新花样里面怎么还夹着一个"神祇官厅"啊？这不还是封建社会"祭政一体"的荒诞玩意儿吗？这是因为日本才刚半只脚迈进近代社会，说实话对于近代政府的基本职权实在搞不大懂，再加上还有个并非彻底虚君的天皇压在上面，那就暂且只能煮出一锅杂和粥来啦。很快的，新政府就"尊重传统"，搬了古老的太政官制出来，往新政府架构上去硬套，神祇官得以复活，并且名义上凌驾于政府主体的太政官之上，太政官下也沿用旧名，设置民部、大藏（财政）、兵部、刑部、宫内、外务六个省，称为"二官六省制"，其余待诏院、弹正台、集贤院等等，也都还是用老名字。

在"废藩置县"前后，太政官下又新添了司法省和文部省，明治六年（公元1873年）再增添内务省，就此，明治政府的基本架构终于算是搭成了。

这种政府架构，说白了就是一锅和洋结合、古今混用的大杂烩，与此同时，还有一锅更大的杂拌开始烩制。

且说维新之初，志士们打出过"四民平等"的旗号，也就是说要打破旧日"士农工商"的身份界限，达成人人平等的目的。当然啦，真正意义上的平等只是空想，可是新政府成立之后，真的在名义上废除了不同阶层的身份差别了吗？

那也不是可以一蹴而就的事情，原本高高在上的那些公卿、诸侯，要让他们跟普通武士甚至平民百姓平起平坐，他们非当场掀起反旗不可。所以真正达成平等的，只能说是"士"的中下层，和另三等的"农工商"。

明治政府规定，天皇一族与普通国民不同，统称"皇族"，尊贵无比。此外，公卿贵族和各藩藩主则都定为"华族"，旧武士仍然称为"士族"，以与平民百姓相区分。后来逐渐地，士族也变成了平民百姓，只有皇族和华族高高在上，仍然长时期存在。所谓的"四民平等"，在相当长一段时间内只不过是句门面话而已。

靠着这种杂拌的政府架构和公民划分，自然无法使日本快速迈入近代社会，那些明治政府的要员们也全都为此头痛不已。本以为只要打倒了旧幕府，建立起新政府，就可以跟列强平起平坐啦，可以商量着修改不平等条约啦，谁想到尝试了几回，列强全当你在放屁，压根儿理都不理。于是就有人提出，咱们必须富国强兵，然后才能修改条约——"文明开化"、"殖产兴业"等口号，一时间响彻了日本的每个角落。

可是该怎么文明开化呢？穿洋装、学洋文，甚至吃洋餐（古代日本人因为笃信佛教，绝大多数都是不吃禽畜肉的，贵族也只吃点儿海产补充蛋白质，维新后却开始大肆吃肉尤其是牛肉，以为只要多吃牛肉，就能长得跟西洋人一般壮实），明显是不够的。然后又该怎么"殖产兴业"呢？掌控新政府的多为各强藩的藩士，行动力无与伦比，理论基础却不牢固。于是大家伙儿一商量，咱得先走出国门，去西洋各国考察一番，才能把先进经验搬回日本来啊。

明治四年（1871年）年底，日本政府派出了一支规模庞大的使节团，乘坐美国蒸汽邮轮阿美利加号，开始了漫长的访问和考察之旅。按照计划，使节团首先要横渡太平洋前往美国，停留约八个月后，再渡过大西洋前往欧洲，在英国待四个月，在法国待两个月，在比利时、荷兰、德国待三周，在俄国待两周，此外还要途径奥地利、瑞士、意大利等国，并在维也纳参观万国博览会，其后经苏伊士运河返回亚洲，继续访问列强在亚洲的各殖民地，最后从香港经上海返回国内。

嚇，这一趟几乎就是环球旅行啊，把各欧美列强全都走透透，计划行程长达一年半的时间。大家伙儿都认为这么跑上一趟，就能把列强的本事给学个七七八八，可以用来振兴日本国了吧。

使节团的规格很高，特命全权大使乃是右大臣、外务卿岩仓具视。这时候已经确定了"二官六省制"，各省首脑全都沿用旧称，所以外务省的主官就是外务卿，而首任政府首脑自然便是太政大臣，定为三条实美，仍设左、右大臣等为其辅弼。说白了，岩仓具视就是副总理兼外交部长，所以使团以其苗字为名，史称"岩仓使节团"。

副使有四名，分别为参议木户孝允（桂小五郎）、参议兼大藏卿大久保利通、大藏少辅兼民部少辅伊藤博文，以及外务少辅山口尚芳——山口尚芳本为佐贺藩士。

此外，还有包括林董、田中光显、村田新八、由利公正等五十多名使节、随员，以及前赴欧美各国的四十三名留学生，总数为一百零七人。

有趣的是，根据临行前留下来的五名正副使节合影照来看，四名副使全都剃了短发，一身的洋装，手捧高筒礼帽，只有正使岩仓具视仍然身着传统和服，梳着发髻，形成了鲜明的对比。

岩仓使节团是在公元1871年12月23日正式出发的，因为种种不确定的因素，最终日程比原计划略长，直到1873年9月13日，他们才乘坐美国邮船黄金时代号返回横滨港。然而诡异的是，作为副使的大久保利通和木户孝允却乘坐他船，匆匆忙忙提前一个月返回了国内——据说，他们是回来"灭火"的……

征韩和使韩

岩仓具视、大久保利通、木户孝允等等，都是明治新政府的股肱之臣，他们出国考察，一去就是一年半的时光，当然不可能就此把国事全都撂下啦，而必须有人填补空缺，肩负起维持政府、守护国家的重任来。

留守政府的首脑，自然便是太政大臣（政府总理）三条实美，不过三条的学问和见识都很有限，他这个总理半虚半实，政府权力主要还是掌握在那些过去的强藩藩臣手中，包括萨摩的西乡隆盛、长州的井上馨、土佐的板垣退助，以及佐贺的大隈重信、江藤新平、大木乔任等等。

这留守政府不等于看守内阁，不是一切维持原状，光是头疼医头、脚疼医脚就可以了，维新正到关键时刻，一系列大政方针都由出访者和留守者商议妥当，待等时机成熟后再加以颁布。这些政策主要包括学校制度、征兵令、地租改革、西历采用、整顿司法，以及解除对基督教的禁令等等。

这对基督教的禁令，并非江户幕府所颁布的，而是新政府成立以后新发的——一方面鼓吹西化，逐事都向列强看齐，一方面又禁止基督教传播，正说明了维新政府是在逐渐转化为近代政府，建立之初则封建意识仍然极为浓厚。

大久保利通等人临行前告诫留守政府成员，说按照咱们商量好的，你等逐一进行改革，颁布政策就成，若再有其他大事，且都等我们回国以后再加商讨，不可贸然行事。西乡隆盛等人一口答应下来。

可是谁承想进入了明治六年（公元1873年），还在四处游逛、各方考察的大久保利通等人却突然得到消息，说西乡隆盛打算亲提大军，渡海去侵略朝鲜。大久保这一惊真是非同小可！

我们知道，当年丰臣秀吉曾经侵略过朝鲜，最终铩羽而归，这一狂妄思想在二百多年后的明治政府中却又突然间死灰复燃了。日本是个岛国，疆域狭小、资源不足，想要与列强并列进而相争，在当时的思潮看来，必须学习列强开辟海外殖民地不可——这殖民地么，日本人当然首先就想到了朝鲜半岛。

尊攘派的祖师爷吉田松阴就曾经畅想过，"我与美、俄的媾和既成定局，不可由我方决然背约，以失信于夷狄。必须严订章程敦厚信义，在此期间养蓄国力，割据易取的朝鲜和中国东北的土地作为补偿。"其弟子木户孝允也曾经在明治元年（公元1868年）向岩仓具视进言，认为朝鲜是"保全皇国的基础，将来经略进攻之基本"。可以说，等咱们强大了就要去拿下朝鲜，把朝鲜半岛作为第一块殖民地——琉球名义上虽然是独立王国，实际早就落到萨摩手里了，算不上第一块——乃是明治政府从上到下的共识，史称"征韩论"。

不过政府肇建之初，还没有力量对外扩张，所以"征韩论"就只能作为一桩遥远的畅想而已。日本人退而求其次，希望能够推动朝鲜的开国，则两国联起手来，或可与欧美列强相抗衡也。

可是派遣使者前往朝鲜，却被朝鲜人一口回绝了。当时朝鲜的李氏王朝，权柄都掌握在国王之父、兴宣大院君李昰应手中，这位李昰应乃是顽固的守旧派和事大派（依靠中国，故名事大），不但拒绝开国和与日本结盟，反倒因为日本的西化而大感厌恶，两国关系就此日益紧张，终于在留守政府执政时期达到顶峰。以西乡隆盛为首的留守政府一怒之下，决定立刻发兵朝鲜。

大久保利通等人并不反对"征韩论"，但坚决反对在国力尚不充足、列强虎视眈眈的前提下，悍然发动侵朝战争。一听说留守政府如此妄行，他们立刻慌了神儿，因此大久保和木户两名副使才提前赶回国内，加以阻止——咱们说好的呀，得等使节团归国之后，再共商预定安排之外的国家大事。

出兵朝鲜的鼓噪，好不容易才被大久保等人给按了下来，一拖就是一个多月，终于等到了岩仓使节团的归国。于是出访者和留守者再次坐在一起开会，双方争论不休，导致赞同出兵的大隈、大木和反对出兵的大久保、木户都以辞职相要挟，总理三条实美气得大病一场，差点儿要了老命。

三条这一倒，按照规定，右大臣岩仓具视遂得以进位，代掌太政大臣的职权。岩仓乃是坚定的反对出兵派，于是在他的主持下，会议开始一边倒，最终通过请求明治天皇圣裁的方式，阻止了这场无谋的妄动。所造成的结果，就是政府分裂，西乡隆盛、板垣退助、后藤象二郎、江藤新平、副岛种臣等五名参议愤而辞职下野——史称"明治六年的政变"。

这场政变，就表面上来看，似乎西乡隆盛是"征韩论"的主导者、侵朝派的排头兵，其实这是冤枉了西乡。力主即刻发兵攻打朝鲜的乃是板垣退助和副岛种臣，西乡隆盛无力压服，于是提出建议，不如由我亲自跑一趟朝鲜，去跟大院君商议，请求对方开国吧。经过反复劝说，板垣、副岛等人大致认同了西乡的建议，然而等到岩仓使节团归国以后，却坚决反对这一做法。

大久保等人认为，以如今的日朝关系来看，西乡航渡前往，很可能遭到朝方的杀害，到那时候欲不开战而不可得矣——所以，你绝对不准去！最后岩仓具视递交到明治天皇面前请求圣裁的，并非是否侵韩的讨论，而是使韩议案和延期使韩议案；西乡等人的下野，也并非恼怒无法侵朝，而是怨恨岩仓狡猾而强硬的政治手段。

这次政府分裂，其影响是非常深远的。因西乡隆盛、江藤新平之下野而最终引发了"西南战争"，因板垣退助、后藤象二郎的下野，逐步催生出了所谓的"自由民权运动"。

有司专制

"明治六年的政变"的时候,主掌政府实权的,乃是一批参议。

参议本为日本古职,属于"令外官"。根据养老律令规定,最高政府机关为太政官,主官太政大臣、副官左右大臣,再往下还有大少纳言、左右大弁等等。不在律令规定之内的,历代逐次增加的官职,则称为"令外官",比方说在左右大臣外新设内大臣,在大少纳言之间新设中纳言,以及咱们耳熟能详的摄政、关白等等。至于参议一职,始创于大宝二年(公元702年),允许部分四位以上廷臣挂此头衔,参与大臣们的会议,共商朝政。到了明治二年(公元1869年)确定二官六省制以后,参议遂与太政大臣、左右内大臣等古老官名同时复活了,那些大臣的头衔,主要用来封赐旧公卿和旧藩主,参议头衔则全都落到了各藩重臣,即所谓的"维新功臣"手中。

明治四年(公元1871年)的"废藩置县",基本上把旧公卿、诸侯从朝堂中清扫了出去,此后挂着参议头衔的维新功臣们遂彻底掌握了政府中枢。首批参议共有四名,即木户孝允、西乡隆盛、大隈重信和板垣退助,明治六年(公元1873年)四月又新添上了后藤象二郎、大木乔任和江藤新平。到了十月份,就是这些人在太政大臣三条实美和右大臣岩仓具视的先后主持下,就是否派遣西乡隆盛出使朝鲜一事,展开了激烈的争论。最终因为岩仓玩弄权术主导会议,致使西乡等四人彻底失败,愤然辞职。

于是增补大久保利通、副岛种臣、伊藤博文、胜海舟和寺岛宗则为参议。不久以后,大久保利通在八省(六省再加司法、文部二省)外,建议增设内务省，打算把铁路、通信等其余部门不管的事儿全给挑起来，大久保本人则以参议的身份兼任了初代内务卿。

随着国政的改革，日本社会逐渐转型，新生事物是如同雨后春笋一般层出不穷啊，于是出现一个，抓住一个，内务省很快便膨胀起来，成为日本最重要的政府部门。因而内务省可不是"不管部"，在二战之前，它被称为"官厅中的官厅"、"官僚势力的总本山"，或者"官僚的本据"；内务卿大久保利通也不是"不管部长"，而很快变成了一人之下、万人之上的日本第一官僚，甚至是独裁者。

大久保本来就是岛津久光的宠臣，萨摩藩维新志士的领袖，论声望、地位，能够与其相抗的，只有同藩的西乡隆盛，以及长州的木户孝允等寥寥数人而已。西乡在明治六年的政变中下了台，然后翌年因为反对向台湾用兵，木户也愤而辞职了。于是大久保一家独大，手里攥着内务省和警视局，还有大藏省和工部省为左右臂膀，建立起了所谓的"大久保独裁政府"。

要说警视局，旧幕府时期当然没有现代意义上的警察一说，"新选组"也好、"新征组"也罢，都是临时编组起来以维持京都、江户治安的，不入国家（幕府）正式编制，只算是临时工。明治政府建立以后，开始学习西方创建警察部队，起初叫"逻卒"。明治五年（1872年），萨摩出身的川路利良前赴欧洲考察警察制度，回来以后就创设了警视局，归属内务省统辖。

川路的名言是："一国乃一家，政府乃父母，人民乃子女，警察乃其保姆。"他立志要把日本建设成一个"警察国家"。他在为大久保维持治安、控制舆论，打压反对势力上，可以说是居功甚伟。

此外，大藏卿大隈重信和工部卿伊藤博文，虽然一出佐贺，一出长州，不是萨摩人，却跟大久保走得很近，诸事皆仰承大久保的旨意，可以说跟川路利良并为内务卿大人的忠犬。据说左大臣、名位还在岩仓具视之上的岛津久光因为反对洋化运动，曾经上书政府，要求撤换大久保的职务。久光乃大久保的故主，主公站出来说话了，大久保不安于位，当即打算辞职。结果大隈重信跳出来高呼："今时不同往日，如今您已是朝廷之臣，焉能因为一名旧藩主的要求便轻率去职呢？"于是乎大久保继续当他的内务卿，岛津久光倒被迫黯然辞职，回萨摩养老去了。

在大久保利通的独裁统治下，日本全面而快速地向近代社会转化，其目标是把日本建成为第二个德意志。他的统治在日本历史上被称为"有司专制"，也即由特定的藩阀政治家掌握国家要害部门，实际操控国政，使得立法机关形同虚设。对此表示出强烈不满的大有人在，首先旗帜鲜明上书朝廷，要求改弦更张的，便是前任参议板垣退助和后藤象二郎。

明治七年（公元1874年），板垣和后藤，再加上一个就任参议短短数日便主动辞职的副岛种臣，一起创建了"爱国公党"，开始向明治政府发起猛烈炮轰。板垣愤然声讨有司专制，并且向政府递交了《民选议院设立建白书》，明确指出："如今之政权，上不在皇室，下不在人民，而独在有司（相关部门）。"就此掀起了声势浩大的"自由民权运动"。

日本的自由民权运动，从1874年一直延续到1890年，主要主张为制定宪法、开设议会、减轻地租、修正不平等条约、保障言论和集会自由等等。不过表面上虽然是一场资本主义民主运动，但运动的领导者们，却只是利用社会各阶层对现政府的不满，想要组织反对党抢班夺权而已。想想也是，大家伙儿都是维新志士，都跟旧幕府打过仗、流过血，凭什么你们在台上肆意妄为，倒把我们踢出局外？是可忍，孰不可忍！

这票人本身声望就高，根基就厚，再加上裹胁了民意，即便大久保利通也拿他们没辙，此后历届政府，更是只能招安了事，请他们以个人身份入阁参政。板垣退助和后藤象二郎等人当即吞下香饵，解散在野党，欢欣鼓舞地就去上任了。可是到了任上一瞧，政府给自己的只是空头衔，而毫无实权，一怒之下，再度下野，重组政党，继续高呼反对口号。

但也正是他们所鼓吹的自由民权运动，终于迫使日本政府在明治二十三年（公元1890年）开设了帝国议会，算是向新时代又多少迈进了一步。

大西乡倒下

明治政府力图摆脱封建制的束缚，彻底消除武士阶层，为此采取了很多强硬手段，比如说"废藩置县"，再比如"带刀禁止令"又名"废刀令"，也即除穿着大礼服的官员，以及军人、警察外，一律禁止佩刀上街。

我们知道，佩刀乃是武士身份的象征，江户时代的武士无时无刻不身佩长短双刀（武士刀和肋差），甚至在被低阶层之人冲撞以后，有直接

"斩舍御免"的权力。废除诸藩，就使得武士失去了所依附的封建势力和生活来源，废刀令又迫使他们放下武器，进而舍弃身份。就此导致了大批武士家庭破产，瞬间沦为社会底层。

高层武士比如各藩藩主、重臣并无此忧，政府赎买了他们的土地，即便不用来投资新兴的工商业，也不会很快坐吃山空。中低层的武士本身俸禄就很低微，如今被政府用公债的方式一次性买断，绝大多数除挥舞刀剑外并无一技之长，即便想要转业也非常困难啊。

其实武士破产，在江户时代便屡见不鲜了，很多武士被迫向商人高利借贷，甚至收商人子弟为养子、婿养子，继承家业，以度难关。然而原本江户幕府再加三百藩，武士数量极为庞大，明治初期能够混入官场，或者从军为警的，数额却极其有限，绝大多数武士迈入破产境地，这是前所罕见的，自然会引发严重的社会问题。

有鉴于此，西乡隆盛在下野后，返回老家萨摩（废藩后改称鹿儿岛县），就掏出身为维新功臣、政府元老所获得的大笔津贴，成立了一座私立学校，收留落魄武士，一边种地，一边训练。在隆盛想来，我这是在为国家缓解社会矛盾，同时保留军事人才，也算功德无量吧。

然而如同西乡隆盛一般虽然怜悯旧武士境况，却又深知社会大势一去不返者，实在寥寥无几，在位者根本不关心普通武士的死活，在野者则妄图诉诸武力来开历史的倒车。且说江藤新平在辞任参议以后，返回故乡佐贺，仿效板垣退助等人组建了一个"征韩党"，要求改善旧武士的待遇，把他们组织起来向朝鲜进军。前秋田县权令岛义勇也几乎同时组建了"忧国党",主张复归传统的封建制度,反对一切洋化举措。

这两个政治倾向截然不同的政党,因为对新政府同样的敌视和憎恨,最终走到了一起,集结兵马,掀起反旗——是为明治七年(公元1874年)的"佐贺之乱"。他们还派人前往鹿儿岛,请求西乡隆盛起兵策应,但被隆盛婉言谢绝了。新政府闻报,立刻派遣兵马,毫不留情地加以镇压,仅仅一个月的时间,叛乱即被敉平。岛义勇妄图逃往鹿儿岛向岛津久光申诉,途中遭到逮捕,随即被处决。江藤新平则是被大久保利通设置临时裁判所,进行秘密审讯后,不顾朝野一致的求赦呼声,下令处死了。

到了明治九年(公元1876年),一年内又连续爆发了"神风连之乱"、"秋月之乱"和"萩之乱",都是旧武士阶层对新政府掀起的叛乱。"神风连之乱"的首谋乃是旧肥后藩士太田黑伴雄、加屋霁坚等人,他们组建了一个政党叫"敬神党",反对者蔑称为"神风连",他们的诉求是反对"废刀令";"秋月之乱"乃是旧秋月藩士宫崎车之助等人呼应敬神党所掀起的叛乱。最后这股歪风甚至刮到了长州,曾一度接替大村益次郎就任兵部大辅的前原一诚,因为反对"农兵论"而与木户孝允严重对立,辞职返乡后,煽动长州旧士族,掀起了"萩之乱"。

这些叛乱延续时间都不长,参与者不过百余,最多数百人而已,陆续被政府军镇压下去了。可是政府为此也杯弓蛇影、草木皆兵,于是大警视川路利良就派遣部下秘密潜入西乡隆盛的私学校,去侦察西乡的动向。这时候私学校中包括落魄武士,以及因仰慕西乡而主动辞职来附的政府官员、军人、警察,已经聚集了一千多人,这一千多人倘若闹起事来,麻烦可就大了呀。

可是密探的潜入，反倒成了叛乱的导火索——私学校中的学生、干部们本来就对大久保独裁政权极为不满，他们以兵法部勒，团结性和警惕性都非常高，很快便揪出了密探，经过严刑逼供，得到了一个惊人的消息：川路竟然派这些人来刺杀大西乡！是可忍孰可不忍，于是重要干部筱原国干、桐野利秋、村田新八等人便去找到了正在疗养的西乡隆盛，煽动他向政府掀起反旗。

据说，这其实也是一桩乌龙事件，密探所招供的本意是"视察"（侦察）西乡，发音为"しさつ"，恰与刺杀相同。不过在新政府的高压政策和对私学校的怀疑，以及私学校本身强烈的反政府倾向来看，即便没有这一事件，爆发叛乱也是迟早的事情吧。

大久保利通和西乡隆盛本为挚友，闻讯匆忙派遣海军大辅川村纯义和内务少卿林友幸前往鹿儿岛解释，然而却无法得到学员们的谅解。最终，西乡隆盛还是被胁迫着竖起了反旗——是为明治十年（公元1877年）二月间事，史称"西南战争"。

二月二十二日，陆续集结在西乡周围的叛军已经达到一万多人，北上攻打政府在北九州的屯兵所——熊本镇台。熊本镇台只有三千多兵马，但仗着装备精良、设施牢固，一连多次打退了叛军的进攻。不久后，山县有朋和川村纯义统率五千政府军经海路前来救援，先后在高濑和田原坂两战中击败叛军，四月十四日顺利解除了熊本之围。

政府军趁胜直进，叛军节节败退，西乡隆盛自知取胜无望，于是遣散部众，仅仅带着六百亲信遁回鹿儿岛县，藏身在城山地方。九月二十四日，政府军对城山阵地发起了猛烈进攻，恶战中，西乡的大腿和腹部先后中弹，被迫切腹自尽。余众陆续战死，或者逃回私学校，同志间互刺而死——西南战争就此落下帷幕。

从维新功臣，直到政府叛贼，西乡的坎坷经历足以使后人抉一把同情之泪吧——直到今天，旧士族的后裔仍然对这位失败的，曾经站在革新前列，又曾经想开历史倒车的家伙格外崇敬，甚至称他为"庶民的英雄"。确实，大久保利通所掌控的独裁政府绝不是人民的救星，然而隆盛发动叛乱的目的又怎会是为了拯救普通民众呢？

旧士族的叛乱陆续被敉平，但怒火仍然熊熊不息，最终的发泄口，就是大久保的遇刺。时为西南战争的翌年，五月十四日晨，大久保利通离开位于东京麹町区霞之关的宅邸，乘坐马车前往皇宫觐见明治天皇，在经过纪尾井坂（幕府时期，纪伊、尾张、井伊等藩的府邸在此附近，故而得名）的时候，路旁突然冲出六个人来，挥舞武士刀，首先砍断了马腿，杀死车夫中村太郎。大久保利通打开车门，大喝一声："无礼之徒！"话音才落，就被六人一拥而上，乱刀砍成了肉泥。

据说，刺客乃是石川县旧士族岛田一郎、长连豪、杉本乙菊等人，他们在"斩奸状"中陈述自己刺杀大久保的理由，主要包括漠视国会和宪法，压制民权；排斥维新志士，引发国家内乱；与外国签订新的条约，使国威扫地等等。

藩阀和财阀

明治前期的日本,究竟是一个怎样的国家呢?首先我们必须看到,那是一个生机勃勃、乐观向上的从传统农业社会快速转向近代工业社会的半封建半资本主义国家。其次,就表面上来看,日本的转型颇为成功,短短三十年的时间便能跻身世界二流强国之列,并且击败了中国和沙俄这两个老大帝国。然而就骨子里而言,日本的封建残余是非常浓厚的,上迄皇室、政府,下到公私企业,莫不渗透着顽固的家天下的概念。

首先说政府组织,大久保利通虽然遇刺身亡,其独裁政权就此分崩瓦解,但"有司专制"却并未终结,西南各强藩尤其是萨摩、长州出身的新官僚们独占了政府和陆海军要职,逐渐形成了所谓的"藩阀政治"——西方则称之为"明治寡头制"。

随着自由民权运动的蓬勃发展,人民要求尽快制定宪法,确定宪政体制,政府也受到了越来越大的压力,不得不正面这一问题,遂于明治十二年(公元1879年)年末开始征求各参议的意见。当时政府中同时响起了三个声音:其一是保守派,认为维持旧制即可,代表人物乃右大臣岩仓具视;其二是缓进派,认为必须立宪,但需要一步一步慢慢来,以免引发社会动荡,代表人物为伊藤博文和井上馨;其三为急进派,与在野的板垣退助等人互相声援,要求尽快立宪,代表人物为大隈重信。

大隈主张明治十四年(公元1881年)三月即公布宪法,明治十五年末举行选举,明治十六年初召开国会,并且确定政体为英国式的政党内阁制。先不提时间表开列得实在太过匆促,直接仿效英国的虚君制度,即等于基本上消除了天皇对政府的影响力,这是很难被那些出身旧藩士、旧公卿的重臣们所接受的。而赋予国会莫大权力、采取政党内阁制,等于彻底终结"有司专制",这更是藩阀们所彻底难以容忍的。

作为藩阀一员的大隈,为什么如此"大公无私"地挖自家墙角呢?其实原因很简单,原本的"萨长土肥"四强藩联合体制,因为新政府成立后的分赃不均已经逐渐瓦解了,土肥的势力日益小弱,萨长并大而难以制约,所以出身肥前佐贺藩的大隈重信才会将矛头直接指向藩阀政治。

经过明的暗的多番较量,最终缓进派取得了胜利,明治十四年(公元1881年)十月,大隈重信被迫辞职,急进派很快被从政府中一扫而空——史称"明治十四年的政变"。随即明治天皇下达《国会开设之诏》,确定将于明治二十三年(公元1890年)开设国会,并将为此而制定宪法——一竿子就打到十年以后去了。

不仅如此,新宪法的基本架构是按照伊藤博文的主张,以1871年德意志帝国宪法为模本制定的,说白了,是一份二元君主立宪制的宣言,天皇仍然保有相当大的实权,政府由天皇而非议会任命,同时也向天皇而非议会负责。

且说大隈重信下台以后,保守派和缓进派再度爆发激烈冲突。在此之前,伊藤博文就提出改革太政官制,建立真正的内阁体制的倡议,随即便以宪法调查为借口,于明治十五年(公元1882年)三月携岩仓具定、西园寺公望等随员赴欧考察,直到岩仓具视去世后方才归国,算是避免了政府的再度分裂。明治十八年(公元1885年),正式宣布以立宪内阁制替代太政官制，以内阁总理大臣替代太政大臣——那么，该由谁来做这第一任的总理大臣呢？

候选人有两名，分别是保守派的三条实美和缓进派的伊藤博文。两人的出身大相径庭，身份也有很大差别，一个是藤原北家闲院流清华家的贵族公子，维新后受封公爵，长年担任政府首脑的太政大臣，另一个却是长州藩的贫穷下士，因为维新倒幕之功才跃居政府要职，受封伯爵。然而在萨长藩阀的努力下，最终还是伊藤博文取得了胜利，明治十八年（公元1885年）十二月组建了第一届伊藤内阁——他当时年仅四十四岁，是历届日本内阁总理大臣中最年轻的一位。

说完了藩阀，咱们再来说说"财阀"。江户后期随着工商业的发展，出现了大批腰缠万贯的豪商，他们虽然身份低微、居于幕后，却往往能对各藩甚至幕府产生重大的影响力，当时即有民谣唱道："大坂富豪一怒，天下诸侯惊惧。"这些与官僚相勾结，有能力插手政治的豪商，即被称为财阀。

江户时代日本最大的财阀为鸿池财阀，鸿池家本是摄津国川边郡鸿池村的清酒酿造商，后来进入大坂，转业为两替商（金融交易和借贷商）。明治维新的时候，鸿池家已经传到了第十代鸿池幸富手中，虽然曾经一度因为各大名的借贷都被官方寻找种种借口取消而遭受强大打击，最终却还是爬了起来，摇身一变又成为明治时代的一流财阀。

日本最古老的富豪集团，乃是有着四百年漫长历史的住友财阀，住友家先祖据说是平家一门，江户时代进入大坂，从精炼和经营铜器起家，很快又进军砂糖、药品、金融等行业。还有据说祖源藤原道长的三井家族，根据地在伊势，从买卖酒和味噌逐渐坐大。这鸿池、住友、三井，就是江户时代最大的三家财阀。

从明治时代直到二战以前，居于日本商界顶峰的财阀也有三家，除了住友和三井得以维持威名不堕外，还要加上一个三菱（也有四大财阀的说法，即再加上安田财阀）。三菱起步比较晚，创建人乃是土佐藩士岩崎弥太郎，曾经进入过吉田东洋开设的少林塾学习，后被后藤象二郎看中，命其负责土佐藩的对外贸易工作——据说他还曾经受藩命进入龟山社中做过经理。戊辰战争以后，弥太郎创设三菱商会，在政府的支持和保护下，得以垄断了日本的海运业，并且逐渐将触手伸入造船、矿产、铁道、贸易等领域，飞速成长起来。

财阀为何能够迅速壮大，并且足够对明治政府指手画脚呢？这还要分三个阶段来说。第一个阶段，戊辰战争的时候，新政府要兵没兵，只好向各藩征用，要钱没钱，就只好向豪商们借贷，即便如此，仍然是粮草不继，捉襟见肘——西乡隆盛之所以答应了胜海舟江户和平开城的请求，很大一个原因，也是因为政府军经费紧张，再打不起大仗了呀。还有一个重要原因，是胜海舟威胁说倘若战事一起，他定要放火将繁华的江户町烧为一片白地，这也是财源紧张的新政府所无法容忍的。

所以新政府在创建之初，就欠了豪商们大笔贷款，被迫以国家产业作为抵押，使得很多豪商得以顺利度过战乱中的危机。而后政府要员们又往往与豪商相勾结，出卖国家利益，致使财阀坐大。明治五年（公元

1872年）前后，发生了山县有朋的亲信、陆军御用商人山城屋和助因挪用公款无法填补而自杀的"山城屋事件"，以及井上馨用不正当手段获取尾去泽铜山开采权的"尾去泽铜山事件"，据说因为司法卿江藤新平对两事展开全面调查，有可能曝光萨长藩阀的腐败丑闻，伊藤博文才以江藤新平所赞成的"征韩论"为突破口，煽动木户孝允、大久保利通等人将西乡、江藤一党赶下了台。

明治政府创立之初，基于"殖产兴业"的口号，大办国营企业，但在如此官商勾结、内外渔利的背景下，再加上财力和经验的不足，国营企业连年亏损，逐渐走向没落。因而从明治十三年（公元1880年）起，政府压缩财政支出，被迫大肆"处理"国营企业和扶持私人企业。这些处理货价格极其低廉，几乎等于白送，比方说投资62万日元的长崎造船所9.1万日元就卖给了三菱，投资59万日元的兵库造船局5.9万日元就卖给了川崎。

如前所述，三菱财阀的创始人岩崎弥太郎本为土佐藩士，而川崎财阀的创始人川崎正藏则是萨摩藩士，他们在政府中友朋无数，本来就是官商勾结的典型，如今再把国营企业卖给他们，就如同以仓粮喂饱硕鼠一般。由此财阀日益壮大，对政府的影响力也日益增强。

可以说，明治政府就是一个官商勾结的政府，商即财阀，隐于幕后，官即藩阀，站在台前，一起残酷地压榨百姓——既包括传统的农工商，也包括落魄的中下层武士们。明治时代的日本表面光鲜，城市日益繁华，但很多城市贫民和乡村百姓的生活水平，甚至比江户末期还要更差。

军阀的暴走

近代国家的宪法，理论上应当由立法机关来制定，然而近代日本的第一部宪法——《明治宪法》——却根本不关议会之事，却是由伊藤博文、井上毅、伊东巳代治等人关起门来秘密草拟的，然后也不交给议会审议，而直接提交到了明治天皇面前。

那么，既然把议会排除在外了，又该由谁来协助天皇审定宪法草案呢？为此特别设立了一个天皇的政务咨询机关，叫枢密院。随即伊藤博文辞去总理大臣一职，改任枢密院议长，亲自领导枢密顾问官和内阁大臣们，在明治天皇的亲临下审议宪法草案——自己草拟，完了自己审议，所以这份宪法就近乎完美地体现了伊藤的政治思想，即打造一个德意志或奥地利式的实权君主立宪制国家。

明治二十二年（公元1889年）二月十一日，明治天皇正式以"御赐"的形式颁布了第一部《大日本帝国宪法》，宪法中规定天皇的权柄甚至要超过德、奥皇帝，包括："天皇为国家元首，总揽统治权，并依宪法之规条而行使之"；天皇拥有"统率海陆军"、"宣战、讲和及缔结条约"的权力；天皇可以"任免文武官吏"、"召集帝国议会令其开会、闭会、休会甚至解散众议院的权力"等等。

然后天皇之下，并不是议会，议会权力非常之小。议会分上（贵族院）、下（众议院）两院，其中众议院不仅仅天皇，甚至就连政府瞧着它不顺眼了，都可以下令解散，摆明了只是一张标榜"万机决于公议"的遮羞布而已。

而贵族院则享受不受解散的特权,因为就其组成成分来看,无论天皇还是政府,都压根儿解散不了。贵族院的成员主要分为皇族议员、华族议员和敕任议员三部分,全都不由公开选举产生。其中皇族年满十八岁,华族中公、侯二等爵位年满三十岁,即可自动成为贵族院成员,并无定额,伯爵以下年满二十五岁者则开会互选。敕任议员顾名思义,是有大功劳或大学识于国者,由内阁推荐、天皇敕命获得议员身份。贵族院议员基本上全都为终身任职。

顺便一提,随着旧公卿、藩主的势力日蹙,木户孝允和伊藤博文等人遂建议扩大华族的范围,也即特别赐予维新功臣们华族的身份,并授以爵位——故此贵族院和政府相同,都一并落入了藩阀的手中。

但是这些藩阀在与岩仓具视等守旧势力的斗争中,更主要是在内斗的过程中,被迫向传统的封建制妥协,哄抬明治天皇出来掌握大权,于是天皇身边除宫内省外,逐渐又增添了枢密院和参谋本部(后来分化为陆军参谋本部和海军军令部),几乎形成一个独立的小政府机构,最终掉过头来又夺取了政府的权柄。日本近代史上继藩阀、财阀后第三个怪胎因此成型,那就是——军阀。

有一句俗话叫:"长州的陆军,萨摩的海军。"这是指萨长藩阀首先分掌了军权,继而这军权又自成体系,成为藩阀的继承人。当然啦,这是由明治政府在建立之初即蕴含着强大的对外侵略意向所决定的。

长州藩阀掌握陆军,最初的首脑是山县有朋,他本是继大村益次郎和前原一诚后第三任掌握实权的兵部大辅,后升兵部卿,又改任陆军大辅和陆军卿，同时他也是首任的参谋本部长。萨摩藩掌握海军，最初的首脑是先后担任过海军大辅、海军卿等要职的川村纯义和桦山资纪，此外桦山还出任过海军大臣和海军军令部长。不过前三届政府的海军大臣却是陆军出身的西乡从道。

西乡从道乃是西乡隆盛之弟，相对于隆盛被称为"大西乡"，他则被称为"小西乡"。幼名信吾，据说本名为隆兴，但在维新后审查资质的时候，被书记官按照发音误写作了"从道"，从此他就干脆叫西乡从道了。

明治四年（公元1871年），一艘琉球船只遭遇风浪，漂流到了台湾，结果有五十四名船员被土著杀害，日本政府闻讯，赶紧彻底吞并了琉球国，把琉球国王尚泰改为华族身份，然后即以琉球人为日本国民，日本国民遭到残杀为借口，悍然发动了对台湾岛的侵略战争。这次战争的总指挥官便是西乡从道，所挂头衔为"台湾蕃地事务局都督"。

西乡从道率领三千兵马来到长崎，准备远航作战，可是还没能踏上军舰，政府因为遭到欧美列强的抗议而被迫暂时终止了入侵计划，发来电文要他原地待命。西乡见电大怒，恨声道："延迟出兵将会有损士气，倘若政府强行阻止，我将退还天皇的全权委任诏书，而以贼徒之姿直捣敌人巢穴，绝对不会累及国家！"于是无视政府命令，照旧登船出征。

这一事件，史称"西乡大暴走"。且说西乡从道侵入台湾以后，遭到原住民的顽强抵抗，加上感染热病，士卒死伤枕藉，然而日本政府却不但不予制裁，反而在事后承认了这一行动的合法性。军事上的冒险先行和政治上的事后追认，军方完全牵着政府的鼻子走，这就成了日后军国主义形态和军阀势力产生的滥觞。

前文已述，两年后西乡隆盛等人下野，但西乡从道却留在了政府当中，并于西南战争的时候升任陆军卿，留守后方。当了多年陆军大员以后，他又突然转入海军，成为内阁制确立后最初的海军大臣，无数萨摩志士及他们的后裔因为他的关照而充入日本海军，使得海军很快便成了萨摩藩阀的基本盘。

当然啦，萨长藩阀既有斗争，更有勾结，你中有我，我中有你，早便融合成了一个整体——陆军中并非全是长州人，海军中也并非只有萨摩人。比方说陆军重镇大山岩，曾先后担任过陆军卿和前七届政府的陆军大臣，他就不是长州人，而是萨摩志士，是大久保和西乡所创建的"精忠组"的重要成员，"寺田屋事件"中还差点儿就被岛津久光派去的人给砍死了。

就这样，日本背负着沉重的封建包袱，由藩阀、财阀和军阀驾驭着贫苦百姓所牵引的马车，进入了明治时代，开始辉煌而罪恶的历程……

番外篇

维新中的皇族亲王们

日本天皇虽然算不上什么"万世一系"，但从奈良时代以来，倒也都勉强出自同一家族，自然留下了大批的"龙子龙孙"，部分降为臣格，也有一小部分受封世袭亲王。这种世袭亲王共有四家，即伏见宫、桂宫、有栖川宫和闲院宫。

其中有栖川宫的始祖乃是织丰时代的后阳成天皇之子好仁亲王，传至幕末，出了个有栖川宫炽仁亲王。这位亲王幼名欢宫，据说和孝明天皇的异母妹妹和宫亲子内亲王少小定亲，谁料后来"和宫降嫁"，未婚妻一转眼就变成了江户幕府的御台所。或许正因为此事，炽仁亲王成为了皇族中一面坚决倒幕的旗帜——不过说来也有趣，亲王在维新后不久结了婚，新娘竟然是朝敌德川庆喜之妹贞子……

戊辰战争的时候，炽仁就任新政府总裁和东征大总督，虽然实际事务都是维新功臣在操作，倒也不能忽视他的影响力和领导之功。总裁一职撤销后，他又先后担任过兵部卿和福冈县知事、元老院议官（贵族院议长），"西南战争"的时候挂衔"鹿儿岛县逆徒征讨总督"，继续做旗帜。

虽然并没有怎么直接指挥过作战，终究立此大功，战后即被授予日本近代史上第二位陆军大将的军衔（第一位是西乡隆盛）。炽仁就此开始正式踏入军事领域，担任过陆军参谋本部长（后改称参谋总长）——他可谓是明治时代声望和权势都最为烜赫的一位亲王了。

再说伏见宫，始祖乃是北朝崇光天皇之子荣仁亲王，传至幕末有伏见宫邦家亲王。邦家的长子幼名静宫，曾一度出家除籍，后被孝明天皇赐以山阶宫的名号，通称山阶宫晃亲王。这也是一位在政治上非常活跃的亲王，维新后先后出任过议定和外国事务总督，当皇兄皇弟们纷纷穿上军服的时候，他却坚持担任文职，直至去世。

晃亲王的四弟也曾一度出家，后还俗获赐中川宫的名号，即中川宫朝彦亲王，乃是坚定的公武合体派，曾经参与"八月十八日的政变"，把长州势力从京都彻底驱逐出去——算是有栖川宫炽仁亲王的重要政治对手。维新以后，他逐渐淡出政治舞台，安心当神宫祭主去了。

邦家亲王的子女无数，其中第八子为仁和宫嘉彰亲王（后受赐宫号小松宫），"鸟羽·伏见之战"中担任过总大将，"佐贺之乱"中就任征讨总督。

后来他也去从军了，做到陆军大将，甲午之战中挂着"征清大总督"的名号，曾经率军攻打过旅顺。

最后说说邦家亲王第九子满宫，也就是那位曾经当过"东武皇帝"的轮王寺宫公现法亲王，会津战争结束后，他被勒令蛰居，可事实上才关了一年禁闭即获赦免，并且继承过世的十三弟北白川宫智成亲王的家业，成为北白川宫能久亲王。甲午战争后，清朝被迫割让台湾给日本，能久亲王被任命为台湾征讨近卫师团长，随即病逝——据说是得了疟疾，死在台南，可是墓志铭上却写着死在东京，这事儿可有点奇怪。

台湾史学研究者黄荣洛先生翻阅大量文献后，基本确定了能久亲王的死因：他是在新竹中了黑旗军或义兵的土炮，当场咽了气。当时所谓的台湾总督桦山资纪害怕动摇军心，秘不发丧，请求其弟伏见宫贞爱亲王当哥哥的替身，继续率领军队南下。然而贞爱亲王却在嘉义遭到义兵的伏击，被长柄采槟榔的镰刀割伤了脖子，躺在担架上给抬到台南。如此一来，消息隐瞒不下去了，只好对外宣称说能久亲王因病去世。

这便是侵略者的可耻下场！

年表

年号	具体年份	事件
庆应	1867年	睦仁（明治天皇）践祚；土佐、萨摩两藩结成倒幕密约；坂本龙马拟定《船中八策》，旋遇刺身亡；幕府大政奉还；颁布《王政复古令》；小御所会议，新政府成立
明治	1868年	鸟羽·伏见之战，戊辰战争开始；新政府颁布《五条誓文》；江户无血开城，德川幕府终结；奥羽越列藩同盟结成；改江户为东京；北越战争；会津战争；虾夷共和国成立；改元明治，并规定一世一元
	1869年	迁都东京；箱馆战争；版籍奉还；改虾夷地为北海道；确定"二官六省制"；大村益次郎遇刺
	1870年	长州藩诸队脱队骚动；允许平民使用苗字
	1871年	公布户籍法；废藩置县；岩仓使节团出发

年号	具体年份	事件
明治	1872年	颁布学制；设置琉球藩；采用西历；国立银行条例制定
	1873年	颁布征兵令；颁布地租改正条例；岩仓使节团归国；"明治六年的政变"；内务省设置
	1874年	板垣退助提出设立民选议院的建议书；"佐贺之乱"；侵略台湾
	1876年	颁布《废刀令》；颁布《金禄公债证书发行条例》（秩禄处分）；神风连之乱、秋月之乱、萩之乱
	1877年	西南战争，西乡隆盛自杀；第一届国内劝业博览会开幕
	1878年	大久保利通遇刺；近卫兵暴动（竹桥事件）
	1879年	设置冲绳县；美国前总统尤利西斯·S.格兰特访日；教育令的制定
	1880年	颁布集会条例和刑法
	1881年	"明治十四年的政变"；自由党成立
	1882年	伊藤博文前往欧洲进行宪法考察
	1883年	岩仓具视殁；伊藤博文归国
	1885年	废除太政官制，实施内阁制，伊藤博文就任内阁总理大臣
	1888年	大隈重信就任外相，开始进行修改条约的对外交涉；枢密院设置；改镇台为军团
	1889年	《大日本帝国宪法》颁布；制定皇室典范；公布众议院议员选举法和贵族院令